本书为浙江省哲学社会科学一般规划项目"杂合化：全球节目模式本土化生产的权力博弈"（项目编号：20HQZZ08）最终成果

本书为浙江省一流学科"新闻与传播学"学科建设成果

本书受浙江省传播与文化产业研究中心资助，是该中心研究成果

浙江省哲学社会科学规划
后期资助课题成果文库

杂合化

全球节目模式本土化生产的权力博弈

Hybridization

The Power Game of Global TV Format's Localization

戴颖洁　著

ZHEJIANG UNIVERSITY PRESS
浙江大学出版社

图书在版编目（CIP）数据

杂合化：全球节目模式本土化生产的权力博弈 / 戴颖洁
著. — 杭州 ： 浙江大学出版社，2021.9
ISBN 978-7-308-21696-8

Ⅰ．①杂… Ⅱ．①戴… Ⅲ．①电视节目制作—本土化—
研究 Ⅳ．①G222.3

中国版本图书馆CIP数据核字（2021）第171410号

杂合化：全球节目模式本土化生产的权力博弈
戴颖洁　著

策划编辑　吴伟伟
责任编辑　丁沛岚
责任校对　陈　翩
封面设计　周　灵
出版发行　浙江大学出版社
　　　　　（杭州市天目山路148号　　邮政编码　310007）
　　　　　（网址：http://www.zjupress.com）
排　　版　杭州林智广告有限公司
印　　刷　杭州钱江彩色印务有限公司
开　　本　710mm×1000mm　1/16
印　　张　15
字　　数　249千
版 印 次　2021年9月第1版　2021年9月第1次印刷
书　　号　ISBN 978-7-308-21696-8
定　　价　68.00元

前　言

作为全球传播格局的表征，节目模式的跨境流动勾连了全球文化与地方文化，营造出全球和地方相互建构的多重时空层叠整合的议题空间，成为研究节目全球化生产机制和规则的理想选择。

基于此，笔者于 2015 年 5 月至 10 月在上海灿星文化传播有限公司开展田野调研，其间对 27 位涉及节目模式本土化运作的工作人员进行了 32 次深度访谈，还对田野调研期间获取的内部资料、重点节目模式的拉片分析报告，以及各路媒体的相关宣传报道等资料展开文本分析，并积极参加学界、业界有关节目模式的论坛和会议，进一步丰富理论知识和研究基础。

本书围绕《中国好声音》《了不起的挑战》《我的小小电视》三个节目展开，以"文化杂合化"为理论视角，立足于电视空间的生产，将节目模式置于全球和地方化的产业、经济以及政策规制中，将原本被遮蔽的"权力"要素置于台前，探究形塑全球媒介文本的框架性因素、结构性力量，以及不同权力主体间互相倚赖与博弈的策略和运作轨迹。

研究发现，节目模式本土化过程分为引进、生产和推广三个主要阶段，涵盖政治、经济、文化、技术四大权力机制，模式方、制作方、主管部门、播出平台和广告商五大权力主体。政治因素是节目模式引进时最重要的衡量因素，经济因素是生产和推广阶段的最大诉求。多元主体间的竞争性互动，造就了"杂合化"的运作逻辑，这种"杂合"不仅体现在文本形态上，也体现在动力机制上。"文化杂合化"概念的提出，有力地批判了文化帝国主义流派"同质性文化"和"主导—服从"二元对立的理论主张，也回应了文化多元主义流派漠视权力架构的理论缺陷。

本书最后借助图绘形式，勾勒出节目模式本土化各阶段主要动力机制的运作方式和依存关系。引进阶段，政治和经济，政治和文化，政治和技术，都是单向依存关系。引进不合规的节目模式，主管部门不同意，受众不认同，广告商和制作方会蒙受经济损失；改变不合规的模式点，技术层面又要面临较大的挑战。因此，政策上的把控诉求也是受众的文化诉求，广告商的利益诉求，以及本土电视人的自觉要求，与主流意识形态相左的节目模式不会被冒险引进。

生产阶段，经济和政治，经济和文化，经济和技术，都是双向互动关系。一方面，经济利益的实现依赖政治权力提供的资源和保障，依赖文化接近性对受众认同感的营造并转变为收视卖点，依赖本土的生产制作水平；另一方面，经济权力也通过和政治权力的良性互动，为自己开拓发展空间。与此同时，依托节目影响力传递主流意识形态，学习西方先进经验，提升本土生产力，反作用于文化和技术权力。

推广阶段，经济和政治，经济和文化，经济和技术，都是单向依存关系。通过依托营销平台、营销渠道的技术支持，营销宣传时置入文化元素获取受众认同，以及注意规避政策风险等方式，实现经济利益的最大化。

虽然不同阶段，不同权力的权重存在差异，互动方式也有区别，但政治、经济、文化、技术之间形成了同盟。通过建构技术层面的专业主义、与政策良性互动、挖掘文化需求、制造受众文化认同等方式，构建了同一框架下全球文化的不同体验，巧妙地掩盖了电视产业跨国合作等商业诉求这一真实的运作逻辑。

本书的出版要感谢很多人的帮助。感谢我的博士生导师章宏副教授对我的殷殷教诲，感谢潘忠党教授对选题、写作和调研的诸多关心和帮助，感谢邵培仁教授、吴飞教授、韦路教授、李杰教授、李岩教授、范志忠教授、李红涛教授的提点和鼓励，让我原本跌跌撞撞的学术之路，越走越坦荡，越走越开阔。

感谢徐帆老师对本次田野调研的巨大支持和帮助，他是我进入灿星调研的重要引路人。

感谢课题调研过程中鼎力相助的所有访谈者，他们知无不言，言无不尽，让我这个原本跟媒体行业没有半点交集的人，从书斋走到了行业一线。

感谢亦师亦友的方凡教授以及挚友丁乾、钟佳楠的热诚鼓励，让我在而立之年开始了这场学术远行。

　　感谢读博期间的同窗好友们，同门师弟师妹们，他们是我收获的最为宝贵的财富。

　　最后，感谢我的家人，一直以来都无条件地支持我的任何决定。他们的宽容和厚爱，让我每一次的抉择都淡定从容、不惧未来。谢谢他们温暖的守候和陪伴，我将带着感恩的心，继续前行。

戴颖洁

2021 年 6 月

目 录

CONTENTS

第一章　节目模式：全球与地方的勾连

思想和概念从来不会是"纯"的和"本土"的。一个概念从一个地方出来，就已经由其他地方所建构，和其他的思想和概念重叠。因此，把这些线路展示出来，就可以看到，思想和概念既没有清楚的起源，也没有明确的终点。

——克劳迪娅·德利马·科斯塔（2006）

全球化是如何流动的？谁参与和控制了全球化的进程？

地方是被动、消极的接受者，还是积极主动的创造者？

全球与地方相遇的结果是什么？

……

我的研究从此开始。

全球化作为一种空间和地域相联系的实践，犹如幽灵般地在全世界游荡，带来时空的压缩、地域的流动、文化的流变和想象的流行。它一方面将相对同质的全球意识植入我们大脑，让跨文化传播成为可能；另一方面也引发了高度一体化全球空间内部的文化断裂、冲突与转化。在这多元文化发展、并存的增量空间里，同质文化和异质文化之间的渗透与反渗透、书写与改写、冲突与共谋渐次发生，造就了"杂合式"的新文化面向。媒介作为全球化的推动者和受益者，成为文化全球化和本土化相抗衡的战场。资本、技术、文化等动力机制在媒介场上展开竞争博弈，媒介资源呈现出多向流动的复杂图景。

　　一直以来，传播学者都试图阐明全球与地方相遇时的互动关系，斯特劳哈尔（Straubhaar，1991）建议用"非对称的互相依赖"（asymmetrical interdependence）、"杂交"（hybrid）来解释当代世界电视节目流动的复杂图景，认为虽然西方主导的媒介产品依然居于统治地位，但也不应忽视非西方国家媒介生产的主动性，以及西方国家和非西方国家在电视节目资源上的互相依赖；并且，近年来非西方国家的媒介逆流更是激发了西方国家以文化"杂交"的方式来施加全球文化霸权。应该说，Straubhaar（1991）的全球观较好地捕捉了当前媒介产品发展的新趋势，但这种过于宏大的全局视角无法清晰直观地呈现全球化时代多元文化内部激烈的碰撞与调和。在全球空间维度内，文化普遍性与文化特殊性共存是毋庸置疑的，但如何共存，以何种方式共存，却一直是困扰笔者的一个疑问。

　　2015 年《中国好声音》的版权之争让笔者再次将目光聚焦于节目模式这一新兴产业。作为全球传播格局变化的一个表征，模式通过提供简单易复制的叙述程式和处方，"勾连"了全球与地方，实现了跨越边界的流动（Waisboard，2012），成为研究电视节目全球化生产机制和规则的理想选择。"勾连"（articulation）理论（又称"接合"理论）由斯图亚特·霍尔（Hall，1985）拓展至文化研究领域，意指两种或多种不同要素连接在一起的关联实践。它强调"差异中的同一性"和"同一中的差异性"这一辩证关系，认为任何文化或者社会实践过程都是相异元素创造连接，不间断建构的动态过程，需要反复地调和、协商，不断地勾连、去勾连和再勾连，才能接近"均势妥协"的状态。因此，用"勾连"来形容全球模式与本土文化的相遇，可以折射出本土化过程中多元文化融合互动时的丰富性和复杂性；而《中国好声音》的版权易主纷争，也更加坚定了笔者从权力博弈这一切入视角，来探究节目模式本土生产空间内部多种权力冲突、共谋的情境，以及彼此间的倚赖和构成关系。

第一节　"模式"界定及其产业链形成

"模式"（format）最早源于印刷业时期的"样板"，指代有关纸张的特定尺寸（Moran，2004）。20世纪50年代，"模式"概念开始在广播电视行业兴起，当时西方国家流行将广播节目（主要是广播剧）转换成电视节目播出，从而将大量的节目生产知识都置于节目模式的框架之下。由此，"模式"开始和一系列特定的节目制作流程、规则相连。在模式研究领域，Moran（1998）是提出"模式"理论的第一人，他将"模式"视为全球化的节目单位，一系列节目中所包含的固定、不变的因素。随后，西方学者不断扩充、发展"模式"概念。例如，Waisbord（2004）认为"模式"是种非常灵活的样式，允许获得许可证的制作者加入当地风味；Schmitt等（2004）将"模式"定义为有特定的元素，能出口或者许可其他地方的节目制作公司进行本土化改编；Bodycombe（2005）认为模式销售如同产品售卖，它提供一个配方，用于在其他地方再生产出像原版那样成功的节目。由此可见，"模式"是关于节目内容与形式组成元素的标准化提炼，是较为成熟的并且经过验证的，便于异地生产、多次实现的"配方"。通过提供一套可供遵循和复制的运作程序和组织框架，服务于节目的跨边界流动和再造过程。

Moran（2006）指出，模式本身是个非常宽泛的术语，包含一系列可能会嵌入许可协议里面的条目。它区别于其他文化产品的关键在于模式的流动性和循环性。因此，"模式是什么"本身就是个错误的问题，模式的意义不在于"它是什么"，而在于作用或者功效，即"它允许什么"或者"便利什么"。因此，Moran（1998）反对将模式看作有形的产品，主张将其视为关于全球经济和文化交易的技术和服务，认为模式作为全球运营的容器，目的是服务于地方内容的生产。一般来说，成熟的商业模式会涵盖以下元素：纸质模板（5~6页，一般不超过10页），主要是关于节目基本观点（思想）、内容、设计、题材类的描述；节目宝典（数百页），与节目相关的详尽的指导手册和参考指南，用于帮助回答节目生产、市场、推广、运营等一系列相关问题；生产咨询服务（节目顾问），由版权方提供的系统性的建议和帮助，通常在节目生产（改编）开始后的一到两周，会有飞行制片人进行现场指导；人口学统计和收视率数据，包括节目时间编排（总时长、时间段，播出日期）、目标受众、收视率；节目蓝图和技术说明书、软件和数据图表、节目标识（Logo）、节目脚本、节目音效、数字特效、节目样带、节目视频片段等元素。节目越常青、越成功，所包含的内容就越丰富。通过提供节目生产资料与咨询服务相捆绑的"模式包"，实现全球化内容市场上的多次销售。

从一个简单的节目理念或者创意，到形成完整的节目"模式包"，通常会经历四个主要阶段：创意设计—纸质模式—模式开发制作（节目模式）—模式许可交易（模式包）（Moran，Malbon，2006）。

一、创意设计

模式创意主要是一些初始的、独特的观点或者概念，是对新的节目理念和主要规则的简单阐述，一般不超过100字，由单人完成，以要点方式呈现。任何一项创意都不是凭空产生的，受众、大型媒介公司的员工以及创意小组（智囊团）是创意的主要来源（Moran，Malbon，2006）。观众时常会成为流行节目潜在的创意提供者，比如一向以富有创意著称的荷兰，自2010年起就推行"电视节目实验室"制度（TV LAB），鼓励观众提交自己的电视节目创意，由三位专业人士组成的评审团将从中选择一个最优秀的创意，制作出样片在"电视节目实验室"播出（"传媒圈"微信公众号，2014）。另外，作为节目模式输出大国的英国电视人也非常重视受众分析，BBC、ITV、CHANNEL 4、SKY等大的电视台，都设有专门的受众调查部这一核心部门。例如，BBC的受众调查部就有100多人，负责针对已经播出的节目，在专业收视调查公司（BARB）提供详细收视数据的基础上，进一步细化研究问题，精确到观众是在什么情况下收看的节目，收看的状态属于无意浏览、不经意停留还是守候性地观看；喜欢节目中的哪个环节、哪些节目元素等。与此同时，他们还通过年龄、性别、工作、收入、爱好、家庭结构、作息习惯、语言习惯、餐饮习惯、穿什么牌子的衣服、读报习惯、娱乐方式、心理期待、过去喜欢过什么节目等因素对观众分类，进行节目趋势的预测研究（施依秀，2015）。所有这些调查分析结果都会反馈给节目生产部门、编排部门，作为调整、修正和创办新节目的重要依据。

大型媒体公司的工作人员，也是提供节目创意的中坚力量。身处电视市场这个大环境，通过关注电视行业的总体情况，以及模式产业的发展动态等相对便利的方式，捕捉、提炼出当下的节目热点和流行趋势。在英国，一些大的媒体制作公司规定员工每3天就要想出1个新点子，然后在同事之间相互模拟兜售，如果连续3周没有人欣赏你的点子，就有可能被淘汰（"广电独家"微信公众号，2015）。除了个体化的单打独斗以外，很多公司还会组建智囊团（类似于国内的研发部），系统化提供模式创意和理念（模式设计）。例如，英国最大的独立制作公司SHINEGROUP，创意的基本生产单位是5~7人的创意小组。一旦某位组员灵光闪现形成初步的创意构思，他就会找来两三个有疯狂想法的人一起完善想法；找来懂行的人来维持组内讨论的规则，确保畅所欲言，并及时记录所有人的观点和见解；找来制作人从生产角度提出意见；最后还要找来能售卖创意的人（Moran，Malbon，2006）。小组人员的构成并非固定不变的，而是随着创意的变化不断进行重组，不断汇入新鲜血液。另外，"头脑风暴""脑力激荡"等形式也是电视人非常重视的创意工具，所有这些都一定程度上保证了电视市场的创意充沛程度。

模式创意在成为纸质模式之前，需要不断进行修缮，通常历时2~3年之久。创意审查不仅应关注节目理念与当下时代精神和社会话题的贴合度，还应充分拆解理念，反复斟酌节目的具体流程、环节、人员、场所等细节，找到并完善创意方案的薄弱点，最大限度地确保预期结果的实现；另外，资金方面的保证（生产预算、现金流）、节目时间安排表和资源、安全性和风险性考虑、生产条件的可行性以及节目的娱乐价值，都是创意审查时需要综合权衡的几个方面。

二、纸质模板

有了模式创意计划之后，第二步就是撰写较为完整的模式框架，形成纸质模板。纸质模板简要阐述节目的基本创意、内容、运作规则或者逻辑、体例风格等，内容不限于生产，还包含资金、市场、播出平台等方面。不同的制作公司、电视台往往有不同的记录方式和操作习惯，所以纸质模板详略不等，分为详细版（长版本）和简要版（短版本）两种（Moran，Malbon，2006）。简要版不等同于一开始说的模式创意，它比模式创意要详细和具体些，主要是关于节目的总体介绍，即这节目是关于什么的，目的是吸引电视台和制作公司的兴趣。因此简要版的纸质模式一般只包括节目名称、节目规则、目标受众、主要阶段梗概、主持人选等内容；详细版的纸质模式包括但不限于节目名称、基本架构、操作流程、舞台设计、目标受众、节目时长、建议时间段、总体预算、商业机会等方面。简要版是伴随着详细版之后推出的相对浓缩的完整大纲，所以实践中一般都是先写详细版，等写好以后再精简成简要版。

纸质模式是近一二十年行业规范化的产物。以前很少有人会将模式创意系统性地写在纸上，想要改编某个模式或者抄袭某个节目的，往往都是从已播出节目反向推导出节目的内容和逻辑。随着模式产业的日趋完善和成熟，越来越多的节目制作人或者电视台开始拒绝听取一些尚未形成文本的模式创意，所以将创意固定在纸面上就非常重要。纸质模式不仅利于电视台或者节目制作人大概了解节目形态及其独特之处，而且在法庭审判、仲裁调解中也能起到关键证据的作用。在西方，比较通用的做法就是一旦模式创意形成纸质模式，就申请著作权保护。例如，FRAPA（模式许可和保护组织）就设立了节目模式注册机制，节目模式的创作者提交能够说明模式细节的方案、脚本、故事大纲或者视频文件，通过这个系统进行注册即可获得该协会的保护；一旦发生剽窃节目模式的行为，经过注册的节目就可以利用 FRAPA 提供的调解机制保护自己的权益，一定程度上避免了后续的版权纠纷困扰。

三、节目模式的开发制作

新兴的模式时常会遇到不同层次的电视机构守门人的把关，他们的决定最终会影响整个模式的进程是继续还是终止。因此，为了更好地实现模式创意的售卖，模式创意方往往会选择与电视台有长期业务往来的公司，或者较为大型的富有经验的制作公司来进行节目的生产制作。这个过程中，创意方会与生产者不断进行沟通协商，不断通过头脑风暴等方式来修正纸质模式的内容。尤其对于游戏类节目，特别需要进行场地踩点、规则的反复测试，从而确定流程是否顺畅，指令是否清晰，弥补游戏漏洞。另外，为了更加直观地呈现模式创意或者强化模式的商业化效果，一般都会先制作一个样播带提供给电视台。样播带是整个节目的小样，一般分为演播室试录（正式版）和小型工作室试录（经济版）两种。演播室试录需要带妆彩排，规模相对较大，需要调动一切可以调动的资源，如导演、专职人员、表演者、录音录像、剪辑人员等。简易版的试录往往依靠 DV 机这类小型设备录制，邀请自己的同事、家人、朋友来客串表演者、主持人、观众等。一般而言，除非电视台有明确要求提供演播室录制的样播带，一般基于经费考虑，模式创意方和生产商都会偏向于小型工作室录制的样播带。

样播带的存在会让模式概念更加清晰和具体，同时也是为了在节目正式面市前验证模式运作的可行性。例如，自 2009 年起每年 8 月，荷兰公共电视台第三频道就会安排一周的晚间时段播出各个制作公司提供的新节目样片，观众可以在社交网络上对这些节目发表评论，并进行投票。电视台会收集观众反馈，并结合样片播出的收视成绩，挑选出部分节目，给予整季制作和播出的机会（"传媒圈"微信公众号，2014）。正如节目制作人 Mark Overett 所说，在镜头前将节目的创意演练一遍，这对说服其他人支持该模式创意非常有用（Moran，Malbon，2006）。除此之外，作为一种确保和固化模式创意的方法，样播带也会被收纳进"模式包"，警告其他人不要再用非法方式抄袭创意或制作盗版。

与电视台达成合作意向后，节目就正式进入生产环节。实际运作中，基于生产技术条件以及资金、市场等限制因素，还会对模式进行调整和修正，所有变动修改的点都会全程做好记录，并释明原因，成为生产制作脚本的一部分。至此，基于原始模式创意的成品节目新鲜出炉，节目中相对固定的框架性元素就整合成为节目模式，便于跨界流动和地方化改编。

四、模式许可交易

模式贸易是个双赢的过程。对于原版方而言，将成功的电视节目模式销往世界，能最大限度地开发节目的知识产权价值，传递节目的核心理念和价值观，在国际上树立节目品牌；对于购买方而言，相较于原创节目，引进国外成熟模式具有低成本、低风险、高效率、高收益等特点，能迅速吸引赞助商、广告商投资，借鉴、学习国际领先的节目制作与创意管理理念。因此，模式贸易，实质上是交易一套将创意执行到位的方法，一种关乎思维方式的认知和理解，而这一切都需要不断地实践和累积经验。

模式许可交易提供关于节目生产的"模式包"，由创意、执行、物料、知识等组成。"模式包"是一件明码标价的商品，制作方将纸质模式、节目制作宝典这两项最重要的模式文本，联合生产、技术、服务等知识打包成一个"模式包"，进行节目模式的全球售卖。节目制作宝典是"模式包"的重中之重，编纂工作往往由节目的首位制作人或者版权所有人来操刀，与节目运作各阶段相关的所有元素都会被汇总和统一撰写，形成一个全面的、完整的能够回答购买者关于该节目所有问题的"百科全书"。因此，即使你从未接触过这档节目，几百页的节目宝典也能让你了解 70%~80%。

比较切实可行的售卖办法是将模式带去国际市场、国际性的电视节寻找潜在的购买商。法国的 MIPTV、美国的 NATPE、英国的 BBC Showcase 等都是世界著名的节目模式交易会，目的就是让模式许可方和购买方之间建立常规联系，促进商业往来。除定期参会以外，许多大型模式公司还都建立了自己的模式销售公司，或者通过在其他国家、地区建立分支机构等形式，实现最新模式的定向推送。模式贸易有时还会依赖于模式代理商进行，模式代理商架构起模式制作者和播出平台之间的桥梁，代理商越有名，所能联系到的制作商和播出平台也就越高端，一般收取 5%~10% 的佣金。另外，在模式贸易中，多数公司会采用节目展示宝典（有时是样播带）做提案，目的是向潜在播出平台和投资者更清晰、直观地阐述和展现节目形态和样式。节目展示宝典不同于制作宝典，是一种销售策略，10~20 页，包括标题、概念、人物刻画、故事梗概以及剧情提要等内容（Content。China，2014）。每一部节目展示宝典都是独一无二、视角独特的，着力体现着节目的精华和内核。

综上，"模式"是电视产业工业化经验的总结。从最初的模式创意到最后的成形播放，往往需要耗费很长时间，花费大量精力和财力。荷兰 Talpa 公司制作的《荷兰好声音》（*The Voice of Holland*）从创意到制作播出，经历了差不多两年深入细致的工作。另外，西方的模式市场比较成熟，从创意，到纸质模式，再到节目样片、成品节目、模式包，每个环节都是市场化的，都可以进行交易。只有一个创意点子，市场价值可能并不高，但购买后经过专业人士的打磨，就有可能成为一个纸质模式。纸质模式通过寻找合作方，录制节目样片，被播出平台购买，就有了成品节目的播出。通过对成品节目制作经验的汇编总结，制作节目模式包，就能实现节目跨地域的改编和制作。

至此，从 0 至 1 的完整的模式产业链形成。在这个链条上，独立制片公司负责创意、制作，电视台负责采购、编排、播出、招商，模式公司代理节目版权销售，彼此各司其职，分工协作，保证了高效和执行力。

第二节　节目模式的全球发展历程

Moran（2008）将节目模式贸易的兴起划分为四个阶段：第一个阶段是 20 世纪 30 年代晚期，在广播领域出现了最早的国际节目交易，但当时的模式改编相当分散、零星，并非模式方的有意为之。第二个阶段是 1953 年，美国日间儿童节目《游戏室》在全球售卖，标志着节目贸易这一新的商业许可模式的诞生，这是模式交易的萌芽期。第三个阶段是 20 世纪 80 年代至 2000 年，模式产业开始形成；第四个阶段是 2000 年至现在，模式产业成为重要产业。Chalaby（2012）追溯了模式从起源到 1990 年这期间的发展脉络，认为 50 年代、80 年代和 90 年代是节目模式发展史上非常重要的时间节点。50 年代确立了电视模式贸易的两大主要规则，出现了第一个跨境售卖的电视节目模式；80 年代，出现了第一个全球电视模式，全球模式贸易开始兴起；90 年代，模式开始成为全球电视产业的支柱，是模式贸易史上最重要的时间节点。

国内学者殷乐（2014）认为 Moran（2008）四个阶段的划分以欧美模式产业发展为主要着眼点，未对 2000 年之后的模式发展轨迹进行细分。他认为，进入 21 世纪以来，模式发展在范围、规模、类型等方面都发生了质的变化，呈现出鲜明的阶段性，于是他以 2005 年和 2010 年为时间节点，进一步区分了模式交易全球酝酿期、交易蓬勃期，以及模式产业多元竞争期这三个阶段。张建珍和彭侃（2013）将电视节目模式的国际贸易发展史划分为四个阶段，20 世纪 40 年代晚期至 70 年代中期是国际电视节目模式的萌芽阶段；70 年代晚期至

80 年代晚期是国际电视节目模式的初步发展阶段；90 年代是国际电视节目模式的勃兴阶段；而 2000 年至今，则是国际电视节目模式的繁荣时期。

根据以上中外学者对节目模式发展史的梳理，发现不同学者对历史阶段的划分大体是一致的，都认为 20 世纪 80 年代、90 年代还有 2000 年，是节目模式史上的重要时间节点；细微差异只在于对 80 年代前和 2000 年后时间段的细分程度不同。本书以模式产业的形成、发展、繁荣为主要判定标准，将节目模式的发展史划分为四大阶段。

一、节目模式萌芽期（20 世纪 80 年代前）

节目模式被认为是西方的产物。全球节目模式贸易始于 20 世纪 50 年代，最早出现在广播领域。《无知是福》（*Ignorance is Bless*）是第一个根据广播节目模式授权改编的跨国电视节目，参考了美国纽约电台的《无知的下场》（*It Pays to Be Ignorant*）模式，由 BBC 于 1947 年播出；第一档真正跨国传播的电视节目模式则是 1950 年在 CBS 电视台播出的《我的台词是什么》（*What's My Line?*）。该节目在美国大获成功后，BBC 于 1951 年签订了该模式的授权许可协议，推出了它的克隆版。授权协议犹如模式许可改编的出生证，奠定了节目模式行业的法律基础，被许可方第一次需要为创意买单（Chalaby，2012）。有了知识产权的保护，国际模式贸易开始发展起来。1952 年，美国巴尔的摩地方电视台日间儿童节目《游戏屋》（*Romper Room*）的播出，标志着节目模式贸易这一新的商业许可模式的诞生（Moran，2009）。节目制作商模仿美国当时兴起的授权连锁经营模式，授权美国各地电视台制作节目的不同版本。1957 年就有 22 家电视台购买此模式，到 1963 年，多达 119 家美国电视台制作了该节目的本地版（Moran，2006）。此后，Fremantle 公司获得了该节目的国际版权，将节目推向澳大利亚、加拿大、英国、新西兰、日本等世界各地。

这一时期的节目模式流动主要是从美国流向欧洲、澳大利亚和拉美部分国家。由于模式的版权意识尚未建立，模仿和剽窃电视业较发达国家的节目和创意，是当时美国以外地区节目制作商的主要手法（张建珍，彭侃，2013）。来自南美、西欧、澳大利亚等地区的制作人，纷纷前往美国，在旅馆里刻录美国当时流行的节目，然后带回本土进行制作。

二、节目模式产业形成期（20 世纪 80—90 年代）

20 世纪 80 年代被认为是全球模式产业的黎明（Chalaby，2012）。80 年代之前，模式产业尚未形成；80 年代开始，经济、文化、意识形态发生转变，媒介发送和接收技术不断革新，民主化和媒体私有化进程加快，电视频道呈现指数级增长态势。这无疑加剧了本土节目在国际市场的竞争压力，也刺激着跨国节目的本土化需求。而品牌理念和实践的兴起，促使大家开始关注到节目模式的商业价值；节目模式低风险、高收益的特点日益获得电视机构的青睐（Moran，2008）。于是，一些模式公司开始尝试进行节目的全球售卖，打造节目的国际品牌，由此带动了电视节目模式的第一波国际化潮流，模式产业也逐渐形成。

这一时期，跨国流动的节目模式主要是游戏节目，且 3/4 的节目都来自美国（Chalaby，2012）。例如，《命运之轮》（*The Wheel of Fortune*）、《价格是对的》（*Price is Right*）、《危险边缘》（*Jeopardy*）都是当时广受欢迎的节目模式，而改编这些模式的主要是欧洲各国的电视市场。不过，当时的这种改编比较分散、零星，且输出的模式类型主要是日间播出的游戏类节目，不像电视剧集和黄金时段节目那般受重视，所以整体流通量也比较小。从事模式发行工作的公司也不多，且以"上门"推销为主，尚未形成模式的发行体系（Chalaby，2012）。总之，此时制作和发行电视节目模式的公司都还处于电视业的边缘位置（张建珍、彭侃，2013），模式的影响力十分有限。

三、节目模式产业的勃兴时期（20 世纪 90 年代）

20 世纪 90 年代是全球电视节目模式产业发展的关键时期。首先，《谁想成为百万富翁》（*Who Wants to be a Millionaire?*）、《幸存者》（*Survivor*）、《老大哥》（*Big Brother*）这三大超级模式在美国、英国和西欧等重要电视市场相继取得了巨大成功，被认为是全球电视节目模式发展的一个重要分水岭，开启了模式贸易的新纪元。其中，《谁想成为百万富翁》是第一个被品牌化的电视节目模式。该节目于 1998 年 9 月在英国 ITV 首播，取得了 44% 的市场份额，迄今已被全球 160 个国家和地区制作成本土版，成为有史以来最为成功的电视节目模式（Chalaby，2011）。其次，全球范围内的独立生产制作商以及营销机构开始涌现。这一时期，Endemol（恩德莫）、皮尔森电视（后成为 Fremantle Media），以及 BBC 环球等全球性电视节目运营公司相继成立（张建珍，彭侃，2013），成为节目模式内容市场的重要供给力量，不断激发、滋养着模式内容市场的创新需求。再次，英国取代美国成为全球节目模式的领军者，贸易中心从美国转向欧洲。为了鼓励创意产业，早在 90 年代初，英国政府就颁布法律规定，要求包括 BBC 和 ITV 在内的电视台必须向独立制作公司购买占播出总量 25% 以上的节目。英国拥有超过 500 个的电视频道，除了 BBC 和 ITV 拥有自己的节目生产部门外，其他频道的所有节目均向独立制作公司购买（施依秀，2015）。这项政策激发了独立电视节目制作商的创新意识以及开发节目的热情，也直接促成模式贸易中心向欧洲转移。与此同时，模式题材也从先前纯一色的游戏类节目，开始向纪实类娱乐节目、真人秀、才艺类节目等多元化发展。最后，全球化的电视模式交易市场形成，模式版权保护提上日程。1999 年，蒙特卡罗建立了世界上第一个节目交易模式市场，此后美国电视节目制作人协会（NATPE）、英国广播公司电视贸易节（BBC Showcase）、法国戛纳电视交易会（MIP）等一系列节目贸易展的举办，不断推动着节目模式的协商与合作，同时也促进了节目模式的全球扩张和信息的全球流动。节目模式开始成为全球电视产业的支柱（Moran，2008）。

四、模式产业繁荣时期（2000 年至今）

2000 年 4 月，世界模式认证与保护组织（FRAPA）在戛纳建立（Moran，2009）。这是一个非官方的版权保护机构，面向全球电视播出机构和节目生产商开放，初衷是提供一种节目模式版权纠纷的解决机制，避免高成本的司法诉讼；终极目标则是给全世界的政府施压，完善版权法（著作权法），使模式像独创性作品那样享有知识产权保护。对模式版权保护的重视，为节目的流通和交易提供了保障；模式宝典或者模式手册开始出现，全球模式产业朝着可持续的方向发展。

这一时期，参与国际交易的节目模式越来越多。据 FRAPA 数据，2009年全球电视模式贸易额为 93 亿欧元，2010 年就激增到 310 亿欧元（白璐，2014）；并且，交易范围不断扩张，跨国流动速度不断加快。20 世纪 90 年代之前，能输出到 10 个国家以上的节目模式屈指可数，如今，比较成功的模式一般都能输出到三四十个国家。例如，荷兰的 Fremantle 公司于 2001 年推出的超级节目模式《偶像》（*Idol*）就取得了巨大成功，迄今已被 46 个国家和地区制作成本土版，大约有 65 亿观众收看了该节目（维基百科，2016）。与此同时，伴随着传播速度的加快，节目模式类型也更趋多元化。根据 FRAPA 2012 年官方统计数据，2006 年至 2008 年，共有 445 个节目模式在全球 57 个地区产生了 1262 个改编版本，几乎涵盖了所有的电视节目类型（白璐，2014）。另外，节目模式贸易中早期的游戏节目退居其次，不再占据主导地位，真人秀、真实性娱乐节目、才艺秀，纪录片/纪实节目、有剧本节目、无剧本节目等类型层出不穷。

从电视节目模式贸易的主体来看，依然是欧美国家引领，英国牢牢占据着电视节目模式最大输出国的领先地位。但与此同时，模式的输出主体开始有所扩展，其他国家的电视节目开发商纷纷加快了争夺全球节目模式市场的步伐。这一趋势在 2010 年之后越发明显，欧美模式输出一头独大的局面开始改观，亚洲模式产业发展迅速，模式产业进入多元化竞争时期（殷乐，2014）。

在模式贸易版权保护方面，继 2000 年 FRAPA 建立之后，2005 年国际模式律师协会（IFLA）成立，模式运营商可以据此了解到世界各地关于模式版权保护的法律信息、相关案例以及代理相关诉讼的律师信息（张建珍，彭侃，2013）。2010 年 4 月，世界知识产权组织（WIPO）、FRAPA 和 IFLA 决定建立国际电视节目模式仲裁调解中心，帮助缓解争议与解决纠纷，这也是世界知识产权组织首次提出要建立一个解决众多模式纠纷的平台（胡聘，2011）。在这些组织的推动下，电视节目模式的全球贸易日益规范化。

第三节　节目模式的全球流动图景

首先，从节目模式的全球版图来看，欧美国家依旧控制着世界媒介产品的销售和流向。联合国教科文组织的一项报告指出，美国、法国、意大利、英国以及德国共同占有世界上大约 80% 的电影电视节目对外输出市场，其他各国只占极少数，而且多半只到达少数的外语节目市场中（洪俊浩，2001）。2011 年，欧洲广播商创制的 50 个流通最广的电视模式创造了 20.19 亿美元的价值（殷乐，2014），其中英国广播商制作的模式价值达 4.75 亿美元，法国 3.82 亿美元，德国 3.82 亿美元，意大利 2.6 亿美元，累计占欧洲总体模式价值的 3/4。并且，英国打败美国，成为最大的模式出口国，2011 年其节目模式出口占全球市场的 43%（殷乐，2014）。

　　虽然西方主导的全球模式市场并未改变，但其他国家和地区却日益在世界市场上开辟出相对独立的位置。在模式输出端，巴西、墨西哥等南美国家被视为是美国的"后院"，他们在与西方传媒集团强劲的竞争中，搭建起自己的全球电视节目传输平台，成为全球电视节目市场不可或缺的重要力量，也被许多学者称为"反媒介帝国主义"的典型。与此同时，亚洲电视产业近年来发展十分迅猛。日本是亚洲模式的重要输出国，2007 年对外输出了 11 种节目模式，2008 年输出了 12 种。创业投资真人秀节目《龙穴》（Dragon's Den）成功销往 22 个国家，15 个国家购买了竞技类烹饪节目《铁人料理》（Iron Che）的改编权（张建珍，彭侃，2013）。而原本处于节目模式"纯引进"行列的韩国，自 1998 年金融危机之后，也开始推行"文化立国"政策，在引进欧美节目的过程中迅速积累丰富的电视经验，并且培育出一批具有创新意识的电视人，使得韩国的电视产业风生水起。自 2013 年起，对外输出了《爸爸去哪儿》《我是歌手》《两天一夜》《花样爷爷》等多个模式。其中，《花样爷爷》还于 2014 年正式向美国 NBC 电视台出售了节目版权，成为韩国首个出口美国的综艺节目。另外，以色列、土耳其这些创意生产的新兴代表国家，近年来在国际模式市场上也表现得相当活跃。以色列不断在跨屏互动上开掘市场先机，Rising Star 现已授权包括美国 ABC 电视台、英国 ITV 电视台、西班牙 Atresmedia 电视台、意大利 Toro 电视台、法国 M6 电视台等在内的多国电视台进行该模式的改编。土耳其摆脱先前盲从于美国节目模式的风潮，开始关注本土文化，原创模式不仅出口到很多国家和地区，甚至还影响了拉美地区及其他重要市场。节目模式全球流动趋势如图 1.1 所示。

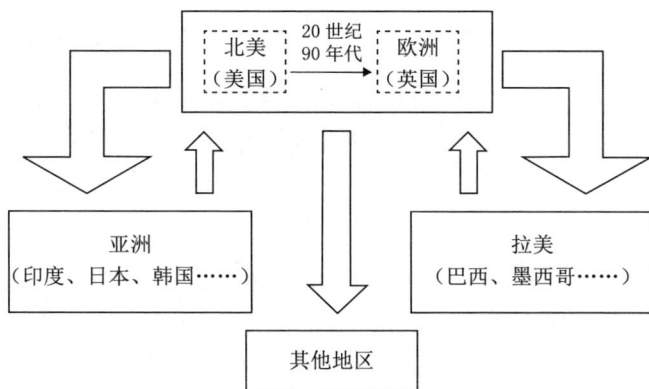

图 1.1　节目模式全球流动趋势

　　其次，从电视节目交易会的设置和举办来看（见表 1.1），大多数的国际电视重大交易会都设在西方国家，如 MIPTV（法国戛纳春季电视片交易会）、MIPCOM（法国戛纳秋季电视节）、NAPTE（美国国家电视节目主管联合会电视节）、BBC Showcase（英国广播公司电视贸易节）等，但基于对亚洲电视市场的重视，2000 年新加坡亚洲电视节（MIPASIA/TV Asia）正式设立，成为法国戛纳交易会的亚洲版。从展会主题和主体上看，非西方国家的参与度也在不断提升。原本为欧美经销商提供节目交易场所的 MIPTV，如今已发展为真正的国际性市场，且对非西方国家给予了较多关注，每年的会议主题都集中在世界电视产业的某个主要的制作和播出区域，如 33 届的会议主题就是关于拉美地区的电视小说。另外，同样是以西方电视公司和节目为主的 MIPCOM，2001年亚洲国家参展数明显回暖，参加者占到了 13%，增长了 13.6%（李黎丹，2012）。2015 年共有 2088 家公司报名参展了 MIPCOM，其中中国、韩国、日本等东亚国家的参展比例达 16.7% 以上；土耳其还一跃成为 2015 年 MIPCOM 的主宾国，举办了多场围绕土耳其的研讨会、最新节目展映会以及其他交流活动（ContentChina，2015）。

表 1.1　国际电视重大交易会

举办时间	名称	举办地点
1 月	NAPTE（美国国家电视节目主管联合会电视节）	美国拉斯维加斯
2 月	BBC Showcase（英国广播公司电视贸易节）	英国布莱顿
3 月	MIPDOC（戛纳春季纪录片交易会）	法国戛纳
3 月 /4 月	MIPTV（法国戛纳春季电视片交易会）	法国戛纳
5 月	Rose d'Or（金玫瑰电视节）	瑞士卢塞恩
5 月	Los Angeles TV Screenings（洛杉矶电视展）	美国洛杉矶
6 月	DISCOP（匈牙利电视节）	匈牙利布达佩斯
7 月	Monte Carlo TV Festival（蒙特卡洛电视节）	蒙特卡洛
9 月 /10 月	MIPCOM（法国戛纳秋季电视节）	法国戛纳
10 月	Junior MIPCOM（戛纳秋季青少年节目交易会）	法国戛纳
12 月	MIPASIA/TV Asia（新加坡亚洲电视节）	新加坡

　　最后，从国际模式公司的运作来看，越来越多的模式公司在利润的驱动下，加速建立全球制作网络，纷纷在其他国家建立分公司、分支机构，或者与当地制作商进行合作，制作节目模式。例如，Fremantle Media 是全球传媒产业巨头贝塔斯曼集团旗下的子公司，也是目前全球最大的内容制作、创意和发行机构。2015 年 Fremantle Media 与上海文化广播影视集团有限公司（Shanghai Media Group, SMG）旗下的百视通、华人文化产业投资基金（China Media Capital）组建了合资公司 Fremantle China，拓展和巩固其在中国的市场业务，主要为中国市场量身定制娱乐节目模式。

　　综上，长期以来形成的"始于欧洲，在美国获得成功，最终销往全球"的传播路径开始发生转变。全球模式的创制主体开始呈现多元裂变。新兴国家的崛起以及区域化市场的发展，对欧美为主的电视市场造成了有力的冲击，也一定程度上打破了长期以来全球媒介产品单向流动的格局。但是从全局来看，占据全球市场主流的依旧是欧美节目；无论是亚洲模式市场，还是拉美模式市场，其节目输出更多是基于"地理—语言"这一文化接近性因素，很少能制作出满足全球市场需要的节目模式。并且，从区域性市场间的贸易额来看，这些市场多半也是微不足道的（Sparks，2009。转引自斯巴克斯，2009）。

第四节 节目模式本土化：理论反思与研究新面向

一、节目模式本土化定位——媒介全球化的争议

节目模式的场景框架是全球化背景下的文化生产，因此该议题的研究离不开对媒介全球化的理论探讨。早期的研究学者在探讨媒介全球化的相关议题时，经常会从国家权力结构关系的角度切入（文化／媒介帝国主义理论），强调输出国以经济优势为后盾，向发展中国家强行输出媒介产品，由此塑造出一种与现代世界体系中占统治地位的价值观和社会结构相适应的社会制度，加强发展中国家对具有剥削性质的资本主义体系的依赖性。席勒是文化帝国主义理论的奠基人，倾向于用相对宽泛的概念来展现一个对全球空间进行征服和统一的进程，将其定义为"一个社会被带入现代世界体制中的整个过程，以及统治阶级如何被吸引、压制、强迫甚至某些时候被贿赂，以建立社会机构来适应甚至推广这一体制的最中心的价值和机构"（Schiller，1976。转引自科林·斯巴克斯，2009）。博伊德·巴雷特则采用相对狭义的媒介帝国主义概念，用以形容"任何一个国家中的所有权、组织结构、发行或是内容等因素，单独或是全部屈从于来自其他一个或多个国家的媒介利益集团的实质性压力的过程。在这个过程中，受到巨大影响的一方不会对实施影响的另外一方造成任何类似的相互的影响"（Boyd，1977）。可见，在帝国主义理论流派看来，第三世界的现代化远远没有实现推动自力更生的目标，相反却在全球经济的剥削性关系的框架下加强了它们对西方发达国家的依附。

帝国主义理论范式形成于20世纪60年代末，鼎盛于70年代；但到80年代中期，随着全球政治形势的逆转以及该理论自身局限性的日益显露，帝国主义理论全面进入衰退期。学界对帝国主义理论的批判主要基于以下三点：第一，该范式将国家作为全球传播的唯一主体，过于强调国家间的媒介交流活动，忽略了全球传播中低于或者高于国家层面的主体作用，"国际传播应在地方、国家、区域、全球这四个层面上调整媒介信息流"（Chalaby，2005）。第二，低估了非西方国家的内部动力。文化／媒介帝国主义理论采用"中心—边缘"模

式，认为媒介全球化的主要动力来自西方，尤其是美国。但实际上媒介资源的多极化流动趋势已经显现，全球媒介的图景已经呈现出不同声音、不同媒介资源向多个方向流动的复杂情势（Castell，2000）。全球不再是由单一制作中心控制的向周边输送节目和意识形态的单一市场，而是被一系列不同的制作中心所控制的相互重叠的市场，比较著名的就有巴西的环球电视和墨西哥的特拉维萨（科林·斯巴克斯，2009）。因此，当今世界电视格局是完全的后帝国主义或后殖民主义模式，既没有单一的中心，也不存在必然的边缘地带（Cunningham，Jacka，1996。转引自科林·斯巴克斯，2009）。第三，该范式混淆了经济力量与社会文化效应（汪琪，2011），一味强调政经架构的决定性作用，未顾及媒体消费社会环境的多样性。例如，日本就是一个既精通西方物质文化同时又能保有自身文化特色的国家（科林·斯巴克斯，2009）。

与此同时，受众研究作为一种新的传播和媒体理论开始兴起（Fiske，1987；Hall，1980），受众对媒体产品的能动性解读得到重视，对帝国主义理论范式造成了极大挑战。帝国主义理论范式简单地预设了文化商品的存在就能在意识形态上具有影响力，忽略了文化的传播依赖于受众对外来文化的吸收和转化。因此，虽然美国的电视节目在许多国家的广播电视中占领了主导地位，但这并不意味着造成了一种接受美国价值观和信仰的标准趋势，相反还有可能引发多种形式的文化意识（科林·斯巴克斯，2009）。鉴于此，一个相对于帝国主义范式的修正主义流派开始崛起。第一阶段的修正主义延续了受众理论的思维，注重受众在媒体消费过程中的主观作用。Straubhaar（1991）提出文化接近性理论，认为受众基于对本地文化、语言、风俗等的熟悉，较倾向接受与该文化、语言、风俗接近的节目。因此，本国制作的电视节目往往比进口节目更能够适合本国受众的口味："欧洲各国自己制作的电视节目通常都会获得最高的收视率。"（Silj，1992。转引自斯巴克斯，2009）

此外，除受众口味差异外，大量证据也表明发展中国家实行的守门人政策和地方媒介产业的资源状况都会不同程度地限制西方媒介产品的流动，国内生产的节目往往占领着节目表的主要时间段（Moran，2004）。相对于帝国主义范式的"不重视接收端"，修正主义理论虽照顾到了接收端，但又因"不重视发送端"而遭到批评，即缺乏对文化制品所牵动的政治经济体制的应有观照（Mazzarella，2004。转引自汪琪，2011），忽略了阅听人所无法掌握的文化产制过程、权力结构、资源分配问题（魏玓，1998。转引自汪琪，2011）。实际上，对单个或者系列节目的研究表明，观众可能有不同的反应，但电视节目主要依靠进口的国家的统计数据显示，单一文化效应更加强烈（科林·斯巴克斯，2009）。因此，建立在个体受众体验上的"活跃受众论"无法衡量跨国传媒体系"总体文化包裹"的综合影响（朱耀伟，2002）。此外，该阶段的修正主义理论还忽视了地方与全球的动态交互关系，它不过是对帝国主义范式提出质疑，而没有提出一种可替代的理论思想，它的出发点和"中心—边缘"的二元对立区分颇为相似（章宏，2010）。

兴起于20世纪90年代的第二阶段的修正主义理论优先考虑本土与地方的辩证关系，即强调全球化不应再被解读为"中心—边缘"模式，而应是一种与本土化相互依赖的辩证过程，试图以这样一种非对抗同时又非妥协的姿态解决问题。吉登斯（Giddens，1990）将全球化描述为强化世界各地社会关系的一种纽带，将距离遥远的地方以独特的方式进行连接，当某个地方有任何事件发生时，另一地也会因此受到影响；反之，亦然。可见，在吉登斯看来，全球化正变得越来越非中心化，现代组织/机构把本土和全球以一种在传统社会不可想象的方式联系起来，它对西方国家和其他区域的影响一样多（章宏，2010）。罗伯逊（Robertson，1992）用全球化来指涉世界的压缩，基于全球相互依赖以及世界作为一个整体的意识，他认为全球与地方之间彼此相互建构，并进一步提出了"全球本土化"（glocalization）概念，将本土化视为全球化的一个面向，认为全球性或地方性只是在空间与时间上相对性的差异，并非绝对的两极（Robertson，1995）。当代的本土实际上就是一种"全球化了"的本土；反之，全球化一旦落实到某个民族国家或地区，它也就成了一种"本土化了"的全球。这一理论框架保留了全球化综合与变异同时并存的进程，认为全球化是一种不同趋势和力量间相互抗衡的对话辩证过程（Tomlinson，1999），允许我们以联动的、发展的思维方式去处理问题的复杂性（欧阳宏生，梁英，2005）。Sreberny也认为全球性和地方性的互动与融合是本阶段最主要的特征，她建议用"地方中的全球性"与"全球中的地方性"来解释媒介内容和影响的杂合与拼凑（Sreberny，2000。转引自章宏，2014）。应该说，"全球本土化"概念将全球化研究从"宰制"与"抗拒"的二元论战中脱离出来，肯定了传媒文化混合是一种动态的、有机的重构过程，重视本土在全球化过程中的参与，开启了全球文化生产的对话空间。但该理论也存在自身缺憾，被认为有成为新殖民主义与跨国资本主义共谋的嫌疑（Dirlik，1997；Friedman，2000。转引自汪琪，叶月瑜，2007）。

批判的声音主要集中于两方面。一方面，它忽略了全球媒介权力结构。Curran（2002）指责修正主义流派过多关注文化，却没有对全球化进程中政治和经济的权力进行批判性反思；McAnany 认为"全球本土化"这样的中性词强化了肤浅的多元文化，却掩盖了真实的权力框架和动力（McAnany，2002。转引自章宏，2010）。虽然世界没有单一的中心，但是各种形式的权力依旧集中在那些高收入国家手中，美国依旧是世界最大的经济体。尽管在美国之外的确存在多个实力不凡的国家级制作中心，但只有极少数能制作出完全满足国内市场需求的本国产品，占据全球市场主流的依旧是美国节目（科林·斯巴克斯，2009），占总播出时数的 15%~20%（洪俊浩，2001）。此外，从区域性市场间的贸易额来看，这些市场多半也是微不足道的（科林·斯巴克斯，2009）。联合国教科文组织的一项报告指出，美国、法国、意大利、英国以及德国共同占有世界上大约 80% 的电影电视节目对外输出市场，其他各国只占极少数，而且多半只到达少数的外语节目市场中。例如，墨西哥制作的节目通常只输出到拉丁美洲以及美国的西班牙语系区域，埃及的电视节目只外流到中东各国（洪俊浩，2001）。

另一方面，该修正主义流派还低估了国家在媒介全球化进程中的作用。该流派的支持者认为，"跨国公司、高于国家层面的主体和新的媒介技术都有效地超越了国家的管辖权和权威。（章宏，2010），随着世界级社会的出现，国家在经济、政治和文化等各个方面扮演的角色将变得越来越不重要（Beck，2000。转引自科林·斯巴克斯，2009）。实际上，全球市场不论如何自由和强大，都不是一个自行调节的机构，都需要一系列的法律和规则来保证它的运行，而能提供这些规则的国家组织尚处于相对弱势的地位。（Shaw，1994。转引自科林·斯巴克斯，2009）。因此，国家政府部门依旧是权力的重要场域，特别是在传播政策的制定方面，持续发挥着核心作用；国家依旧是我们理解媒体政治的基本出发点（詹姆斯·卡伦，2006），未来传播发展的每个阶段都会牵涉到国家行动

（Sparks，2012）。

无论是文化 / 媒介帝国主义流派还是修正主义流派，都缺乏对全球化合理的历史分析，要么夸大要么低估当代全球化的深度和广度。另外，两种路径的实证研究都优先考虑媒介全球化的结果，对使这个结果发生的动力关系的描述却比较少：文化 / 媒介帝国主义建议用国外媒体对本土媒体的影响来衡量媒介全球化，在没有实证结论的基础上就假设媒介全球化的动力是外加给发展中国家的；修正主义路径承认媒介全球化是全球和本土互动的结果，但并没有指出为何这种影响在不同的时空会有不同（章宏，2010）。

二、节目模式本土化呈现——文化"杂合"理论的动态解读

全球化的实践创造了新的权力等级网络，世界已经变成一张复杂的马赛克图。相距遥远的异域文化直接比肩而存，而且提供了一个场所，让文化的碰撞发出更加嘈杂的音调（Agnew，2001。转引自朱耀伟，2002）。"文化杂合"（hybridity）作为模式的全球传播与地方融合互动的产物（萧宏祺，2009），成为学界讨论全球化现象的一个新的理论面向。

"hybridity"一词源于生物学和人种学，拉丁语中用来形容异种动物交配的后代。18 世纪，该词被用于形容因海外侵略导致的种族间接触所带来的人性堕落和开化的失败。19 世纪，随着非西方国家"去殖民"运动的兴起，官方阶级开始采用混合策略来统一和同质化殖民社会，缓解宗主国和被殖民地人民之间的紧张关系（Kraidy，2002）。后来，霍米·巴巴在后殖民小说的翻译中发现了文化杂合现象，认为 hybridity 一词拥有颠覆和重置主导话语的能力，遂将这一概念借用到文化研究中。按照巴巴的说法，混杂不但去除了模式化的想象和疆界，而且其所产生的中间地带也造就了具有多元想象与对抗策略的第三空间。当殖民者主导文化和被殖民者边缘文化接触时，异质的文化彼此交织（in between）与交错（crosscutting），释放出新的能量并产生新的意义（Bhabha，1994。转引自章辉，2010）。这种新文化既不完全等同于殖民者的文化，也不等同于被殖民者的文化，这是一种杂合文化（hybridity），意味着被殖民者能够颠覆性地解释甚至是逆转和瓦解殖民者的文化，避免了被同化或者合谋的命运（陈阳，2009）。应该说，巴巴所推崇的第三空间，关注到了西方强势文化对地

方传统文化的入侵，又关注到了受现代性影响的本土思想对主流文化的抵抗，打破了全球化论述同质化/异质化的二元框架，消除了中心与边陲的界限，以及其他形式的两极化思考，将问题导向以杂合为本的多重尺度。

作为词源隐喻拓展的"文化杂合"理论，则因坎克里尼（Canclini）1989 年撰写的《混杂文化——进入和离开现代性的策略》一书而真正受到学界的广泛关注。书中描述了拉美国家在试图保持文化纯粹性和自我特征的同时，又进行现代化、实施理性化和世俗化的现象，结果加剧了社会不平等，造成既非现代亦非传统，本土文化和外域文化相杂交的社会形态（Canclini，1989。转引自贺程，2013）。之后，在跨文化传播和国际传播领域，越来越多的学者聚焦于全球化时代媒介文本的混合形态以及媒介的动态接收，将"杂合"视为文化互动过程中传统与现代、全球与地方碰撞而衍生的副产品。斯特劳哈尔（Straubhaar，2008）指出，"全球化与本地化的相互作用导致了杂交文化的产生"。皮埃特斯（Pieterse）将"文化杂合"定义为在一个新情境中形成的文化样式。它不同于任何现存文化，是一种文化再结合的新形式（Pieterse，1995。转引自贺程，2013）。汤姆林森（Tomlinson）则认为全球化会带来文化杂合，这是把握跨越国家文化空间中某种新形态文化认同的有效概念（Tomlinson，2007）。

应该说，"杂合"理论跳出了学界长期以来争执不休的二元框架，为分析全球化背景下的文化逻辑找到了一条新的路径，一经推出便为许多学者所推崇。支持者认为它具备了颠覆和抵抗霸权意识形态的积极意义，但也有反对者认为"文化杂合"的说法过于关注多元文化的征兆，而对支配性力量和结构重视不够，容易抹去主导和边缘声音的差异，只是全球资本主义进行新殖民统治的工具。美国文化批评家 Rey Chow 就指出这种带着反帝国主义面具的"文化杂合"理论，实质是一种老旧的功能主义观点，是主导文化为维持其优势而采取的策略。Kraidy 在《文化全球化中的杂合现象》一书中重点阐释了该理论，将其视为一种政治经济结构下"在地文化反动"和"在地民众能动性展现"的一种表征，形成了新的关于全球—在地相互影响的全球化论述观点（转引自傅筑骏，2012）。他肯定了"文化杂合"理论的进步意义，同时也指出若是只将"文化杂合"理论停留在描述性层面或者工具性层面，则不免会落入与"球土化"概念相同的诟病。

　　他进一步分析了"杂合"理论可能会带来的本体论和政治性方面的问题：本体论方面的错误是忽视了不同文化间交互的复杂性，而政治性方面的问题则在于削弱了表象所掩盖下的政治力量，没有为不平等和不均衡的文化跨国流动留下理论空间。他列举了西方媒体如何用"文化杂合"策略来美化西方国家对非西方国家的霸权，并以好莱坞电影为例，说明西方国家以意识形态为基础，推动全球经济市场，以掩盖媒体产品背后的权力操作。因此，Kraidy（2005）认为，对于文化杂合概念的理解，不应停留在将其视为全球化适应结果这一既成的文化切片来看待，而应将其视为一连串纪录凝聚和离散、断裂与融合所协调出来的轨迹，从而将杂合过程中关于动力机制的探究提上议程。

　　Kradity（2005）进而提出"批判的文化转移主义"概念作为分析全球化的研究框架，并以"杂合性"为核心，来理解全球与本土互动的混杂状态以及权力之间复杂和生动的联系。"批判的文化转移主义"传达了一种文化合成观，以能动的方式来看待不同文化间的关系。它采用与文化帝国主义和文化多元主义完全不同的视角：在文化构成方面，它反对文化帝国主义理论将全球文化视为铁板一块，也不同意文化多元主义仅仅对文化数量上的强调，而是主张文化转移是合成的过程。在关注点方面，文化帝国主义理论关注结构性框架，文化多元主义关注个体或者社群的能动性，批判的文化转移主义则重点关注社会实践，即结构是如何有效进行再生产的，传播过程中不同种类文化的混杂是如何服务于社会、政治、经济结构的再生产的等等。在媒介研究的中心问题上，文化帝国主义理论关注生产和运营，文化多元主义关注接收和文本，批判的文化转移主义则关注涵盖生产、文本、接收、再生产、协商与调停等在内的宏大的文化运动和内在复杂性。可见，相较于先前的线性思考模式，批判的文化转移主义理论要求将全球文化杂合现象置于具体的历史情境中来理解，在具体的案例研究中进行"操作化"，重视国家、地方政治、经济权力等结构性要素的作用。

　　坎克里尼（Canclini）也呼吁应当批判性地理解"文化杂合"现象，而非只是单纯地将其作为一种静态的社会状况来理解。他在"文化杂合"是否具备政治赋权功能的问题上非常谨慎，认为所有的社会阶层都有可能通过混杂的方式进行文化表达，因此主张用"杂合的文化，斜向的权力"（hybrid culture oblique power）来描述拉美社会中权力运作的微妙与曲折；认为社会主动权（social initiative）存在多极性（multipolarity），权力的运作并不是简单地垂直、单向，第三世界和弱势群体不一定就是文化强权的受害者，互惠性地相互借用发生在文化的差异和不平等之间（Canclini，1997。转引自贺程，2013）。这让我们得以重新思考文化与权力之间的关联，"在全球与本土相互影响的关系作用下，权力机构仍被再生产"（亨廷顿，2002）。西迪·依沙克（Siti Ishak，2011）通过对马来西亚电视节目的研究，发现文化工业中的杂合现象体现了地方的权力阶层和全球文化间的互动过程。布莱恩·斯特罗斯（Stross，1992）也进一步强调了杂合体中所蕴含的阶级性和不平衡力量的存在。

可见，"杂合"概念既有诱惑又有威胁，我们不能片面地将"杂合"等同于赋权和解放，而应该考虑到全球结构是种不平衡的勾连，"文化杂合"并没有超越霸权，去缓和、修正这种既存的不平等结构，我们需要敏锐地识别出"杂合"与霸权之间的关系。因此，"文化杂合"不仅是一种现象，更是一种过程和手段，背后涵盖着一系列较为复杂的权力博弈形态。石义彬、周娟（2008）认为，在媒介全球化环境下，资本、市场、政治、文化、消费者购买力等因素共同制约着媒介文化产品各杂合成分的权重，并认为市场逻辑居于主导地位；市场的多维度、多层面和持续变化的性质，决定着文化产品混杂化形式的多样性。贺程（2013）主张将"文化杂合"现象纳入具体的政治经济生活中，用情境化的方式来理解现今国际传播中的跨文化产品和各种杂糅现象，并建构了"主导性混杂、协商性混杂、抵抗性混杂"这一连续性谱系。"主导性混杂"是指占据支配地位和强势地位的国家、阶层或者机构，通过不同文化元素的策略性融合，传播固有文化价值观和意识形态，扩大政治影响力，并借此谋取更大的经济利益；"协商性混杂"是指涉精英对于保留领域继续控制以及对部分领域放松管制的结合；"抵抗性混杂"是指相对处于弱势或边缘地位的机构或个人，通过混杂的方式嵌入主流话语中，以获得自我表达的机会，从而达到与主流分庭抗礼的目的。

以上观点对本研究颇具启示意义，让我们明白对于这种文化变迁态势的研究，任何静止的分析方法都难以做出正确解释，唯有动态的情境分析才有可能把握文化样貌的有效进路。

结合前人观点，本研究拟用"文化杂合化"（hybridization）概念来形容政治、经济、文化等因素在地方、国家、区域和全球层面的相遇，赋予"杂合"理论一种动态感。对"杂合化"概念的把握着重于以下三点：首先，将文化杂合化理解为一种由社会政治、经济、文化所安排的霸权实践过程，和权力密切相关。其次，不仅关注静态化的媒介文本，还重点关注形塑全球媒介文本的框架性因素和运作机制，即探究不同文化间和国家间的传播实践是如何在不同权力层次的相互作用中不断协商、相互建构的，重点强调权力间制造共识和协调利益的过程。最后，将政治经济学视角和文化研究视角相融合，重视权力因素，提炼出不同权力因素对杂合文化形态影响的权重，试图呈现和解释不同权力机制对媒介文本影响的深度、幅度和方向。

三、节目模式的本土化过程——电视空间的权力运作

"空间"是西方哲学中的一个核心概念，其内涵经历了一个由客观环境论到社会关系论的转变过程。早期的"空间"概念强调一种纯粹物理的、静态的、消极的存在，20世纪70年代，以列斐伏尔（Lefebvre）为代表的社会学家推动了空间研究的转向，强调空间本身或许是原始所赐予的，但空间意义却在于它是社会变化、社会转型和社会经验的产物（李彬，关琼严，2012）。列斐伏尔将空间视为社会行为的发源地，主张空间与社会存在嵌套关系；空间既是一种先决条件，又是媒介和资本主义社会关系的生成物（郜书锴，2011）。同时，他将"克服社会生活中空间和时间限制的过程"形容为空间化的过程（莫斯可，2013）。卡尔·马克思在著作《政治经济学批判大纲》中评论了资本主义"以时间消灭空间"的趋势，被认为是早期政治经济学中关于"空间化"概念的雏形；当代政治经济学（Harvey）修正了马克思主义的观点，认为资本并没有消灭空间，而是通过重新构建人、货品和信息之间的空间关系转变了空间（莫斯可，2013）；在这个重新构建的过程中，资本本身得以转型。文森特·莫斯可在传播政治经济学中重提"空间化"概念，主要涉及企业的制度延伸，包括文化工业的企业合并，也包括产业的重新组合以及在多个层面的整合。莫斯可（2013）认为，传播过程和传播技术在空间化过程中占据了核心地位，贯穿了广阔的政治经济背景，因此"空间化"在传播产业中尤其重要。

传播是实现空间化的重要手段之一，因此对于传播政治经济学而言，空间

化具有特殊重要性。文化工业的空间化发展有力拓宽了文化生产和文化消费的空间，使得各种文化资源具备了在全球范围内流动和重组的可能性。全球化作为传播空间化过程的一种特殊形式，是一种实物、符号和人员跨越地区和跨越洲际的空间运动，其中既有经济全球化的内容，也有文化全球化的内容（孙春英，2005）。它以跨国公司和国家为主导，突破了传统观念中线性的时间和地缘的空间概念，让经济、社会、文化和政治在全球范围内相连，实现本地产品的全球化和全球产品的本土化。社会学家吉登斯（Giddens）用"时空延伸"来探索时间和空间在世界范围内影响力的减弱；地理学家哈维（Harvey）提出"时空压缩"概念，强调了政治经济学的含义；女性主义地理学家梅西（Massey）强调用联系的观点来解读空间，她认为空间包括了许多动态的社会关系，组成了一种"权力几何体"；空间政治经济学家萨森（Sassen）描绘了一个新的网络图景，涵盖了金融资本、全球城市和从民主视角出发抵御由商业主导的全球化传播（以上转引自莫斯可，2013）。可见，政治经济学视角下所论述的空间化，都特别重视权力在创造新的空间过程中的重大影响。

莫斯可曾指出："政治经济学研究社会关系，特别是权力关系，这些关系相互作用构成了资源（包括传播资源）生产、分配和消费。"（转引自蔡骐，2007）对于权力的理解，政治经济学一直将其根植于社会的制度结构中进行分析，认为权力是达成目标的源泉以及社会层级体系内的控制工具：一方面，权力是一种资源，用马洪（Mahon）的话说，权力被建构在或者根植于"表现形式的不平等结构"之中，它构成一个体系，谁在社会阶级体系中拥有优势地位，谁就将有权获得相应的市场位置；另一方面，权力还是一种控制形式，是凝聚的、结构化的，用以反击挑战者，维护自己的优势地位（转引自莫斯可，2013）。

政治经济学派对"权力"概念的理解和把握，给当前的媒介文化研究带来了丰富的启示。传播政治经济学认为，大众传播业总是处于一定的政治经济的权力结构之中，因此，为了能对文化的生产与流通有充分理解，必须将文化生产与物质生产结合起来进行分析。因此，该流派主张将研究目光投射至文化生产与传播背后的政治经济力量，以"权力"为核心要素，关注媒介产品的生产与流通（经济）领域，对其间权力运作的机制和策略进行剖析，以审视权力介入下传播关系的不平等（蔡骐，2007）。可见，将传播政治经济学视角引入媒介研究，对拆解媒介与权力机制、权力格局之间错综复杂的关系颇具意义。

在权力形态类别方面，汤普森（2000）提出了四种权力形态：第一种权力形态是经济权力，来源于人类的生产性活动，物质和财政性资源是主要依附的资源，商业性机构是权力主体。而在全球化时代，货币和资本成为贮存和转化资源的手段、扩张的手段以及时空延伸的手段，人们得以跨越时空来组织和调整产品及存货，资本也就成了权力工具（孙春英，2005）。全球化的传播活动交迭地掩盖着文化与经济的意涵，资本成为全球化的直接驱动力，资本投资传媒的首要目的是赢利，意识形态只是传播工业的副产品（章戈浩，2004）。第二种权力形态是政治权力，主要用于协调和规制个体、群体以及机构活动，依赖权力、权威作为资源，政治机构（如国家）是权力主体。在全球化时代，国家依旧是制定和执行媒介政策的重要力量，国家及其主导的意识形态，深刻地影响着媒介政策的走向；有时候，技术和市场也会被国家收编，成为国家议程的推动者。另外，跨国媒体集团等超国家机构也发挥着越来越大的影响力。作为一种新权力体系，跨国公司（包括跨国媒介公司）在世界政治、经济、文化领域发挥控制功能，通过制造世界范围的消费者，为资本主义自由市场经济体系向世界的扩张创造条件（刘晓红，2005）。第三种权力形态是强制性权力（主要是指军事权力），主要是运用物质性力量和军事力量进行外部的进攻和防守，以及内部的平定和控制，强制性机构（尤其是军事机构，如警局、监狱等）是权力主体。第四种权力是象征性权力（也可称为文化权力），主要用来指涉通过信息、传播内容等象征形式的生产、传输和接收，介入事件发展，影响他者的行动。信息和传播手段是其依赖的资源，文化类机构（如宗教、学校、媒介产业等）是权力主体。20世纪90年代以来的信息技术革命，加快了全球化的进程，促进着全球企业空间化的发展，成为推动全球化形成与发展的强大动力。彼得·赫吉尔在《1844年以来的全球传播》一书中详尽论证了传播技术与全球化过程的直接关联。如果信息是一种权力，那么谁掌握了电子传播系统，谁就可以对全世界发号施令（转引自孙春英，2005）。

根据汤普森对权力形式和权力主体的界定，全球电视节目模式本土化生产空间主要涉及政治权力（国家，主要是国家广电总局、政府）、经济权力（原版方、版权购买方、本土制作机构、播出平台、广告商等）、文化权力（信仰、传统、价值、语言）、技术权力（生产机制、专业能力、渠道运营和宣传）四大动力机制。

全球化带来了空间聚合形态，政治、经济和文化权力被联结到了一个相互依存的密集网络，并且因全球性的重构发生权力主体的竞合以及权力策略的变化。一些学者如傅筠骏对全球化过程中的政治与经济力量流动持否定态度，认为全球化并非距离的消失，而是跨国行动者透过网络运作对民族国家进行打压和渗透的过程；这种"新电子殖民主义"是种依存关系，让进口电视节目的国家无形中接受他国的标准、价值观以及期望，进而逐渐动摇本国的文化以及社会化过程（转引自洪俊浩，2001）。但也有学者强调，媒介产品输入国并非消极被动地应对全球化的影响，反而通过一系列的媒介政策制定，来适应全球传播环境的巨大转变。例如，西欧各国面对美国电视节目的大量入侵，建立了欧盟配额系统，用以限定非西欧国家在西欧电视频道的节目播出数量；并通过津贴补助、减免税负等有区别的电视保护政策，来促进欧洲当地电影电视产业的生产。与此同时，一些国家还不断寻求与全球传播媒介和资源相融合的新形式，以达到一种"重新领土化"的效果。Fung 和 Zhang（2011）以中国版《丑女无敌》为例，表明我国借助节目模式本土化来推行一种不同于西方的本土现代性，并通过将宏观的社会问题转化为个体层面的问题等方式来强化社会规范。还有一些学者试着调和以上理论纷争，强调全球化是全球和本土交互影响的流动本质，是全球力量和地方力量之间的博弈。

四、节目模式本土化的策略——"在地化""去地方化"与"再地方化"

"在地化"（localization）是相对于"全球化"的一种趋势和潮流，旨在抵御全球化的影响，保障"在地"认同和特色的存续。罗伯逊（Robertson，1995）将"全球在地化"（glocalization）界定为兼具普遍性与特殊性的双向联结关系；即全球化的结果既不是同质化也不是异质化，而是同时发生、多边连带，相互补充和相互渗透的"球土化"，"杂糅化"是"球土化"的表现形式。科恩和肯尼迪将"全球在地化"总结为"全球压力与需求逐步适应本土条件的过程"；我们从全球化中挑选自己喜欢的东西，改变它，使之嵌入和适应本土条件与需要（转引自郑中玉，2008）。因此，全球化是"经"，全球在地化是"纬"，前者是横向的动态连线，后者则是紧扣在地特色的动态纵深。二者相生而存，全球必须依靠地方来实践，不存在没有本土化参与的全球化；但二者也会相克对立，激发出新的发展（刘俊裕，2007）。"在地化"并非一种文化与另一种文化之间替代与被替代的过程，而是异质文化从初期的移植，到后面嵌合于传播地、传播民族当中，最终在两种或者多种异质文化的合力作用下，实现本土文化的改造和再构过程（徐万达，2012）。

"在地化"包括"去地方化"和"再地方化"两个过程。汤姆林森(Tomlinson，1999）用"去地域化"来形容全球文化在地方的发展进程，认为全球化增加了文化流动，瓦解了文化和地区之间的关联，以及伴随着流离失所的文化之间的混合，产生了崭新而复杂的文化融合形式。坎克里尼（Candini）在"去地域化"的基础上增加了"再地域化"这一概念，认为进入现代性和脱离现代性都需要经历"去地域化"和"再地域化"两个过程，这是文化全球化的一体两面；前者指涉文化与地理、社会疆域之间"天然性"关系的消失；后者指涉新旧符号的生产在部分疆域中被重新地方化（Candini，1997。转引自贺程，2013）。

李政忠（2003）用"连结"来形容全球和地方的相遇，进一步细化了"去地方化"和"再地方化"两种连结元素。"去地方化"发生在连结之初，指涉在地连结的过程，实质是文化解构，包括"内容上的去地化"和"形式上的去地化"两种形式，旨在去除媒介产品中专属的文化性格，建立与海外目标市场共同的文化认同。文化接近性（Straubhaar，1991）是"内容去地化"的重要指标；输入与本土文化背景越相似的国家或地区的媒介产品，对"内容去地化"的要求就越低；反之，社会文化背景差别越大，"内容去地化"的要求就越高。"形式去地化"指将媒介内容转换为当地阅听众所能或者较易理解的形式，着重强调媒介产品形式的转换过程，包括配音、字幕、后期制作等一系列策略的运用，是跨越文化障碍的必经阶段。

"再地方化"发生在连结之后，指涉在地创造的过程，包括"混合型再地化"和"反思型再地化"两种形式，区分的标准是中外节目联合制作过程中主动权的分配问题，以及最终呈现的节目样态上的差异。"混合型再地化"是国外业者为了吸引当地阅听众的青睐，与当地业者合作，融入当地的社会文化特性。

在这一过程中，国外业者扮演着较为主动的角色，最终媒介产品呈现为能分辨出哪些是外来因素、哪些是本土因素的混合形态。而"反思型再地化"则是当地业者经过接触、吸收外来节目内容后，吸收了一些新的经营管理知识，并融入当地特质，将其转换为本土性的一部分。这一过程中当地业者占据主动权，自行产制节目，最终呈现为融合而非混合的文化形态，即无法明确辨认哪些是外来的部分、哪些是本土的部分（李政忠，2003）。

应该说，"去地方化"和"再地方化"概念的提出，一定程度上突破了先前处理全球化或者本土化相关议题时缺乏实证层面操作型定义的理论困境，成为学界研究全球文化产品在地方落地的重要策略和权衡因素（高啟翔，2003；郑淑文，2006；黄筱钧，2011）。

从动力机制看，"去地方化"和"再地方化"的最终结果是"文化杂合"，形式从现存的实践中分离，并和新的形式在新的实践之中进行重新结合（Rowe，Schelling，1991。转引自章宏，2013）。这一过程离不开文化、政治、经济、技术等因素的作用，共同影响着媒介产品在地的进入以及在地认同的获得。一般而言，跨国媒体所在国家与海外目标市场的社会、政治、文化背景之间的距离越远、差异越大，频谱越长，那么所需的去地化程度就越大；反之，距离越近，差异越小，所需的去地化程度就越小。与此同时，跨国资本介入目标市场的涉入程度深浅，同样也会影响去地化和再地化的策略运用（李政忠，2003）。

首先，文化是媒体产品实现跨境流转的重要因素。霍斯金斯（Hoskins）和米卢斯（Mirus）在1988年《美国主导电视节目国际市场的原因》一文中提出"文化折扣"理论，指出如果节目的内容、风格、价值体系与输入地的文化风格有较大差异，那么该文化产品将不容易被在地受众所认同或者理解，从而导致价值降低。斯特劳哈尔（Straubhaar，1991）进一步提出"文化接近性"理论，指出受众在媒介消费时，都有偏好自己文化，或者类似于自己文化的媒介产品的倾向，阐明了文化距离对节目成功输出和输入的重要性。因此，国内媒体业者在输入国外影视产品时，须考量节目本身所隐含的文化背景是否与国内受众的接受度或者自身的市场定位相符。

其次，资本主义的商品逻辑成为推动跨国媒体集团进行全球扩张的主要动力。全球化背景下，大多数的地方性产品，不是被扭曲得面目全非，就是被排挤到市场之外，甚至无法生产。市场、利润在全球化下的文化流动中扮演着重要角色，筛选的通道也是决定文化产品能够生产的关键（Jameson，1998）。因此，基于利润的选择和考量，许多当权者在制定与执行文化产业政策目标时，会将文化工作者的文化理想与艺术内在价值置于经济利益之后（刘俊裕，2007）；而媒介寡头为了将自己的产品提供给最大数量的消费者（欧阳宏生，梁英，2005），也会主动舍弃不具备利润的文化产品，"视听地理正在逐步脱离民族文化的象征性空间范围，在国际消费者文化这一普世化的原则下加以重新调整"（莫利，罗宾斯，2001）。

除此之外，国家在"文化杂合"过程中发挥的作用不容小觑，尤其是身处全球化浪潮中的第三世界国家，越来越重视本民族的主体性建设。洪俊浩（2001）认为，亚洲和世界其他区域国家最大的不同在于，虽然同样地都刻意限制美国进口节目数量，但是其他区域经济上的考量多于政治和意识形态，而亚洲各国却往往以政治与意识形态的保护作为最重要的企图。可见，在全球化时代，如何摆脱西方文化霸权的阴影，维系和扩大本民族的文化认同，成为反思本土与外来文化相互关系的重要问题。

最后，本地制作团队的竞争压力，以及对于优质节目的渴望，也是全球媒介产品本土化的内生动力。"西方文化价值观的普遍流行给予一些非代表性国家的媒介系统以压力去提升他们媒介产品的服务质量"，他们通过充分利用外部技术和专业人力资源，学习和模仿西方先进的影视制作模式，服务于本地社会的传统价值标准和文化传承（王肯，2012）。

当然，政治、经济、技术等因素并不是孤立于文化之外的，它们本身就属于一个文化的概念（刘俊裕，2007）。这些被文化信仰所形塑的经济体制、政治组织、生产机制，在运作成熟后又回过头来试图掌控、塑造文化消费模式与民众的政治文化认同，形成了一个文化与政治、经济、技术等不同生活面向相互渗透交错的复杂回路结构。因此，我们需要勾勒出全球化过程中不同权力主体的实践活动对在地文化生产的影响，以及所衍生出来的新文化意涵，重点反思多种权力因素间的相互渗透及竞争性互动关系。

第二章　模式产业的中国印迹

第一节　中国电视业的发展进程

伴随着计划经济向市场经济的巨大转型，中国电视产业经历了从"宣传品"到"作品"再到"产品"的发展历程（胡智锋，周建新，2008）。从 1958 年中国电视诞生，到 1978 年，宣传部门的统一指示，以及高层领导对节目的评价和批示成为当时考核电视节目质量的重要标准。1978 年到 20 世纪 80 年代末，电视节目开始摆脱"宣传和教育工具"这个单一属性，逐渐在中国政治和文化舞台上占据中心位置。作为一种传播媒介，电视节目成为推动当时中国的现代化和全球化进程的重要力量（赵月枝，2011）。20 世纪 80 年代中国开始实行经济体制改革，行政的去管制化带来了媒介管制的放松，再加上中央、省、市、县四级电视台的设立，催生了以需求为导向的媒介环境。

但是，"四级办电视"在推动中国电视事业发展的同时，也带来了诸如结构失衡、力量分散、重复建设、竞争无序、效益低下等问题。电视产业极其缺乏竞争力。在供给的驱动下，大量电视台为了维持生计，瓜分观众群体，不断生产出质量低劣、低成本、低价值的节目。部分电视台还时常从音像市场购买廉价的盗版海外影视剧进行播出，"散""乱""俗"等电视市场乱象丛生，严重制约了中国电视事业的健康发展。由于国内节目质量不高，民众对国产节目的需求开始减弱，尝试通过安装"电视锅"来收看境外电视节目，这一现象在我国南部尤为明显，无疑冲击着国内的电视环境。20 世纪 90 年代开始，中国电视产业得到发展。1992 年，中国改革开放的步伐加快，市场力量迅速席卷国内传媒行业，一直以来由国家补贴的电视行业被列为第三产业，实现了从中央宣传喉舌向半商业化电视台的转变，从此，中国电视在政治控制和商业利益的夹缝中艰难求存。

　　电视的产业化进程使得中宣部对于信息流的控制力有所减弱。除新闻时事节目的制作和播出外，娱乐节目的供应开始市场化和部分私有化。20 世纪 90 年代后期，独立和半独立节目制作人大量涌现，私人资本、外来投资者纷纷通过投资娱乐节目、赞助广告以及和电视台合作生产等方式逐渐渗透到国内电视行业，娱乐节目供应比重大幅提升。与此同时，各省纷纷建立综合性卫星频道，受众的全国覆盖冲击着央视的霸主地位。同时省市两级广播机构也抓住新的市场机会，开办多频道的地波电视系统，与有线电视频道相互竞争，四级垄断结构因竞争而打破。对经济利益的追逐削弱了国家对电视台的控制，虽然国家三令五申要求严格控制外来节目的进口配额，但在执行中却时常遭到异化，许多电视台成为跨国频道节目的中转站，纷纷引进西方成功的电视节目来抢占市场份额。而同级广电管理部门出于对本地电视台创收的依赖，纷纷选择和电视台合谋，通过"打擦边球"的方式来实现经济利益的最大化（章宏，2010）。这在一定程度上提升了国内电视节目的生产质量和生产效率，但同时也引发了外来节目的大量流入。90 年代末期，主管部门加强了对进口节目的限额控制，外来节目总量下降，许多电视台转而通过抄袭、模仿外来节目形态等方式规避节目配额限定，制作地方版。

　　2001 年中国加入 WTO 以后，媒介体制的改革和商业化发展步伐不断加快，电视市场在数量、发展频率以及发展规模上都呈现出几何式增长势头，中国电视也开始由金领消费转向大众消费。但是长期以来的制播合一，以及节目交易系统和市场竞争机制的缺失，造就了一个自给自足的节目生产运作体系。所有的电视节目都由体制内电视台下属的生产制作部门完成，所属电视台播出，不仅节目资源严重浪费，而且节目数量还十分有限，内容千篇一律，质量不高。随着数字电视的普及以及电视频道的细分，电视节目供给与实际需求之间的缺口越来越大，供需结构严重失衡。但中国电视内容生产的创新能力却严重不足，无法满足中国受众对电视产品的需求，这就为电视节目模式进入中国市场提供了一个良好契机。

第二节　模式产业的中国式成长

低成本、低风险、高效率、高收益的电视节目模式，极大地满足了国内电视人的利益和需要；一进入中国，便成为他们抢夺市场份额、填补大量空白节目时段的首选。虽然中国被裹挟进这个市场的时间不算长，但如今已是全球发展最为活跃的国家之一。在独特的政策、市场、产业等因素的影响下，中国的节目模式产业经历着自己独特的发展历程。

一、萌芽期（2006 年以前）

20 世纪 90 年代，电视节目模式尚未成为中国学术界的研究议题，当时多半是引进西方一些较为流行的成品节目（canned program），通过配音或者添加字幕的方式在本地电视台播出。例如，1990 年开播的《正大综艺》，这档被誉为中国第一个真正意义上的综艺节目的游戏类节目，就是由央视和泰国正大集团合作推出的。泰国正大集团旗下的传媒公司拥有"世界真奇妙"板块的版权，节目内容基本维持原貌，只是做了后期中文配音剪辑，并且由赵忠祥、杨澜、程前等国内主持人进行节目板块的串联。因此这一时期所谓的"买节目"，实质上是购买节目内容。随着中国电视产业的日趋成熟以及国内电视图景的转变，节目生产商和学术界开始认识到节目模式的经济规模及其可转移性，电视节目模式便作为一种节目发展策略在中国兴起，大量的节目模式实现了跨境转移。

湖南卫视成为当时电视产业化浪潮中最商业化的电视台，成功实现了境外流行节目的本土化。1996 年，湖南卫视《快乐大本营》大获成功，证实了中国电视行业一个朴素的真理：将娱乐节目送上卫星是最快捷同时也是最安全的致富之道。一时间 100 多个同类节目席卷大江南北。然而，《快乐大本营》还算不上真正意义上的模式引进，它借鉴了我国台湾地区《超级星期天》，韩国《情书》、X-MAN 等多个综艺节目创意制作而成，并未购买节目版权。国内较早引进电视节目模式的应是 1998 年央视推出的《幸运 52》（腾讯娱乐，2013）。原版节目 Go Bingo 是英国有 30 多年历史的博彩节目，央视花 400 万元引进版权后，剥离其博彩元素改编成《幸运 52》，成为娱乐节目本土化改造较成功的案例。1998 年，湖南卫视借鉴香港电视交友节目《非常男女》和台湾相亲节目《我爱红娘》，制作了本土版《玫瑰之约》，首开大陆电视媒体婚恋节目之先河。此后，真人秀节目正式大面积进军中国电视产业。

2000 年，中央电视台经济频道模仿英国 ITV 游戏节目《百万富翁》（Who Wants to be a Millionaire），制作了本土版《开心辞典》；2001 年，广州电视台模仿美国王牌节目《幸存者》（Survivor），制作了本土版《走入香格里拉》，被认为是中国户外生存类真人秀节目模式的雏形；2002 年，北京电视台引进日本 TBS 王牌节目《幸福家庭计划》（Happy Family Plan），制作了本土版《梦想成真》；2002 年，南京电视台模仿英国 BBC 游戏节目《最弱一环》（Weakest Link），制作了本土版《智者为王》；2002 年，湖南经视模仿全球真人秀鼻祖节目《老大哥》（Big Brother），制作了本土版《完美假期》；2004 年，湖南卫视以美国 FOX 电视网热播的真人秀节目《美国偶像》（American Idol）为原型推出《超级女声》，带动了国内电视平民选秀节目的崛起。此后，《加油！好男儿》《我型我秀》《梦想中国》等音乐选秀节目如雨后春笋般充斥着中国电视荧屏，同时也将模仿、改编或者购买节目版权等方式进行节目创新的风潮推向新高。

二、初步发展期（2006—2010）

2006 年以前，国内大多数电视娱乐节目都是克隆国外流行节目，很少有电视台想到要正式购买版权。虽然很多生产商也意识到这种抄袭行为不当，但多半认为只要不是原封不动地百分百抄袭，就无须对原版所有人负法律责任。随着全球化的不断推进，投机主义的抄袭行为在世界范围内日益受到谴责；再加上国际模式公司为了进军中国市场并站稳脚跟，一开始的版权费用非常低，且购买版权节目确实能掌握克隆、抄袭所掌握不了的最核心的东西，所以国内电视界逐渐开始重视版权的购买。

2006 年 至 2009 年，湖 南 卫 视 一 举 引 进《舞 动 奇 迹 》(*Strictly Come Dancing*)、《名声大震》(*Just the Two of us*)、《以一敌百》(*1 vs 100*)、《快乐2008》(*Ant and Dec's Saturday Night Takeaway*) 四个节目模式，成为引进国际电视节目模式的先锋部队。

在湖南卫视的带动下，"模式"概念逐渐被国内电视商所熟知和接受。但是，即便如此，不购买版权的悄声模仿依旧是国内电视人最主要的策略选择，这一时期模仿制作节目的比例整体高于模式引进。2006 年，东方卫视和江苏卫视模仿 *American Idol* (《美国偶像》)，分别制作了中国版的《加油！好男儿》和《绝对唱响》；东方卫视还模仿英国 BBC 明星舞蹈竞技节目 *Dancing with the star* 推出了《舞林大会》；同年，央视 CCTV2 借鉴美国职场创业型真人秀节目 *Apprentice* (学徒)制作了《赢在中国》；2007 年，深圳卫视模仿美国益智类节目 *Are You Smarter Than a 5th Grader?* (《你比小五生聪明吗？》)，推出了《谁比谁聪明？》；2008 年，江苏卫视借鉴英国唱歌类节目 *Who dares sings* 推出了《谁敢来唱歌》。

相较于前一阶段，这一时期的国内电视人在制作节目时容易陷入两难境地。一方面，他们更加痴迷于节目模式的魅力，模仿热情比之前更加高涨，原创节目研发动力锐减；另一方面，随着全球创意产业版权保护意识的增强，以及观众接触境外节目渠道的增加，电视生态环境开始发生转变。国内电视人不再公然抄袭、模仿海外节目，借鉴国外模式并适当融入当地文化元素的改良性节目，成为这一时期主要的制作风向。

三、爆发式增长期（2010—2016）

2010 年是模式版权的"启蒙年"，《中国达人秀》在东方卫视的巨大成功，让各大电视台对海外节目版权有了更进一步的认识；2012 年，现象级节目模式《中国好声音》的火爆，更是助推了中国电视业的模式旋风，创造了电视节目模式商业价值的新标杆，节目模式也因成本低、风险小、回报高等优势越来越受到国内众多制作人的热捧。2013 年被业界誉为模式引进的"井喷年"，涌现出《爸爸去哪儿》《奔跑吧，兄弟》《我是歌手》等脍炙人口的节目。至此，模式版权贸易在中国电视市场风生水起。据不完全统计，2002 年至 2005 年，中国共引进 4 个模式，2006 年至 2009 年增长为 10 个，2010 年至 2013 年，引进模式的数量和播出时间都加速增长（殷乐，2014）。2013 年，共引进 56 档节目模式，2014 年播出的节目中有 61 档来自引进的节目模式，其中新引进 30 档；2015 年，在此基础上又有了大幅度提升，迫使广电总局不断出台限外令、限娱令、限真令等措施来调控电视节目市场。

与此同时，来源地和节目类型也呈现出多元化趋势。来源地方面，从先前清一色的欧美模式，转向以日韩模式为主，兼顾美国、英国、荷兰、以色列、土耳其、瑞典、德国、澳大利亚、西班牙等多国模式创意。节目类型方面，依旧以真人秀节目为主，竞赛类、才艺类、生活服务类、换位体验类、特殊任务类等节目层出不穷。节目发展趋势方面，选秀节目进入天团时代，相继推出了《燃烧吧，少年》《蜜蜂少女队》《加油美少女》等选拔偶像天团的节目。音乐类节目开始与游戏元素相结合，《隐藏的歌手》《偶滴歌神啊》《看见你的声音》等节目均取得了不俗的收视表现。据不完全统计，2016 年，电视台和视频网站公布引进的该类节目有 9 档，且都是国外最新的热门模式（彭侃，2016）。户外真人秀持续升温，在历经体验类真人秀《爸爸去哪儿》、游戏类真人秀《奔跑吧，兄弟》之后，逐渐朝着剧情化方向发展，涌现出《极限挑战》《极速前进》《我们穿越吧》等一系列深受电视观众喜爱的烧脑综艺。此外，随着奥运会、欧洲杯的举行，体育类真人秀也开始崭露头角，但整体收视一般，优质节目不多。体育类节目专业性和娱乐性的平衡依旧是困扰国内电视人的一大难题。

四、衰退期（2016 年至今）

2014 年，习近平总书记在文艺工作座谈会上提出了"增加文艺原创能力"的号召，指出要把推动电视节目创新的重心转到鼓励自主创新上。2015 年"十三五"规划出台，再次明确了自主创新的三个层面：原始创新，集成创新，以及引进、消化、吸收再创新。近些年，国内电视人在节目集成创新和引进、消化、吸收再创新方面做了很多努力，尤其是引进节目模式的本土化改造，成为中国电视行业提升自身节目制作水平和创新能力的重要阶段。厚积而薄发，为了进一步推动原始创新，2017 年国家广电总局出台了《关于大力推动广播电视节目自主创新工作的通知》（俗称"限模令"），规定上星综合频道每年在黄金档播出的引进节目模式不得超过两档；每年新播出的引进节目模式不得超过一档，且第一年不得在黄金档播出，以期通过政策调控的方式为国内原创节目留足空间。至此，模式产业在中国逐渐进入衰退期。

受益于频繁的模式贸易以及和版权方的密切合作，一些优秀的制作团队开始尝试由购买模式的"中国制造"向对外输出的"中国创造"转变。2014 年，在法国戛纳春季电视片交易会（MIPTV）上，英国 ITV 宣布引进灿星制作的《中国好歌曲》节目模式，成为中国首档输出海外的原创才艺节目模式，被业界誉为"里程碑式的交易"。在 2015 年的 MIPTV 上，江苏广电集团代表江苏卫视与 Nice Entertainment Group（Nice 娱乐集团）签订《超级战队》模式的预售协议，授权 Nice 娱乐集团制作《超级战队》在丹麦、挪威、瑞典、芬兰四国的版本，这是中国节目模式与北欧的首次"触电"，成功将原创节目输出到全球节目模式创新发源地之一的北欧四国。同年 6 月，该模式在德国完成预售；在 2016 年的 MIPTV 上，该模式再次与国际电视节目模式发行公司 Small World IFT 签约，由 Small World 负责节目在德国和北欧以外市场的全球发行。2018 年，浙江卫视就《我就是演员》原创节目与美国 IOI（Is or Isn't Entertainment）公司签署模式销售协议，授权其及合作伙伴 HMP（Hollow Men Productions）公司在美国、英国、加拿大等诸多英语地区制作《我就是演员》国际版 *I AM THE ACTOR*。2019 年，湖南卫视又在戛纳国际电视节上达成《声入人心》节目模式在北美地区的发行合作。

尽管相较于节目模式引进，中国原创节目的对外输出能力依旧十分薄弱，节目模式贸易逆差依然十分显著。但从文化节目自创到文化节目输出，不仅预示着国内电视人自主研发意识的觉醒，同时也是倒逼欧美模式市场的一种尝试与探索。

第三节 中国模式产业的现状与趋势

一、抢购海外综艺节目模式成为卫视惯常选择

2012 年以后，国内各大卫视纷纷通过外购节目模式来争夺市场份额，每个季度都有新的节目模式涌现。模式的疯抢导致版权价格飞涨，与四五年前相比涨了将近 10 倍；而且国内巨大的市场需求，导致国人 3 年的时间几乎买断了国际电视业花 30 年的时间研发的所有成功模式。欧美市场上经典的或者稍有关注度的模式已被中国市场消耗殆尽，而热了两年多的韩国模式也几乎被掏空，模式引进整体面临"弹尽粮绝"的尴尬局面。

模式产业大热与国际模式公司想要进军中国市场的强烈意愿密切相关。中国拥有世界上最多的电视频道和节目播出时间，内容需求量巨大；但是电视人员的专业化分工、协调，以及制作的流程化管理却是中国电视业长久以来的短板。在条块分割的产业结构下，中国电视制造业不但没有建立起统一的行业标准，连成熟、稳定的制作团队都很匮乏，"小作坊式"的生产方式导致了中国电视无法将节目创意执行到位。因此，面对高速发展的中国电视市场，在自身创意能力无法与之匹配的情况下，对外引进节目模式寻找创意突破口，成为国内电视人的首选。国外节目模式公司正是看到了中国市场的巨大潜力，通过各种渠道纷纷开始跟中国人做生意。全球最大的内容制作、创意和发行机构 Fremantle Media 早在 2009 年就进入中国市场，在北京设立了办事机构；随着 Idol（《偶像》）、Talent（《达人秀》）等模式在中国的大热，Fremantle 与中国电视产业的互动合作也在不断深入。2015 年，Fremantle China 正式成立，总部设在上海，在原有模式授权业务的基础上，重点研发、制作、全球发行生长于中国本土的节目模式，不断拓展中国地区的业务。同样，整合了恩德莫（Endemol）、Shine 及 CORE Media 三家内容公司的资源全新成立的全球内容制作及发行公司 Endemol Shine，也"致力于参与开发及共同开发模式，提供制作服务，开发知识产权及在国外宣传中国的节目内容"，2015 年还聘请专人负责

Endemol Shine Group 大中华区北京及上海办公室的业务运营，足以显示这家电视内容巨头对中国市场的重视。

　　与此同时，国内电视业的体制、机制以及由此带来的电视人原创性不足和逐利的功利心理，都助长了模式引进的风潮。中国有着全球竞争最激烈的电视生态环境，条块分割的体制造就了一省一个卫星频道的电视格局，再加上CCTV，30 多个综合性频道共同争夺收视率和广告收入，竞争的惨烈程度可想而知。任何创新都是有风险的，减少风险、趋利避害是所有电视台的共同取向。激烈的市场环境不断挤压着中国电视的试错空间，完全原创的案子对于决策层来说是个非常大的考验，一线卫视在高位平台上运作，每一个资源都非常宝贵；反过来目前二三线卫视，更需要一击即中，需要有好的项目杀出来，所以他们必须找成功可能性更大的项目（《天津日报》，2015）。因此，为了规避风险，面对原创节目方案和国外已经成型的成功模式，选择后者显然是更为讨巧的做法，对电视台主管和广告客户们的说服力也更强。浙江卫视主持人、制片人华少在谈及节目模式时，也提到"别人有比你领先得多的经验去支撑这个模式，有许多实际成功的经验可以给你去套用"（刘平安，2015），所以无论是从实际的制作角度而言，还是节目本身的商业化考虑，购买国外成熟节目模式相比于完全创新有着效率更高、胜算更大、少走弯路和降低成本的明显优势。事实也证明了这一点，我国近几年走红的电视综艺节目几乎都是从海外引进的版权。

　　除此之外，国内创意产业保护机制的缺乏同样也遏制了研发原创节目的积极性。《非诚勿扰》《最强大脑》制片人王刚认为："中国缺乏创意产业链这个东西，也没有知识产权的保护体系，所以即便你有个很好的点子，你也不敢说出来，因为一旦说出来，你就被别人抄走了。并且国内的电视从业者都是在体制内的，创意点子是不进入市场的，只进入了单位某个层面的领导体系里，所以它是非市场化的。"世熙传媒 CEO 刘熙晨也表示，在过去的节目模式创意比赛中，版权和创意者几乎没有任何关系。版权属于电视台，创意者顶多分到几万元作为奖励，一般分享不到电视台在这方面获得的收益（世熙传媒，2015）。因此，受市场和平台所限，国内电视人宁愿采用引进模式这种坐享其成的方式，也不愿意冒着较大风险去研发新节目。但是国外不一样，很多国家都有较成熟的创意产业链，有相对完善的知识产权保护机制，创意版权由创意研发人员享有，一个好的节目创意可能使人终身受益，自然也就有了搞原创的动力。

由此可见，中国电视市场的急躁让电视人没有耐心和勇气去孵化、培养真正属于自己的原创模式，长期以来电视台的行政属性定位也使得节目制作整体的原创能力没有达到让市场认可的地步。不买模式，节目就可能卖不出去，这是由买方市场决定的，在利益机制的驱动下，对外来模式的趋之若鹜也就不难理解了。对此，广电总局在2013年出台的"加强版限娱令"中，对节目内容引进做出了规定：要求电视上星综合频道每年播出的新引进版权节目不得超过1个，且当年不得安排在19：30—22：00播出。面对苛刻的引进条件，各大卫视的热情并未被浇灭，反而愈演愈烈，纷纷以联合开发、联合制作等方式变"引进"为"合作"，大打政策擦边球，摇身一变成为"混血综艺"。对此，总局又于2016年6月出台了《关于大力推动广播电视节目自主创新工作的通知》（被网友戏称为"3.0"版限娱令），系统地对节目模式引进、制作、播出等问题进行了部署，要求各电视上星综合频道每年在19:30—22:30开播的引进境外版权节目不得超过两档，每个上星综合频道每年新播出的境外版权节目不得超过一档。对于前期节目市场存在的瞒报、漏报、变向合作等投机操作方式，总局要求各上星综合频道如实履行节目的引进、合作等情况的备案制度，一旦发现有违规操作，不仅立刻停播该档节目，并且该频道下一年内也不许再播出引进境外的版权节目。

二、版权保护缺位，综艺节目克隆成风

虽然购买境外版权进行本土制作已经成为各省级卫视的共识，但是版权节目毕竟数量有限，在无法获得正式授权的情况下，模仿和借鉴国外节目模式就成为国内许多电视台退而求其次的选择。除了对国外模式的大量复制外，国内各大卫视之间也是跟风成患，很多节目不仅名字雷同、题材雷同，甚至连游戏环节也高度相似，这种"你模他仿"的互相克隆状态导致国内电视综艺节目同质化严重，追求的热度只不过是一种病态的繁荣。什么火爆做什么，2005年《超级女声》成功后，全国卫视都做选秀；2009年《非诚勿扰》大爆时期，全国有30余档相亲节目；《中国好声音》推出后，打开电视，各台都是音乐类节目，"2012椅子很忙"；而《奔跑吧，兄弟》之后，户外综艺节目纷纷上马，开启了

国内"户外游戏竞技真人秀"节目的新元年。2015年就有数档"极限""挑战"类节目大撞脸，《极限挑战》《挑战者联盟》《极限勇士》《全能极限王》等等，很难分清楚。正如Keane所说，"有一百个电视模式走红，便有一千个电视台模仿"（转引自赵月枝，2011），国内电视节目进入了引进、模仿，再跟风引进、跟风模仿的怪圈。

早在2011年，国家广电总局就颁布了"限娱令"，对类型相近的节目进行结构调控，规定每天19∶30—22∶00，全国上星综合频道播出的娱乐节目总数控制在9档以内，各上星综合频道每周娱乐节目不超过2档。在2013年的"加强版限娱令"中，广电总局强调各上星综合频道要坚持自主创新，防止雷同浪费；在2016年的"3.0版限娱令"中，再次明确提出各上星综合频道要把"920"时段作为推动节目自主创新的主要阵地，加大自主创新力度，在不同主题、不同领域开发多样态、差异化的节目，丰富荧屏呈现。政策颁布以来，各大卫视积极调整节目配置，电视节目形态结构整体上有所改善，但是见招拆招、打擦边球的方式依旧层出不穷，荧屏乱象并未得到根治。

中国电视节目市场的这片草莽江湖或许可以从文化、体制、版权这三方面加以解释。从文化上看，中国长期以来都被认为是能够通过主导文化去吸收、改变外来文化影响的。"文化拿来主义"是中国社会的传统，让学习、模仿优秀的节目模式变得合乎情理。与此同时，追逐被市场成功验证过的节目模式，这种低风险偏好的思路本质上也是"趋利避害"的中华文化基因的体现。

从体制上看，长期以来的计划经济体制使得国内各电视台在结构、管理和内容生产方面都高度相似，催生了中国电视节目的强制性同构。如今中国电视的结构性矛盾依旧存在，恶劣的竞争环境使得电视台更加趋于保守，观众买账的电视节目类型就这么几种，在利益驱动下，大家都纷纷追逐立竿见影的节目。这种"功利化"的心态带来了跟风其他电视台的"模仿性同构"，导致同质化竞争不断升级。

从国内知识产权的保护现状看，虽然近年来对版权的重视有了较大提升，但是总体上的版权概念依旧非常淡薄。曾在英国电视行业工作十余年的Matt Elmes提到："在中国卖模式版权一度非常困难。他们说'不，谢谢'，但是相似的节目下个月却在中国电视上播出了。"（唐姗姗，2013）十多年来，国内节目模式版权纠纷层出不穷：2002 年，BBC 国际模式交易公司与 ECM 制片公司诉上海东方卫视 *The Weakest Link* 节目模式著作权纠纷；2004 年，ECM 制片公司诉山东电视台 *Go Bingo* 节目模式著作权及合同侵权纠纷（胡聘，2011）；2006 年，湖南卫视《舞动奇迹》与上海东方卫视《舞林大会》就英国 BBC *Strictly Come Dancing* 模式引发纠纷；2008 年，江苏卫视《谁敢来唱歌》与湖南卫视《挑战麦克风》就英国 ITV *Who Dares Sings* 模式引发纠纷；2010 年，湖南卫视《我们约会吧》与江苏卫视《非诚勿扰》就英国 Fremantle media 公司 *Take Me Out* 模式引发纠纷；2012 年，荷兰 Talpa 公司控诉我国多档"盲听盲选"节目侵犯 *The Voice*；2013 年，东方卫视《两天一夜》与四川卫视《明星家族的 2 天 1 夜》就韩版 *Happy Sunday* 模式引发纠纷；2014 年，天津卫视《囍从天降》与江苏卫视《明星到我家》就韩版《伟大的婆家》模式引发纠纷；2015 年，东方卫视《花样姐姐》与湖南卫视《花儿与少年》就韩版《花样姐姐》模式引发纠纷；2015 年，江苏卫视《世界青年说》与湖北卫视《非正式会谈》就韩版《非首脑会谈》模式引发纠纷；韩国 JTBC 电视台斥东方卫视版《隐藏的歌手》抄袭侵权；2016 年，韩国 MBC 电视台斥我国多家电视台抄袭《无限挑战》侵权；2016 年，最轰动的莫过于唐德影视诉灿星和浙江卫视违规操作第五季《中国好声音》，侵犯其作为版权受让人的合法权益。由于抄袭的成本非常低，面临更多的是舆论压力，这相较于带来的经济利益是不值一提的。而且很少有制作商是完全抄袭的，通过改变节目的某些环节或者流程就能轻而易举地规避版权纠纷，因此很多侵权的控诉最终都是不了了之。

　　另外，从观众角度看，由于版权意识本身就没有深入人心，观众很多时候只关心节目本身好不好看，至于是不是正版授权往往不在他们的考虑范围内。再加上这几年通过引进节目模式，学习西方制作手法、与原版方联合生产等途径，中国电视的制作实力有了较大幅度的提升，某些节目模仿、克隆得有模有样，有的甚至比版权节目收视更好，如江苏卫视的《非诚勿扰》就远胜湖南卫视的版权节目《我们约会吧》，类似的还有湖南卫视的《挑战麦克风》《花儿与少年》，均赶超版权节目《谁敢来唱歌》和《花样姐姐》，购买模式的动力自然就减弱。况且引进版权时常涉及一系列的手续，须不断与版权方沟通磨合，效率远不及克隆模仿，所以一些有较高生产能力的制作团队也会倾向于借鉴、模仿这一"短平快"捷径。总之，缺乏游戏规则的中国电视战争不仅反映了国人创新意识的缺失，也导致了大量内耗。这种捡芝麻丢西瓜的短视做法，自然无益于中国电视产业的长远发展。

三、综艺节目速生速朽，优质节目产能不高

近年来中国综艺节目市场热闹非凡，新节目层出不穷、轮番更迭，以湖南卫视、浙江卫视、江苏卫视为代表的强势平台的综艺时段不断拓展，节目竞争也开始从周末扩展到周间。虽然节目产量总体上得到了很大提高，收视破率 2 的节目寥寥无几，与庞大的综艺节目市场相比，整体产能不够理想。

国外节目在上马前一般都会先做样片，征求观众意见，内测、公测、上线，井井有条，缺一不可；并且国外节目更新速度没有国内快，老牌节目时常能占据主要播出时段。但中国不同，激烈的电视生态环境造就了国内综艺节目市场野蛮生长的高速逻辑，节目常常调研不足就匆匆上马；快餐式生产，导致国内节目刷新频率过快；而且大部分节目生命周期过短，电视台通常会在 2~3 年后砍掉很成功的节目，以免观众对节目产生审美疲劳，这也是中国电视市场非常吸引国际公司的原因之一（"传媒家"微信公众号，2015）。

这几年除了《快乐大本营》和《非诚勿扰》两档常青节目外，几乎没有多少节目能超过五季的。《美国偶像》（American Idol）做了 15 季，但本土版《中国梦之声》只做了 2 季就匆匆下马；收视大热的《中国达人秀》一度被视为国内现象级节目，但与已经做了 10 季的原版《美国达人》（American's Got Talent）相比，也只是苦撑了 5 季就悄悄退出市场；曾经风生水起的《中国好声音》也开始出现疲软，虽然制作组一开始表示《中国好声音》能做 14 季，但是从目前来看，能否超越《美国之声》（The Voice）8 季，依旧存疑。灿星前节目研发总监徐帆认为，国内毫无节制的节目跟风、雷同以及电视人的急功近利，逼迫各电视台不得不竭泽而渔。例如，《中国达人秀》一年一季，储备上就会比较充分。但由于播出形势大好，平台方就想趁着节目品牌影响力很大的时候把全国的达人都往自己这里引，造成了选手资源后劲不足，模式快速被消解，最终不得不草草收场。相同情形的还有"跑男"，2015 年开始一年做两季。匆匆上马导致了较高的节目停播率，消耗了广告客户的耐心和平台的自尊心。一方面是花样翻新，一方面是速生速朽，中国综艺节目陷入自反性宿命。

四、真人秀进入怪圈，明星平民结合成为突破口

这两年，电视真人秀风起云涌，2015 年全国有近 200 档真人秀亮相，为 2014 年的 5 倍。若以一季 13 期、每期 90 分钟的平均数计算，观众要不眠不休看 5 个多月。这些节目中，爸妈宝贝系、群星穷游系、奔跑挑战系、梦想穿越系，看似类型丰富，实则关键词都是明星。虽然真人秀席卷中国不到 3 年，但如今已过了大哥带群小弟的年代，玩的是全明星阵容。一般中等体量的综艺节目，明星酬劳会占到整个节目制作费用的 40%~50%，而大体量的节目，明星的费用往往占到 50% 以上，显然中国电视制作领域已基本处于被明星绑架的被动态势。

《2014 腾讯娱乐白皮书》发布了"明星综艺身价排行"，其中，姜文（《造梦者》）4500 万元，邓超（《奔跑吧，兄弟》）、郭富城（《中国好舞蹈》）3000 万元，姚晨（《造梦者》）2500 万元，冯小刚（《笑傲江湖》）2000 万元，数额之高令人咋舌。各大电视台之所以舍得砸血本请明星，主要源于广告客户的要求和收视率的压力。明星资源是招商"王牌"，承担着"吸睛"和"吸金"的双重使命。很多赞助商都是基于明星阵容的"咖位"来决定是否投放广告，《爸爸去哪儿 3》冠名费 5 亿元，《奔跑吧，兄弟 3》冠名费 3.38 亿元，《中国好声音 4》和《我是歌手 3》冠名费 3 亿元等，这些不断被刷新纪录的天价冠名费，内含着国内电视人对明星大腕趋之若鹜的利益逻辑。如果一档节目没有大明星助阵，那可能会面临"裸奔"的风险，卖给电视平台也会有困难。除此之外，许多电视人认为中国观众已经习惯了"烈酒"，若再拿"汽水"去搪塞他们，就会落下"没钱""没人脉""玩不起"的恶名，所以即便纵身火海也要找几个明星来撑场面。

但是"大投入""大噱头""大明星"的三"大"原则并不意味着高收视，更加不是对"现象级"节目的许诺。英国发行公司 Zodiak Rights 副总裁 Andrew Sime 在谈及中西方电视市场制作思维差异时提到，西方国家电视人大部分时候都在想怎么做档便宜的节目，怎么压低预算，怎么为更小型的频道制作节目；但是中国市场不一样，中国电视人最激动人心的地方在于熊熊的野心。他们特别热衷于制作一档现象级节目，并且将此目标作为节目制作的出发点和落脚点（传媒家微信公众号，2015）。然而，现象级节目是可遇而不可求的，世上哪来

那么多现象级，也并非所有平台都能承载得了现象级。当下国内电视综艺市场评估标准缺失，冠名、特约等招商价格体系都不够科学，使得广告商和电视台常常"两眼一抹黑"，在对投入所获得的权益和回报都无从判断的情形下盲目下注。当事与愿违的时候，这种类似娱乐赌徒式的豪赌游戏，只会让赞助商举棋不定、望而却步，最终悄然撤离。

对此，国家广电总局于 2015 年 7 月 22 日颁布了《关于加强真人秀节目管理的通知》（简称"限真令"），要求真人秀节目应关注普通群众，提高普通群众参与节目的人数比例；摒弃"靠明星博收视"的错误认识，纠正单纯依赖明星的倾向，切勿将节目变成拼明星和炫富的场所。"限真令"的发布一定程度上对明星真人秀的数量和明星高片酬进行了调控，同时也意味着被行业所广泛探讨的素人（以普通群众为主）真人秀将得到鼓励和扶持。

第三章　走进灿星：微观层面的深描

Moran 是模式研究第一人，之后有不少学者加入相关研究中（Kraidy，1999；Straubhaar，2007；Chalaby，2011；Oren, Shahaf，2012）。与西方相比，国内关于节目模式的研究起步较晚，且主要集中在以下三个面向：第一，研究视角上多采用单向、静态的切入视角，要么只偏重输出国的意识形态渗透（即认为模式的全球流动是媒介帝国主义或文化帝国主义更为隐蔽的策略），要么只偏重输入国的应对（强调本土化的调整过程、本土民族文化的抵抗或认同建设，以及本土受众对节目内容的解读等），忽略了节目模式的全球生产应是输出方和输入方融合互动的过程，过分简化了节目模式的运作机制。并且，在处理全球和本土的关系方面，容易陷入较为狭隘的民族主义视野，过多强调模式的全球流动对中国的影响（负面），将本土置于全球的对立面，过于强调两者的对立而非对话。第二，研究内容方面大多是关于国内外节目模式表层化的个案分析，缺乏深度的学理剖析，也鲜有从生产者角度进行论证的研究。并且忽略了节目模式的本土化应是一个有关电视空间的生产，也未将研究上升到全球文化生产场域中的权力博弈这一层面，以致大量关于节目模式本土化策略的论述成为一种"乌托邦"情怀，远远没有落地，理论价值和应用价值自然也就大打折扣。第三，研究方法上多侧重于对单一时间点上的现象的探讨，缺少对过程的描述；更多是文本分析、文本对比研究，缺少参与式田野调查等实地调研方法，忽略对模式本土化操作路径的纵深考察，难以展示模式全球流动的动态和反馈过程。

节目模式本土化是全球传播格局变化的一个表征，是电视生产空间化的过程。全球资本主义与地方性元素融合互动，政治、经济、文化、技术等动力机制构成了复杂交织的权力网络。当前节目模式研究缺乏对生产过程中的动力机制的应有关注，本研究通过立足于电视空间的生产，将原本被遮蔽的"权力"要素置于前台，依托质性研究方法，探究模式改编过程中全球与地方相遇的丰富性和复杂性，揭示出本土生产空间内部多种权力冲突、共谋的情境，彼此间的倚赖和构成关系，以及权力博弈的结果对本土版文化形态呈现的影响。

第一节　初识灿星

上海灿星文化传播有限公司（简称灿星制作）是一家专业化的电视节目制作公司，隶属于星空华文传媒（星空传媒中国）。2010 年，时任 SMG 总裁的黎瑞刚牵头组建了华人文化产业投资基金（CMC）并担任董事长。这是国内第一家专注文化与传媒行业投融资的人民币私募股权基金，也是继 2009 年国务院颁布《文化产业振兴规划》后，首个以国有资本为主体的文化产业专项基金。CMC 成立之后运作的第一个项目，就是收购了星空传媒 53% 的股份，并与新闻集团合资成立了星空华文传媒公司（见图 3.1），下辖灿星制作。2014 年 1 月，星空传媒管理团队协同华人文化产业投资基金（CMC）回购了 21 世纪福克斯持有的 47% 的星空传媒股份，至此默多克新闻集团正式退出中国市场，灿星成为完全由国有资本控股运作的公司。

图 3.1　星空传媒构成简介

灿星前节目研发总监徐帆认为，国家设立 CMC 的初衷，是将其作为以资本方法进行文化产业改革的试验田，因此这里的政策空间和发展空间都会比一般电视台等体制内的文化机构更大。

因此从这个层面上看，灿星制作既不受国际资本的影响，也不受狭义上的体制的控制，它拥有一定程度的商业自由，在国家政策许可、支持的情况下充分市场化，同时也以市场规则尝试着多方面的拓展。

团队建设方面，灿星核心骨干成员均来源于 SMG（上海东方传媒集团有限公司），更精确地说，属于东方电视台。

> 当时上海有两家电视台，东方电视台和上海电视台。东方电视台是鲶鱼，比较灵活，市场化程度高，接地气，无论是娱乐类节目还是新闻监督类节目，都做得比较灵活，收视也比较好；而上海电视台则属于传统电视台，做的节目也都中规中矩。

> ——灿星前节目研发总监徐帆访谈（2015 年 4 月 22 日）

灿星大多数人都是从东方电视台起家的，相对来说属于体制内有突破的电视台，后来东方台和上海台合并成东方卫视。2011 年 5 月，原 SMG 副总裁、东方卫视总监田明正式离开"体制"，出任星空华文传媒 CEO，同时兼任灿星制作总裁。金磊、沈宁、达达、陆伟等原 SMG 制作团队的核心人员也纷纷追随田明转向"体制外"，成为如今灿星最核心的团队成员。

灿星的发展速度是有目共睹的。不到 3 年的时间，就从最初的 10 人，发展壮大至如今的 300 多号人。[1] 有着相对完善的组织架构，一群敢于突破和创新的专业人才，让灿星凭借一档又一档的优质节目迅速跻身国内一线制作团队，成为当前综艺节目的金字招牌。

灿星是靠欧美节目模式起家的，《中国达人秀》《中国好声音》等模式的本土版的相继成功，不仅为灿星赢得了良好的行业口碑，也让公司在很长一段时间内都将欧美模式作为主要购买对象。灿星掀起的这股模式购买旋风很快带动了国内电视人的跟风热潮，大量的欧美节目在短时间内被抢购一空。弹尽粮绝之际，国内电视人开始转向一衣带水、"同根同源"的韩国电视市场。2013 年，

1　笔者的调查时间为 2015 年 5 月至 2015 年 10 月，相关数据和资料均在该时间段内获得。

一系列引自韩国的综艺节目的热播显示了韩国节目本土化的巨大市场潜力和丰厚利润空间；再加上韩国节目的版权费本身就远低于欧美节目，使得韩国模式成为经济高效的引进首选。数据表明，2013年，韩国成为中国第四大节目模式来源国，占模式引进总数的14.3%，仅次于美国（26.5%）、英国（20.4%）和荷兰（16.3%）（马若晨，2014）。

国内外模式市场的风向深深影响着灿星的引进策略。2014年年底，灿星进行了区域性方向的调整（见图3.2），从早前清一色的欧美模式转向了以韩国模式为主、兼顾日本模式和欧美模式。虽然韩国模式的转向晚于同行，但体制外制作公司的反应速度往往比较快，短短半年内就购进了《蒙面歌王》和《无限挑战》这两档韩国模式，实现了灿星从棚内音乐类节目向户外真人秀节目的转型。

此外，长期节目模式制作的经验积累，让制作团队充分学习到了专业分工和岗位职权意识的重要性。同时，与版权方、制作方的多年接触，也反向激发了团队主创的本土意识和中国情怀。仅3年的时间，就从一年一档《中国好声音》发展成一季度N档"灿星制造"，节目形态也日趋丰富和体系化。在合作平台上，从只和浙江卫视合作，逐步扩展到央视一套、三套、六套，东方卫视、江苏卫视、广东卫视等，灿星制作的全国版图正在不断拓展。

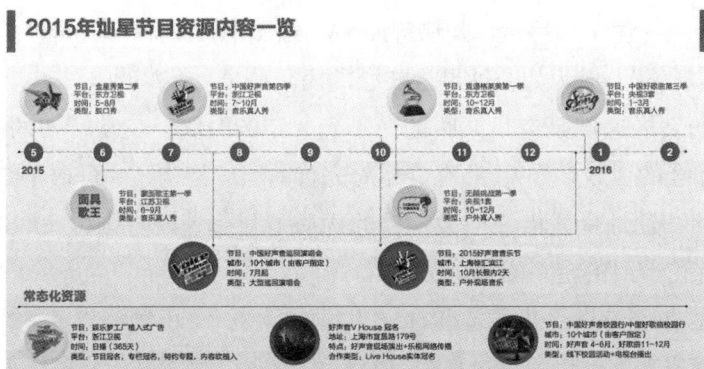

图 3.2　2015 年灿星节目资源内容

资料来源：灿星公司宣传手册。

2014年，英国国际传媒集团ITV在法国戛纳春季电视片交易会（MIPTV）上正式宣布从灿星制作订购节目模式《中国好歌曲》，并负责其国际发行权和英国播出权，成为中国原创模式输出海外的先例。《中国好歌曲》模式为自主研发，从模式到赛制到宝典均独立创作完成，这在国内是绝无仅有的。如今的反向输出，表明中国电视制作商从"模式引进"走向"自主研发"再到"模式输出"的转型升级，具有划时代的里程碑意义。

第二节　个案介绍

本部分选取了 3 个灿星涉猎的节目模式进行研究，虽然并不能完全反映整个中国节目模式市场，但是它们却代表着同一制作公司与不同来源地、不同节目形态、不同性质的播出平台进行合作的经历和体验（见表 3.1）。

表 3.1　案例介绍

原版名	来源地	模式类型	中国版名	制作单位	播出平台	本土化效果
The Voice	荷兰（欧美模式）	棚内音乐真人秀	《中国好声音》	灿星制作	浙江卫视	制作了四季，模式节目本土化的成功典范，对中国电视制作市场有启示性意义
《无限挑战》	韩国（韩国模式）	户外真人秀	《了不起的挑战》	灿星和MBC电视台联合制作	央视一套	目前只制作了一季，效果一般，第二季考虑更换播出平台
My Little Television（《我的小小电视台》）	韩国（韩国模式）	台网互动真人秀	未引进	无	无	版权费用过高，止步于引进谈判阶段

　　《中国好声音》是三个案例中的重中之重，也是欧美节目模式本土化的巅峰之作。2012—2015 年，灿星成功制作了四季《中国好声音》，稳定性较好，有时间上的纵深感，贯穿模式协商、引进、制作、产出等全过程。并且，和市场化程度较高的浙江卫视合作，将制播分离的概念成功引入国内，开发了和播出平台进行对赌分成的新模式，对国内电视节目市场有着启示性的借鉴意义。此外，它还是版权易主事件的典型个案。可见，该案例体现了多方主体的权力博弈，政治、经济、技术、文化因素共同形塑了"中国好声音"的中国版，这对于研究模式本土化过程中各方主体的权力博弈，有着极强的代表性和研究价值。

　　《了不起的挑战》是灿星 2015 年引进的韩国综艺界常青节目《无限挑战》的中国版。引进之初，制作方、平台方、广告商以及受众都寄予了厚望。遗憾的是，该节目只和央视合作了一季，收视并不理想，制作方总导演多次在微博上感慨面对平台方诸多限制的种种无奈。第二季灿星已经考虑更换平台。可见，对这一案例，可以侧重于探讨播出平台对节目生产、制作的限制性因素，以及本土制作人的能动空间大小。

　　《我的小小电视》是灿星 2015 年准备引进的一档台网联播的互动真人秀节目，当时已经进入洽谈阶段，最终因为过高的版权费用而放弃引进。对这一案例，可以侧重于探讨模式引进阶段所需要权衡的因素、涉及的谈判主体以及互动策略。

　　可见，以上三个案例均处于不同的节目模式本土化阶段，具有一定的代表性，方便我们将本土化过程肢解成相应阶段，进行针对性研究。并且，同一公司的归属性使得内部团队的制作能力虽有差异，但总体上能够维持在一个比较稳定的水平之上。因此，制作能力相当的团队制作不同来源地、不同类型、不同合作平台方的节目，在本土化效果方面呈现出如此大的差异，这种对比分析就能够更加清晰直观地呈现出模式方、国家主管部门、平台方、受众以及广告商等商业主体，对模式本土化过程中的限制性影响，以及本土制作者拓展自身能动空间的博弈策略。

一、欧美模式的棚内音乐真人秀《中国好声音》

　　《中国好声音》是荷兰著名广播电视音乐节目《荷兰好声音》（*The Voice of*

Holland）的中国版，由星空传媒旗下的灿星制作公司以 350 万元三季的价格从版权代理公司 IPCN 手中购买，联合浙江卫视强力打造的大型励志专业音乐评论节目。《中国好声音》可谓是引进模式本土改编的成功典范，自 2012 年 7 月 13 日第一季开播后，收视率节节攀升，多次问鼎收视率榜首，不仅赢得了巨额的广告收入，就连一直对选秀节目进行管控的国家广电总局，也公开对其表示赞扬，认为节目做到了观照现实和注重品质，可谓是实现了经济利益和社会效益的双赢。

《中国好声音》作为本研究的重点案例，其代表性体现在以下三方面：

第一，它是节目模式本土化的现象级案例。《中国好声音》是中国唯一一档卫视拿到真人秀节目海选牌照，并且在暑假黄金档播出的音乐类节目。自开播以来，连续四年平均收视率破 4，上升势头明显。第一季最高收视率达到 6.109，成为 2012 年度中国全民参与的最具影响的重大事件；第二季最高收视率为 6.268，平均收视为当季所有音乐类真人秀节目的收视之和；第三季首播 20 小时播放量破 1 亿，创下最快破亿纪录。腾讯视频点击量近 50 亿，巅峰之夜总决赛的最高收视率达到 6.841，13 次登上新浪微博综艺总榜榜首。第四季再创新高，平均收视破 5。首播 CSM50 城市收视率 5.31，创首播历史新高，较上年同期节目提升 28%，大幅超越所有现象级节目首播收视（摘自灿星资料：《中国好声音》节目招商宣传手册，2015）。

《中国好声音》的成功建立在巨人肩膀上，而这个巨人就是由 Talpa 公司研发的、诞生于 2010 年的《荷兰好声音》。该节目在荷兰 RTL4 电视台播出后，就立即吸引 18.2%（300 万）的电视观众。随后，该模式被迅速销往世界各地，成为全球热销的节目模式。迄今已在 60 多个国家播出，并相继获得成功。美版《好声音》首播就超过了《美国偶像》总决赛的收视率，并于 2015 年获得艾美奖"最佳竞赛类真人秀"的荣誉（祝洁，2013）。因此，《中国好声音》获得的赞誉，是全球文化工业产品的胜利，表明我国电视产业已经跻身全球文化产业的浪潮，并且成为利用全球化优势结合自身国情服务本土需要、大获成功的最佳典范。

第二，《中国好声音》又代表着电视节目制作业的标杆。大投入、大卡司、高配置，创下中国棚内音乐真人秀节目之最。8000 万元的制作成本，2000 万元的音响设备、80 万元一把的导师转椅、2000 平方米的录影棚、26 个机位的同步录制、超 1000 分钟的每期节目素材，北京奥运会开幕式音响总工程师金少刚担任音响总监，零点乐队的王笑冬团队提供现场伴奏，国内殿堂级音乐人刘欢、那英等担任导师，所有这些史无前例的运作模式，造就了好声音的巨大成功。

第三，《中国好声音》还做了许多尝试性的努力和突破，对国内电视产业有启发性的借鉴意义。《中国好声音》实行的制播分离、对赌分成、捆绑合作、网络版权售卖等运作方式，不仅为本土电视产业发展开辟了新道路，同时也从另一个侧面说明，这些策略的出台本身就是权力动态博弈的结果，促使我们透过表象去探究背后的权力运作关系。另外，《中国好声音》已经做了四季，整体收视依然保持上升态势，这在大浪淘沙、日新月异的国内娱乐节目市场中并不多见。四季的生产实践表明灿星在模式的本土化运作方面已经比较成熟，呈现出专业化和体系化的趋势，这不仅为研究积累了大量的素材和实证资料，也使得本研究有了纵向的时间延展性。

灿星前节目研发总监徐帆在接受笔者采访时提到，以 2015 年这个时间节点来研究《中国好声音》比较合适，"任何东西都有生命周期，《中国好声音》这个模式已经从快速膨胀爆发期进入收视率和广告收益都相对平稳的生长发展期。稳定的东西比较好判断，这个时候来观察可能会更好"。遗憾的是，2016年，灿星因为过高的版权费用续约第五季《中国好声音》失败，Talpa 公司将 *The Voice* 接下去四年的版权以 6000 万美元的价格授予了唐德影视，提前给灿星的《中国好声音》之路画上了句号。这一事件在业界引起了轩然大波，也牵涉到无止尽的官司诉讼，但如果我们从传播政治经济学的视角去解读，同样会发现这种版权变动本身也是多方权力主体抗衡博弈的结果，在这个档口进行研究将更加具有研究意义和研究价值。

二、韩国模式的户外真人秀《了不起的挑战》

《了不起的挑战》是韩国《无限挑战》的中国版，由韩国 MBC 电视台、灿星制作和央视三方联合研发制作。《无限挑战》在韩国综艺界是殿堂级的存在但该节目无固定模式，很多环节流程都不固定，这对于总体制作能力还十分有限的国内电视人来说，无疑是个巨大的挑战。这就是为何国内综艺纷纷效仿节目中的若干环节，却迟迟不见引进整个模式的原因所在。

灿星之所以选择引进这个模式，主要是因为基于两方面的考虑：一方面，灿星是靠欧美模式起家的，多年欧美模式的运作使其在模式市场转向上要晚于同行，亟须引进一档韩国节目亡羊补牢。而当时的韩国综艺节目市场已经遭到了国内电视人的疯狂蚕食，好的模式寥寥无几。相较之下，《无限挑战》虽然操作起来有难度，但是鉴于其在韩国的影响力，以及该模式所传递出来的价值观非常契合总局对于真人秀节目"有意思且有意义"的要求，引进该模式依旧是不错的选择。另一方面，灿星凭借制作棚内音乐节目跻身国内一线制作团队，但是在风起云涌的中国电视市场，只做单一类型的节目是非常危险的。因此，灿星迫切需要转型，从音乐类节目转向多节目样态，从棚内节目转向户外真人秀，从欧美单源模式转向多源模式，不断扩张自己的电视版图。

可见，《了不起的挑战》对灿星而言具有里程碑式意义，无论是模式方还是灿星自己，都寄予了厚望。但是机遇的同时也意味着压力。在户外真人秀这块，灿星的制作经验是零。再加上之前国内做了这个模式的很多"山寨"版，平均都有 2.0 以上的收视成绩，给灿星带来了非常大的压力。为了打个漂亮的翻身仗，同时也证明自己的跨域制作能力，选择人群覆盖率和全人群指标都非常高的央视一套进行合作，似乎是最为明智又讨巧的策略之选。

诚然，央视作为国家级平台，有着平台大、起点高、观众覆盖广、影响力深远等诸多优势，但是和平台中的大哥大合作，在享受它提供的资源和便利的同时，往往还得忍受诸多限制，而这种限制比灿星想象的要猛烈得多。

央视的平台属性自诞生之日起就承载着太多的社会责任。虽然近几年央视一直在尝试转型和改革，但做出来的综艺节目往往保守有余，娱乐不足，意识形态需要和社会责任凌驾于商业利益之上。因此，央视在和灿星合作时一如既往地扮演着异常强势的角色，高度介入节目的制作和生产，操控、干预节目的发展和整体走向，并且动不动就以版面调整、编排调整为由停播、延播节目，而制作方对此几乎不具备"决定权"，话语权遭遇极度挤压。

至此，《了不起的挑战》12 期节目播了 17 周，成为中国大型季播综艺节目史上最"难产"和最"难播"的一个。央视极其任性地停播和延播节目，消耗了好不容易积累起来的观众黏度。整季节目 CSM50 城平均收视在 1.0 左右，不仅远远不及灿星出品的其他节目，而且对标央视平台的其他节目，也是不堪一击，成为灿星人心中永远的痛。灿星将第二季《了不起的挑战》移师江苏卫视播出，就是基于突破平台限制的考虑。

三、韩国模式的台网互动真人秀《我的小小电视》

韩国 MBC 电视台的网络直播真人秀 *My Little Television*（《我的小小电视》）是一档结合地上波与网络直播独特形式的综艺节目，创意源于在韩国风行多年的网络直播文化。该节目中，明星变身为互联网主播，运营各自的直播频道与观众实时交流，内容涉及美食、音乐、talk 等各领域，最终通过观众投票评选出最佳主播。自 2015 年 4 月 25 日首播以来，在韩国收视节节攀升，成为韩国综艺界的一匹黑马。

灿星研发部于 2015 年 6 月捕捉到这一模式，随后展开了一系列的模式追踪和引入测评工作。对灿星而言，这一模式搭准了广大年轻受众的脉搏，非常契合中国时下刚刚兴起的网络综艺这一节目形态；并且，台网互动的双屏体验有利于将大量的"网生代"重新拉回电视，这对于受众日益碎片化的中国电视市场来说，是个不错的策略选择。为此，灿星做了几期节目的拉片分析，深刻剖析了节目的具体形态、收视攀升原因，以及和本土市场匹配度这一可行性问题，最后进入这个项目的引进谈判阶段。当时湖南卫视也有购买意向，也积极和韩国 MBC 电视台协商。灿星考虑到自己没有平台，而湖南台有芒果 TV 这一双屏优势，加快了模式的谈判进度。最终，由于该模式的版权费太高，灿星和湖南卫视均未能成功引进该节目模式。

第三节 田野告白

开展田野调研，意味着研究者要离开自己熟悉的环境和行为认知模式，进入另一个不同情境的社会，通过直接观察、访谈、查阅文本资料、收集视听记录等方式来考察研究对象生活的方方面面。因此，研究者的涉入程度非常重要，直接关联着一手资料获取的丰富程度。

电视节目制作属于创意产业，涉及商业秘密等知识产权问题，资料获取存在一定难度；再加上笔者调研的灿星公司又是体制外公司，与体制内电视台相比对经济利益和创意内容的重视程度要远远高于后者。最终，灿星前节目研发总监徐帆老师提供了帮助，这位两年前因一场讲座而结识的业内人，成为笔者进入田野的指路人。

2015 年 4 月 22 日，在上海同济花苑楼下咖啡吧，笔者访谈了徐老师，并借机表达了想进入田野调研的请求。虽然徐老师没有明确拒绝笔者，但也表达了他的顾虑。他说灿星不是电视台，是市场化运作的公司，因此，他们做的每件事情都会进行利好的判断。如果笔者的调研对他们而言没有所得，那么在市场规则下就意味着损失，他们没有理由也没有义务接纳笔者的调研请求。不过，徐老师也开了个口子：一方面，让笔者回去多看看模式，做足功课，充实自己的知识结构，准备下一次的访谈；另一方面，他也会帮笔者想想灿星有什么适合笔者的工作，好让笔者的存在有合法性。

2015 年 5 月 20 日，笔者把这一个月来对模式行业的理解和相关动态情况整理成文本信息发给了徐老师，并提出了第二次访谈的请求。徐老师接受了笔者的访谈，并表示下周可以去灿星研发部实习。就这样，在徐帆老师的帮助下，2015 年 5 月 27 日，笔者顺利进入灿星，开始了为期 5 个月的田野观察（一季节目运作周期）。

对田野调研而言，潜伏或许是比较好的办法。一方面，"潜伏不至于扰乱自然发生的行为，降低了因为研究者的在场而扭曲资料和行为的危险"（Beaulieu, Anne, 2004。转引自卜玉梅, 2012）；另一方面，研究者身份的暴露很可能破坏自然的社区状态，"如果急于展开调查而一开始便向被研究者交代自己的调查者身份及调查目的，对方很可能对调查的问题不感兴趣，或者有意识地保护个人隐私而礼貌地敷衍，甚至断然拒绝，终止谈话"（刘华芹, 2005）。笔者的潜伏计划在笔者进入公司第一天就宣告失败。徐帆老师第一时间跟部门同事表明了笔者的身份，并跟他们交代笔者获取信息得经过他本人同意。这让笔者的调研时常遇到阻力，很多随意交谈时涉及的信息，同事们都会以"这个恐怕不能告诉你"直接回绝，或者"我去问问徐老师""你直接去问徐老师"等方式婉拒。信源的过于集中，并不利于全面客观地了解事件。于是笔者尝试拓展人际圈，扩大自己的交际面，为日后的观察以及访谈带来便利。

　　笔者本想借助研发部同事的人脉，以类似滚雪球的方式扩展到其他部门，为自己积累资源，后来发现这条路根本行不通。灿星员工大多埋头干活，各自为政，彼此之间的交流互动并不多。当然这有可能是高压力强竞争性电视行业的常态，但总体来说，灿星给笔者的感觉是人际关系相对冷漠，这让笔者一进入田野就和内部员工打成一片的设想破灭了。举个小例子，报到第一天，笔者就问研发部同事旁边位子坐的是谁，属于哪个部门，同事回答说不清楚，只知道这个人坐了大概有半年的时间。笔者当时非常诧异，两个低头不见抬头见的人，在一起对视而坐半年，居然不说话也不交流，连姓甚名谁都不知道，真的挺不可思议的。同事看出了笔者的疑惑，淡淡回应道："为什么要打招呼？大家自己做自己的事情，工作也没有交集，没有这个必要。"可见，在灿星，要想依托别人来扩展自己的社交圈，会有难度。

　　于是，笔者选择主动出击，经常在公司里面晃荡来寻找一些搭话的机会。不过，灿星工作人员一半以上都是上海人，平时在公司能用上海话交流时就很少说普通话。之前有访谈者提到，导演组内部开会都时常用方言，有时就会不大理解会议内容。虽然作为嘉兴人的笔者听上海方言几乎零压力，但是语言的意义不仅仅在于内容，而是容易在形式上建立起身份的分隔线。这是上海人和外地人之间的区隔，让你在人际融入时有着天然的被排斥感；再加上笔者本身就携带着调研者这一外来人身份，主要调研的《中国好声音》又是全公司的核心产品，是目前为止最赚钱的项目，灿星人自然对笔者有着更多的打量、猜疑和保留。有同事就私下劝笔者换个节目研究，因为他觉得《中国好声音》这个项目对灿星十分重要，笔者很难拿到资料。可见，对于一个刚经历初创期，依旧处于成长期的市场化公司来说，对于公司拳头产品的维护，成为每个灿星人挥之不去的责任和使命。

　　于是，笔者的田野调研，更多还是靠眼睛去看、去听、去感受、去发现，去捕捉更多信息，收集更多资料。好在研发部的工作给笔者提供了一个视窗，让笔者得以观察到灿星整体的运作逻辑。正如徐帆所言，研发部是串联公司内部制作、销售各部门、各团队的中枢，同时也承担着对国外节目模式的监测、追踪以及购买谈判工作，成为串联新项目从开发到落地制作的中介。因此，凭借研发部工作人员的身份，笔者参与了国内外模式市场的动态监测、最新节目模式分析报告的制作，并参加了模式购买前的一些评测沟通会，列席了节目录制前关于主题和内容的协商会议。在生产阶段，去节目录制现场观摩比赛，并提出一些想法和建议反馈给节目组；节目播出后，制作收视分析报告，将影响收视波动的一些因素反馈给节目组，以便在后期内容编排方面有所调整。除了这些许可笔者参加的会议、活动以外，笔者还想方设法地拓展边缘地带；除非被明确制止，一般都试探性地列席一些会议，尽可能多地为自己收集田野资料。另外，笔者也时常在公司里面溜达转圈，了解导演组、宣传组、市场部、选管组等其他部门的工作状态，以摆脱固定岗位对观察视野的限制。

笔者把田野调研期间观察和掌握到的经验资料，用列表的方式进行可视化，具体如表 3.2 所示。

表 3.2 田野观察资料汇总

观察样本类型	具体内容
公司	公司企业文化；组织机构及职责分工；员工的工作状态及工作节奏
会议	研发部例会；最新节目模式分析会；节目主题策划会；节目流程会；技术协调会；节目组例会
录制	《中国好声音》现场观摩（4 场盲选，4 场 Battle 对决，1 场赞助商专场，1 场复活赛，1 场总决赛）
模式引进	了解国内外模式动态的日常监测渠道；模式库的构成；模式引进的途径、研判标准以及谈判流程；和各模式公司的互动联络方式；和政府等管理部门的互动方式；和播出平台的沟通；和广告商的沟通
模式生产	和模式方的沟通协作方式；和播出平台的沟通协作方式；和政府等管理部门的互动方式；和广告商的沟通方式，广告植入的操作方式；了解节目实际的生产、制作流程： A：《中国好声音》：学员的寻找途径、方式；学员试音、进棚磨歌；舞美设计、搭景；学员访谈的操作手法；现场各阶段录制的操作流程 B：《了不起的挑战》：选题策划、勘景和场地、节目生产制作流程
落地推广	节目输出、后期操作手法；节目审片流程；节目营销推广方式；和模式方的沟通互动；和播出平台的互动；和管理部门的互动

郭建斌（2003）指出，每一次研究工作开始之初，从学理规范的角度出发，都需要对自己的研究要有个理论预期。有了前辈的这一提醒，笔者便带着一些

比较粗浅的理论预设和阐释框架进入田野。考虑到笔者的总研究问题是探寻并揭示节目模式本土化过程中各权力主体的博弈策略和互动轨迹，"杂合化"是拟采用的主理论依据，因此在田野观察时笔者便侧重于捕捉模式从引进到落地产出全过程中所可能涉及的权力主体、彼此间的矛盾和冲突点，以及最后的解决方案。与此同时，每天下班后笔者会第一时间进行田野笔记的记录，并把资料归整到模式引进、模式生产、落地推广这三大板块中，及时更新、完善信息，减少因为时间流转所带来的信息流逝。

第四节　访谈开展

在访谈人员的选择上，节目模式运作的一线工作人员以及处于模式洽谈、引进、制作、推广等程序节点的工作人员，都可以成为笔者的约谈对象。于是，笔者试着通过两条线来寻找访谈人员。一条是以灿星公司为主线，涉及导演组、研发部、宣传组、后期组、频道合作部等部门，涵盖执行导演、商务导演、编导、摄像、后期、宣传企划、网络版权运营等多个工种。在灿星找人访谈有难度，一来灿星人都非常忙，经常通宵达旦，不大有接受访谈的时间；尤其是节目主心骨这批人，做节目轮轴转，时常见不到人。另外，研发部和这些部门也没什么交集，笔者调研期间依靠私人关系建立起来的友谊，在商业利益和商业秘密面前显得脆弱不堪，不值一提。当他们知道笔者想了解《中国好声音》节目的运作时，有些会直接拒绝表示不方便回答，有些会大致问下访谈内容，自动屏蔽掉一些自认为较敏感的话题；还有些会直接踢皮球，说还是访谈 ×× 领导比较合适，将话语尺度交由领导来把握。可见，内容产业对于创意、商业利益的重视和维护意识非常强烈，成为每位灿星人的第一要务。最后，笔者联系了几位在灿星工作的以前的学生，在他们的帮助下完成了在灿星的访谈。

遗憾的是，除了徐帆老师以外，在灿星接受访谈的这批人总体资历比较浅，工作年限最长的也不到两年，所以很多话题没有办法深入。受访者们经常提到的一点，就是博弈这种东西属于高层思考的问题，一般都是每个节目核心的几个人最清楚，由他们考虑如何平衡；而受访者这个层面多半属于博弈后结果的执行者，往往涉及的不多。而这块访谈资料的不足确实给本研究带来了一定限制，一些涉及抉择、利益权衡的关键信息未必能及时捕捉，只能尝试通过结果倒推博弈路径和过程，以期达到窥一斑而见全豹的效果。

另一条线主要围绕灿星节目的合作平台浙江卫视、节目合作赞助商、节目宣传推广机构、其他节目制作人等行业内代表来展开，涉及卫视领导、节目导演、制片、模式方代表、技术中心人员，媒体执行人员、广告业务员、市场运营专员等多个层面。

表 3.3 所示是深度访谈人员清单。跨度时间比较久，2015 年 4 月至 2016 年 8 月，共进行深度访谈 32 次，涉及 27 人，整理的访谈资料合计 10 余万字。根据受访者的个人意愿，对不方便出现真实姓名的一律使用姓氏拼音来代替。

表 3.3 深度访谈人员清单

序号	被访谈人	工作单位	访谈时间	访谈地点
1	徐帆	灿星前节目研发总监（2016-09-30 离职）	2015-04-22	上海同济花苑楼下咖啡馆
			2015-05-27	灿星徐帆办公室
2	王刚	《最强大脑》制片人	2015-05-23	浙江传媒学院图书馆
3	Cai××	灿星研发部工作人员	2015-06-04	灿星公司
4	Ye××	灿星研发部工作人员	2015-06-05	灿星公司
5	姚译添	浙江卫视制片人第四季跑男总导演	2015-12-16	杭州大厦星巴克
			2016-07-10	杭州大厦 C 座咖啡馆
6	金炷亨	MBC 电视台 PD（导演）第三季《奔跑吧，兄弟》韩方总导演	2015-12-16	浙江传媒学院报告厅
7	麻宝洲	浙江卫视副总监	2015-11-28	西溪圆正宾馆会客厅
8	李太乐	浙江卫视广告部前业务经理	2015-07-19	杭州新榆园餐厅
			2015-12-19	杭州下沙龙湖天街书吧
			2016-06-07	杭州下沙龙湖花涧堂咖啡馆
			2016-07-10	杭州大厦山葵家精致料理
9	吴彤	浙江卫视制片人第四季《中国好声音》总统筹	2015-07-19	杭州新榆园餐厅

续表

序号	被访谈人	工作单位	访谈时间	访谈地点
10	Chen××	《了不起的挑战》导演组工作人员	2016-05-19	浙江传媒学院图书馆
11	Zhang××	《中国好声音》导演组工作人员	2015-08-03	浙江传媒学院体育馆
12	Wang××	《中国好声音》导演组工作人员	2015-08-05	浙江传媒学院体育馆
13	Sun××	灿星工作人员	2015-07-22	灿星公司
14	Liu××	章骊组工作人员	2015-07-09	灿星公司
15	Xu××	达达组工作人员	2016-5-17	浙江传媒学院咖啡吧
16	Huang××	《中国好声音》导演组工作人员	2015-8-11	浙江传媒学院体育馆
17	Hua××	灿星后期工作人员	2016-5-24	浙江传媒学院咖啡吧
18	马睿	东方卫视导演组工作人员	2016-5-16	微信语音访谈
19	Li××	第三季《奔跑吧，兄弟》韩方编剧	2015-12-16	浙江传媒学院报告厅
20	Zhou××	浙江卫视技术部实习生	2016-5-24	浙江传媒学院咖啡吧
21	Liu××	立和（中国）传播机构 加多宝《中国好声音》媒介执行专员	2015-12-18	杭州 I-Like 咖啡馆
22	Li××	浙江卫视工作人员	2016-6-17	星巴克 （杭州西湖文化广场店）
23	吴慧芬	365 安全食材品牌策略专员	2016-6-11	上海瑞虹新城悦庭会所
24	Gao××	《中国好声音》宣传组工作人员	2016-8-13	微信语音访谈
25	刘栋	中国蓝 TV 负责人	2015-7-14	电话访谈
26	俞舒雅	SAE 高级客户主任	2016-5-27	微信语音访谈
27	吴金玲	百雀羚微博微信推广专员	2016-6-11	上海瑞虹新城悦庭会所

开展访谈前，笔者依据研究问题和研究框架，设计了访谈提纲，并根据不同被访者的擅长领域做了问题筛选。每次访谈地点的选择上，基本都按照便利原则，挑选离被访者较近的场所进行，以咖啡吧居多。为了方便访谈的展开，笔者会提前做功课，了解被访者的基本信息，如性格、爱好等，这样着手访谈前的热身活动就会有的放矢，容易活跃气氛，在较为宽松自然的状态下逐步进入拟定好的访谈问题。一般来说，访谈话题都是由浅入深地展开，随时根据被访者的口述内容和笔者个人的经验判断，弹性把控，有策略地调整访谈问题，让访谈顺利进行。

时间安排上，每次访谈时间大致为 1~2 小时，访谈内容在征求被访者同意后全程录音。每次访谈完成后，第一时间将受访内容的录音资料转成文字并进行内容梳理，及时查漏补缺，为下一次访谈做准备。

第五节　文本资料

文本资料包括三大部分内容（见表3.4）：第一部分是通过田野调研所获得的关于政策宣传导向、公司机构和人事管理、节目制作、评估、营销推广等相关的文件、资料；第二部分是对重点研究个案所做的节目拉片分析。考虑到语言因素和模式本身的全球传播情况，*The Voice* 模式选择了《美国好声音》（第九季），对标《中国好声音》（四季）的盲选、对战（Battle）和总决赛。选择四季《中国好声音》进行拉片分析，是为了从纵向的时间维度上折射出节目模式本土版的成长和演变轨迹。韩国模式选了《无限挑战》，对标中国版《了不起的挑战》；对比主要从节目定位、内容、情节、叙事手法、技术手段、画面舞美等感官角度展开，以总结原版与本土版的差异。另外，还对未能成功引进的韩国模式《我的小小电视》做了拉片分析。通过以上拉片分析，从静态角度梳理异同点，以期与前面的田野调研和访谈结果相互印证。

表 3.4　文本资料

文本类别	具体内容
涉及宣传导向的文件	广电总局出台的一系列政策性规定和指导性意见；广电总局领导在各种场合的讲话、指示；主流媒体对时下娱乐节目的评点和报道；公司管理层指导性意见；收听收视简报
涉及节目的文件	2010—2015 年国内节目模式市场大汇总；节目模式相关文件（部分制作宝典、节目脚本、节目流程、学员报名手册等）；"中国模式日"参会资料；上海电视节参会资料；法国戛纳电视节（MIP）参会资料；韩国釜山国际影视节目展（BCM）参会资料；各模式公司邮寄的新节目宣传册、宣传卡片；星空传媒自制节目分析报告；国际节目收视率报告；文化资本市场报告；国际最新模式动态报告；行业热点深度分析报告；节目录制进度和安排表；节目流程；竞争性节目选题报告；节目权益清单及权益执行方案；节目宣传推广方案；节目招商方案；商业合同；各类媒体单位对灿星节目的报道；2015 下半年重点事件汇总；2015 年第四季度和 2016 年第一季度各卫视平台真人秀节目一览表；微信群组日常沟通记录；部门工作笔记；各路媒体的宣传报道、人物专访
涉及机构、人事管理的文件	星空—华文集团介绍；星空传媒娱乐营销资源介绍；公司章程；公司通讯录；公司内部管理文件；每周工作安排计划表
个案拉片分析报告	《美国好声音》vs《中国好声音》 《无限挑战》vs《了不起的挑战》 《我的小小电视》（韩版）

续表

文本类别			具体内容	
讲座	2013-11-22	徐帆	广电机制的创新—以灿星为例	浙江传媒学院主楼
	2015-05-23	王刚	从零开始，怎么做一档成功的电视节目	浙江传媒学院报告厅
	2015-07-08	徐帆	中国好节目的创意与运营	浙江传媒学院图文信息楼
	2015-12-16	姚译添 金炷亨	跑男团队幕后揭秘	浙江传媒学院报告厅
论坛（媒介融合变革时代的电视发展）	2015-11-28	夏陈安	泛媒体时代的媒介生态	西溪圆正宾馆
		郭镇之	电视的国际传播	
		吴畅畅	浅论当前真人秀节目普通群众参与的现状和发展趋势	
		吴闻博	真人秀节目的剧情化设计	
		孙良斌	文化贸易下电视节目模式贸易再认识	

最后，为了弥补一些核心节目制作人、决策者未能接受访谈的遗憾，笔者搜集、分析了各路媒体对《中国好声音》等节目的报道和观点评述，对灿星公司的报道，对核心制作团队和相关人员的专访，等等；并积极参加与节目模式相关的讲座、论坛，以便完善自己的知识结构，进一步丰富研究对象和分析材料。

在收集资料的同时，笔者同步展开资料的分析整理工作。对于质化研究来说，分析研究资料是研究过程中极为重要的一环，也是形成研究结论的主要来源。无论是田野调研资料、访谈资料，还是文本资料，内容都十分丰富且繁杂，信息量巨大，对研究者来说无疑是个巨大的考验。为了更好地将冗长的文字资料进行梳理汇总，笔者以主题框架法（frame analysis）作为主要的资料分析方法。

主题框架法形成于20世纪80年代，是一种建立在表格基础上的分析方法。该方法能确保资料整理和分析过程的严密性和透明性，同时兼顾科学性和可操作性，被认为是目前较成熟的定性资料分析方法（汪涛等，2006）。着手分析前，笔者先反复熟悉文字资料，形成了关于研究内容的整体性认识；随后，笔者对资料内容逐字逐句进行审阅，并根据研究目的和研究问题筛选资料，舍弃掉与研究主题无关或者关联度不大的资料，最终形成拟进行分析的总文本。

确定分析主题是开展分析的第一步，也是后续对资料进行标记、分类的前提。根据研究问题，笔者制定出总的主题框架，将研究资料划分为模式引进、模式生产、模式推广三个总主题，并根据参与其中的权力主体以及动力机制的不同类别，细分为若干个分主题，以便让主题框架显得更加精练有序。随后，在此基础上，笔者对资料进行了标记和索引。标记主要是仔细阅读文本内容，概括并提炼每一份资料的中心思想，然后运用框架中相对应的主题进行标记。标记的过程同时也是对主题框架进行不断修缮的过程。最后，根据标记的内容，将相同属性的资料归入同一类别，至此，相对琐碎的资料得到体系化和结构化，便于研究者直观清晰地把握研究资料的整体脉络。

总之，对质化研究资料进行分析是项相当庞大的系统性工程，也是一个循环往复得累积性过程，需要研究者反复地诠释、梳理、把握文本资料，并将其巧妙地融入研究脉络和框架中，直到最终形成研究结论。

第六节　些许遗憾

田野调研要求研究者拥有马林诺夫斯基（Malinowski）所说的"文化持有者的内部眼界"（郭建斌，2003），通过充分融入研究对象的工作和生活，按照他们的语言和思维进行交流互动，实现从研究对象"内部"解读文化和行为意义的目的。可见，研究者的个人经验、视野、学识还有能力都可能影响田野场景真实地再现，"深描"的过程本身就容易受到研究者自身偏见或者意识形态的影响。

就笔者个人而言，田野调研的最大阻力来自电视行业的融入问题。由于之前没有接触过电视行业，调研初期会有些许不适应；同事们脱口而出的专业术语、习以为常的电视知识，对笔者来说都新鲜又陌生；此外，电视行业运作相对独立，灿星人对创意内容产业又有着极强的维护和警觉意识，这些都让作为外来者的笔者在充分融入和被接纳方面存在一定难度，灿星人对笔者也抱有更多打量、猜疑和保留。

在访谈对象的选择上，灿星人的"忙""防""慌"是笔者最大的感受和体验。他们自诩为"在阴沟里仰望星空"，日夜颠倒地做节目；尤其是灿星制作团队的一些领军人物，更是经常忙得不见踪影，没有时间接受访谈，这使得笔者无法从最核心人员那里获得第一手资料。与此同时，灿星作为一个仍处于成长期的市场化公司，对于《中国好声音》这样一档将公司推上国内一线制作人地位的节目，有着高度设防的心理。笔者在约谈访谈对象时，就经常会被有礼貌地拒绝；有些私交不错的会直接劝笔者换档节目研究。即便是接受笔者访谈的那些人，对访谈内容的公开也有较大顾虑，访谈开始前几乎都会主动提出来不希望出现实名；这种慌张和顾虑本身也是多种权力因素对电视人合力作用下的真实写照。

另外，被访者资历较浅也给访谈内容的丰富性带来局限。一方面，他们对很多属于决策层面考虑的问题无法涉猎，更多只是执行层面的落实，往往无法知悉生产过程中动态的权力博弈过程；另一方面，他们对于很多话题尺度缺乏把握和预判力，最后就索性一刀切地避而不谈，这些都给本研究带来了一些限制。

第四章　在地"联结"：
模式引入中的权力博弈

　　"在地化"（localization）是相对于"全球化"的一种趋势和潮流。李政忠（2003）提出"连结"概念[1]，用以形容勾连全球和地方关系的一个重要焦点。"连结"包括"去地方化"和"再地方化"两个过程。"去地方化"发生在"连结"之初，实质是文化解构，包括"形式上的去地化"和"内容上的去地化"，旨在去除媒介产品中专属的文化性格，建立与海外目标市场共同的文化认同；而"再地方化"发生在"连结"之后，指涉在地创造的过程（李政忠，2003）。"连结"预示着渗透、辩证和对话，不仅能呈现出全球与在地的互动关系，还能折射出其中不平等的权力运作关系。

　　节目模式引进是在地"联结"的第一步，也是全球本土化产业链的始发端。选择引入何种模式，关系到在地原有的文化体系能否涵化异质文化因素，产生新的文化意涵，而这又取决于多维主体多方位的博弈和谈判。灿星研发部的日常工作为我们提供了看待社会化制作公司如何从事节目模式引进的一个良好视角。本部分内容旨在结合笔者的田野调研经历，呈现出社会化制作公司是如何开展模式的监测和研判工作的，引进一档节目模式需要权衡的因素有哪些，以及节目模式进入谈判阶段后涉及的谈判主体、考虑因素以及谈判技巧。调研结果不仅反映了全球与地方间的互动关系以及地方内部存在的诸多张力，并且还驳斥了文化帝国主义流派所说的"主导—服从"的二元对立模式。事实证明，全球必须依靠地方来实践，模式方为了实现自身市场的扩张，不得不采取"全球在地化"的策略；

1　"连结"概念是由学者李政忠提出的，根据语言规范本书在其基础上提出"在地'联结'"概念。

而生产方、平台方、广告商等地方性力量，也正以积极的姿态参与全球化进程，并充分利用全球化实现自身利益的最大化。"在地"的力量不容小觑。

第一节　"探路"：模式引入前的准备

笔者调研所在的部门是灿星研发部。与导演、后期、宣发等人员结构相对庞大的部门相比，研发部显得相对紧凑。连笔者在内，部门成员只有 4 人，但学历层次并不低。研发总监博士学历带头，其余均为研究生学历，且都毕业于国外知名学府，专攻电视研究。就是这个看似不起眼的部门，成了串联公司内部制作、销售各部门、各团队的中枢，同时也因承担着对国外节目模式的监测、追踪以及购买谈判工作，成为串联新项目从开发到落地制作间的中介。

国外研发部的主要工作是自主原创，扶持创意产业链的开拓，因此研发部门一直被置于电视生产链的顶端；但是由于国内电视产业的整体研发能力仍处于起步阶段，专业化和职业化程度也有待提高，因此像灿星这样的研发部门自主研发比重并不高，更多地承担着"国外节目模式的搬运工"角色。即便这样，国内电视产业恶性竞争严重的大环境也使得体制内外的研发部门均承受着巨大的抉择压力，唯恐赔了夫人还折兵。再加上体制内电视台的试错空间和试错机会都比一般民营制作公司大，因此对于灿星这样的社会化制作公司来说，这种压力感和紧迫性还会更加强烈。

模式购买是本土化生产的第一步。引进合适的模式往往能起到事半功倍的效果，若引进后水土不服则会让你血本无归。几个月的调研经历，让我深刻感受到了研发部对于模式研判的压力和责任，部门内部经常充斥着"我赌这个模式好，不然我就辞职"之类的调侃。而类似这样的调侃实质上是建立在一系列前期资料的收集、整理、分析等基础之上的。部门日常的工作就是通过对国外模式进行监测和分析，与国外模式公司建立定向联系，经常性参与国际化的电视节或者电视展会等方式，为模式购买提供某种预判，尽可能减少投入和预期之间的差距。

一、常规工作：热点追踪与数据分析

看节目是研发部的一项重要工作。我们每天会看大量的综艺节目，通过论坛、网站、微博、公众号等渠道和途径搜寻当前最热门的节目形态，探测节目市场动向。

到岗第一天，研发部同事就给笔者交代了每周需要完成的工作。每周一出具《星空自制节目分析报告》，每周二出具《国际节目收视率报告》，每周三出具《文化资本市场报告》，每间隔一周的周四出具《国际最新模式动态报告》，每间隔一周的周五出具《行业热点深度分析报告》，并且再三强调所有报告都要提交给研发总监和公司总裁田明过目，部分报告还会同步抄送导演、制作团队等生产部门，让笔者务必重视，认真对待。

研发部的这五类报告各有侧重，内容上可谓实现了对电视节目市场以及传媒领域的全覆盖。除《星空自制节目分析报告》外，其余四类分析报告都是模式购买前期预判的重要参考文本。《国际最新模式动态报告》《国际节目收视率报告》主要侧重于国际节目市场信息的捕捉和监测，而《文化资本市场报告》和《行业深度热点分析报告》主要是对当前国内电视行业整体环境及发展趋势的梳理。

制作《国际节目收视率报告》时，我们会根据所监测的电视市场排行前十的节目收视率数据，对收视率动态和走势进行分析，目的是及时捕捉国际上大热的节目模式，为是否引进提供数据上的支持。一直以来，研发部都将欧美模式和韩国模式作为主要监测的区域性市场，但随着欧美市场的疲软以及韩国模式短时间内被大量消耗，研发部调整了监测方向，在继续监测欧美模式和韩国模式的基础上，自 2015 年 5 月起，将目光投向同属于东亚文化圈的日本市场。我们每周的工作增加了对日本综艺节目近年来收视排行的数据整理，并开始进行日本综艺节目的每周收视数据监测，为的就是寻找收视不错又适合本土的日本模式。

有了国际收视率排行的基础数据做参考，对于那些持续几周都上榜并且收视坚挺的国外节目，我们会制作《国际最新模式动态报告》，对节目类型、播放平台、首播年份、时长以及节目情况做较系统的阐述。

与此同时，对于那些收视率蹿升较快，并且初步判定有可能引进的模式，我们还会进一步制作详细的拉片分析报告，提交给公司高管作为决策参考。例如，*My Little Television* 是韩国 MBC 电视台新推出的一档真人秀综艺节目，开播后强劲的收视表现和较好的口碑效应被研发部迅速捕捉。2016 年 6 月初，徐帆老师就安排笔者做该节目的拉片分析报告。拉片分析好比拉锯，需要一格一格地反复看，并同步记录所思所想，最终形成节目整体发展脉络的细化报告。通过这样的形式，公司高管大致了解了节目内容和架构，同时又省去了看节目的时间，不失为省时高效的决策依据。

制作《文化资本市场报告》，主要是为了从宏观上了解传媒行业在整体市场经济环境中的局势、资本流动情况以及传媒类公司的兴衰走向，为公司寻找合作伙伴提供某种参考。例如，根据 BAT（百度、阿里巴巴、腾讯）年报，2014 年腾讯营收规模和净利润最高，且在综艺频道覆盖排名中，稳居综艺第一平台地位；而搜狐视频 2014 年报亏损 1.7 亿美元，视频业务拖累业绩，金额呈现收窄趋势（摘自灿星公司资料：《文化资本市场报告》）。因此，从第三季《中国好声音》开始，在视频网站合作方面放弃了第一、第二季的合作平台搜狐，改为腾讯视频独播。

此外，《文化资本市场报告》还第一时间收集、汇总了广电总局出台的一系列政策、文件，以及有关座谈会、领导讲话稿等内容的深度解读。这也是研发部非常重视的一块工作，为的就是更好地规避模式本土化过程中的政策触礁。徐帆老师告诉笔者，为避免信息二次传递产生偏差，研发部都是直接从广电总局官网上查看原文件资料，并且一个字一个字地看，咬文嚼字地研读和体会文件精神。

《行业热点深度分析报告》主要侧重于介绍国内热门的节目形态，把握行业动向，并对一些节目个案进行深度剖析，为模式购买提供借鉴和参考。2015 年上半年，网络综艺节目表现强劲，研发部认为贴合年轻人脾性的网生节目切中了当下"得年轻人者得天下"的综艺脉搏，可能会成为下一个现象级节目。因此，研发部加紧了对互联网平台优秀节目模式的挖掘，并将其作为工作的一个新重点和新方向。

　　此外，研发部有自己的模式库，并实时进行数据库的更新和维护。我们每次监测到新的节目形态，都会第一时间补充到模式资料库中。按照节目形态，模式库分为约会节目、才艺秀、音乐类节目、喜剧节目、游戏节目、真人秀节目、儿童节目和纪实类节目几大类，每一类别都详细记载了节目名称、播出时间、制作公司、播出频道、节目简介、收视表现以及模式方的联系方式等等（摘自灿星公司资料：模式资料库）。通过对国外节目信息的动态收集、追踪、和分类标记，为研发部整体上把握模式行业的走向奠定了扎实的基础；同时联系方式的记录也便利了与模式方的接触和联络，为后续可能涉及的商业谈判提前积累了人脉。

二、动态联系模式方，掌握上新节目动态

　　电视市场是高速运转的产业，尤其在国内竞争激烈的生态环境中，抢节目、比速度已经成为电视人的一种共识。为了以最快的速度洞悉节目模式新风向，第一时间发现和介入优秀模式的谈判，为后续的版权购买争取有利时间和主动权，研发部在做好日常节目的跟踪、监控的基础上，还通过电邮、面谈、聘请模式顾问等形式，与国外模式公司建立较稳定的联络机制，多管齐下地做好节目的动态监管。与此同时，对于欧美模式，研发部还专门聘请了一位模式顾问，来辅助研发部进行欧美电视市场的节目追踪。据研发部同事 Cai×× 介绍，当有新模式出现时，模式顾问会第一时间通知研发部，并协助分析有无推广中国版的可能性；当研发部对某个模式感兴趣时，模式顾问也能起到牵线搭桥的中介作用，促进沟通、协商等一系列谈判事务的达成。

　　对于韩国模式市场，基于文化接近性，部门同事更多地通过私下公关的方式，建立起中韩间深厚的合作关系。前节目研发总监徐帆多次用"朋友"来形容和 MBC 电视台的关系，这种高于合作伙伴的亲密关系让灿星在购买模式时赢得了先机，弥补了转向韩国市场较晚的劣势，在较短时间内拿下了《无限挑战》的版权，赶上了韩国模式的末班车。

　　除了中方媒介机构对模式公司投怀送抱外，中国电视市场的急速增长和市场扩容也促使越来越多的模式公司转战内地市场。他们通过在中国设立分公司或者办事机构，给研发部邮寄节目宣传册、宣传单页或者宣传卡片，以及定期

邀请研发部同事进行面谈等形式，第一时间为我们呈上新鲜出炉的节目资讯。由此可见，基于利益的共享性，中方与模式方的沟通越来越显现出双向、自发的互动态势，彼此都有主动沟通的意愿和利益点，共同保障了节目模式动态地传递和畅通。

三、主动参会，寻求合作伙伴和优秀模式

国际性电视节、电视展会的举办，搭建了一个模式许可方和购买方之间常规联系、商业往来的平台；既便于广播商和制作商探测电视行业的新趋势和新发展，又便于本土的电视产业进入更加国际化的贸易产业链中去。因此，研发部比较重视参展，将其作为捕捉国际电视产业新动向以及谋求更多合作空间和可能性的一种途径。

考虑到国际模式大环境以及参会成本、成效问题，研发部目前主要参加的展事活动是法国戛纳电视节（MIP）和韩国釜山国际影视节目展（BCM）。法国戛纳电视节（MIP）是法国戛纳电影节电视频道的官方活动，也是世界上最大、最著名、最有影响力的视听与数字内容交易会；而韩国釜山国际影视节目展是全亚洲最具活力的三网融合型影视内容综合交易平台，致力于共享亚洲电视市场的发展趋势及供求信息，对接韩国综艺节目并交流策划开发运营经验。应该说，这两大展会大致覆盖了当前主要的欧美节目市场和亚洲节目市场，因此每次参展，我们一方面寻求、发现优秀节目模式，同时也积极和一些国际模式公司建立、发展长期合作关系，创造并拓展新的合作伙伴，加速、推动协商与合作。最后，我们会将参加一系列电视论坛、分享会的参会心得、当前模式趋势和新节目模式介绍，形成文本向公司高层汇报，为公司接下来的模式购买决策提供一些参考。

第二节 节目模式的选择和偏好："三步走"策略

每周，研发部都会在总监办公室开碰头会，聊聊近期大家关注的节目，探讨模式市场的新动向。在一次例会上，有同事提到韩国 MBC 新出的 *My Little Television* 节目不错，台网互动形式比较新颖，契合了当下网络综艺节目的热潮。讨论过后，大家都比较认可这个模式，但同时也担心灿星由于没有自己的播出平台和视频网站，操作起来可能会有难度。另外，对于长年占据排行榜前列的欧洲老牌美食类节目，同事们一致认为基于文化和理念的差异，国内做美食节目比较难成功。而对于有着文化接近性的日本综艺节目，有同事认为过于整蛊搞怪，口味较重，很难有适合中国的模式值得引入；也有同事表示国内观众可能会因政治情结对日本节目有抵触，并表示自己就不怎么喜欢看日本节目。

由此可见，引进一档节目模式，需要从模式本身、外部环境、运营团队这三方面来综合考虑。这是一个顺位递进、层层把关的过程，揭示了文化全球化必须经过"在地化"的转变，即将模式所携带的观点、喜好、品位、思维价值体系与当地群众的生活相互衔接（刘俊裕，2007）。而这一切都有赖于作为"守门人"的国内电视工作者，在模式研判时充分考量"在地"的政治、经济、文化和技术条件，权衡其涵化外来模式异质成分的可行性和预期效果。

一、模式

（一）模式内核

在研发部的调研，让笔者对如何把握一档模式有了一定程度的了解。一般来说，拿到一档节目后，需要从模式架构、创意点、普适性三方面来做综合权衡。从架构上看，好的模式往往构架稳固、关节灵活、拉伸度宽容，并且有一定的开放性和改编可能性，可随遇而安，在不同的地域和文化圈中取得成功。从内容上看，好的模式还应当具有普适性。普适性是指模式应具有非常强烈的共鸣点，这个共鸣点不仅在你的国家可以通行，在其他国家也同样适用。从形式上看，创新性和新颖性是模式的核心要素，也是必备条件。好的模式一般都有非常明显的亮点，我们称之为"模式眼"，即模式在形式上的亮点。

好的节目形态应当有让人耳目一新的感觉，至少在形态上面的设计要有标志性。

——浙江卫视前战略发展中心主任俞杭英（世熙传媒，2015）

The Voice 中的"转椅"就是一个"模式眼"。因此，监测到一档节目，我们得试着拆解模式，解构模式点，找到"模式眼"，并分析该"模式眼"的创新度和市场竞争力情况。对于那些没有清晰亮点的节目模式，一般都一票否决。

（二）模式位阶性

模式有自身的生长周期和时间链条，在节目种类和内容相对稳定的情况下，越来越多的模式开始寻求形式上的突破，从而衍生出模式的 1.0 版本和 2.0 版本之分。例如，《中国好声音》就可以视为《超级女声》的 2.0 版本。

购买模式时要考虑模式的阶段性，将其置于整个时间链条中通盘考虑。当市场上已经有高位阶的模式出现时，如果再启用低位阶的模式，则注定失败。这就好比当观众用惯了 iPhone 6 时，就不再会用 iPhone 4 了；当人家都开汽车了，你还想用踩自行车的方式进行追赶，那么只能是徒劳无功了。

——电视节目制片人王刚（访谈，2015.5.23）

因此，当 Factor 模式和 The Voice 模式相遇时，Factor 模式就成为音乐选秀节目低位阶的 1.0 版本，而 The Voice 模式就自然成为高位阶的 2.0 版本，任何企图用 Factor 模式来打击 The Voice 模式的，都以失败告终。

X Factor 自 2004 年 9 月在英国 ITV 开播以来，收视一直高开高走，并且畅销 30 多个国家和地区，还一举拿下了 21 个国家的年度收视之冠。但是 Factor 模式研发已有十年之久，而 The Voice 模式 2010 年才在荷兰出现，所以英国版的 The Voice 首播完全碾压 X Factor 的首播收视率，也在意料之中。

当时湖南台看我们《中国好声音》非常火，就在 13 年第二季度做了 Factor 的中国版《中国最强音》，失败后又在第三季度重新推出了老牌选秀节目《快乐男声》，希望重新挽回颜面，但依旧惨败。这完全不是一个量级的比拼，模式自身明显存在着较大差距。

——灿星前节目研发总监徐帆（访谈，2015.5.27）

徐帆的说法得到了唐苗（2015）的印证：

Factor 模式中国版由《超级女声》团队制作，放在湖南卫视播，紧接着《我是歌手》这个热门节目推出，投入也是史无前例的，这些都让我们有理由期待它会成为唯一能抗衡《中国好声音》的节目，但最终收视却非常令人失望。有人抱怨说章子怡太无趣，有人抱怨说是过于碎片化的剪辑影响了效果。事实上，最大根源在于这个模式对观众来说非常老套，跟十年前的选秀节目一样，依旧靠选手个性、故事背景，而非才华来吸引观众；并且给了导师太多权力，不像《好声音》，学员有权力反转，可以选择导师；也缺乏类似转椅这种有创造力的仪式，舞台设计相对简陋，更重要的是，缺乏一种戏剧性冲突和视觉感。

可见，模式是有位阶性的。对于进入国际模式市场时间并不长的中国电视人来说，在模式购买上尤其应该避免盲目性。不能只关注模式的辉煌历史，还应了解模式的推出年份以及同类模式是否已有更高位阶的形式出现。一旦国际市场上有了更高位阶的节目，再去购买低版本的节目，则在源头上就注定了失败。

（三）模式来源地

模式来源地包括模式所属国和所属公司情况。斯特劳哈尔（Straubhaar，1991）提出"文化接近性"理论，认为受众在媒介消费时，都有偏好自己文化，或者类似于自己文化的媒介产品倾向，阐明了文化距离对节目成功输出和引入的重要性。因此，国内媒体业者在引入国外影视作品时，会考量节目本身所隐含的文化背景是否与国内受众的接受度或者自身的市场定位相符。以2014年为例，国内各电视台及视频网站新引进30档节目模式，其中亚洲模式和欧美模式各占一半，各为15档。亚洲模式中日本模式有2档，韩国模式有7档，韩国成为中国大陆主要模式来源地（数字电视中文网，2015）。

从模式特性上看，欧美模式和亚洲模式风格迥异；只有了解不同来源地模式的异同点，才能做到模式引进心中有数。

欧美模式创意丰富，制作水平高，一般从想法开始，经过不断地推敲、理论验证、小型实验，最后形成一个具有完整过程的模式并推上舞台。因此，欧美模式的制作工艺往往有章可循，模式输出时也都携有非常细致的制作宝典，详细地讲述并解析模式的每个细节，便于全球售卖和复制。与此相对，日韩模式的发展是从一个构思开始实验录制、播出，然后在录制播出的过程中，不断调整，逐渐发展完善变成一档成熟而又成功的节目，再从中总结所谓的模式。所以相对于欧美模式来说，日韩模式感比较弱。

——灿星公司资料《国际最新模式动态报告》

欧美模式和日韩模式在模式感上的差异可以用霍尔（Hall）的"高语境文化"和"低语境文化"这一文化价值取向模型来解释。前者指在传播过程中绝大部分信息或附着于当时情景，或内化于个体身上，极少存在于编码清晰的被传递信息之中；而后者刚好相反，大量的信息置于清晰的编码中，更多依赖明确的言语沟通而非沟通时的情景（朱庆礼，任少博，2014）。照此理论，欧美模式属于低语境文化，日韩模式属于高语境文化。按照"文化接近性"理论，欧美模式与中国的文化距离较远，文化折扣也较大，本不应该成为中国模式引进的首选。但是低语境文化的特性让欧美模式在输出时附带有章可循的制作宝典和高度精细化的制作工艺流程，一定程度上弥补了文化差异所带来的文化折扣问题。以 The Voice 为例，模式方提供了几百页的节目制作宝典，事无巨细地记载了节目的制作流程和操作规范，本土制作人可以依样画葫芦，使得全球售卖和复制成为可能。

相较于欧美模式，日韩模式虽然有着文化接近性的巨大优势，但由于产业化起步较晚以及高语境文化特性，模式感整体比较弱，对本土制作人提出了较高要求。以《了不起的挑战》为例，韩国 MBC 团队来谈合作的时候，只带了关于节目的 PPT 介绍，这让习惯于操刀欧美模式的灿星团队一度感到非常不适应。好在日韩两国天然的文化亲近性，可以通过联合制作的方式来弥补"欠模式化"带来的弊端，同时也弥补了本土制作能力的差距。

此外，就韩国模式和日本模式而言，虽然同属东亚文化圈，都受儒家文化影响，但差异同样存在。正如李政忠（2003）所言，虽然本地媒体市场与各境外媒体市场在社会、政治、文化、经济各层面存在差距，但是各层面之间的距离长短却未必相等。这一现象在日韩模式上也有体现。韩国在封建时期受中华文明影响颇深，儒家文化相较于日本更加根深蒂固。因此，韩国综艺更强调温情和喜剧化效果，而日本盛行游戏文化，综艺风格比较偏向整蛊搞笑、刁难偶像艺人比较而言，韩国模式更加适合中国，日本模式在价值观匹配、政治情绪化解、引进后落地改良策略等方面存在一系列问题，尚未成为继韩国模式以后新的模式增长点。

另外，模式贸易不仅仅是售卖节目本身，更重要的是获得模式背后一整套的运作流程与规则。任何一个节目模式从创意到制作产出到最终接受市场的考验，都经历了一个漫长的过程，也经受了一系列的检验和调试，而这些对于购买方来说都是极其宝贵的经验。因此，在选择模式时，我们除了考察模式来源地以外，还会了解该模式所属模式公司的情况，看其是否能提供有价值的帮助以及整套模式服务质量的高低。就研发部而言，模式监测时会重点关注Fremantle、Endemol、Talpa、BBC等国际著名模式公司的动向。优秀的模式公司普遍拥有国际化的视野与全球化资源，同时兼具生产制作的能力，在版权意识、公众意识、行业操守、市场规则等方面的责任意识都高于同行，他们所能提供的配套服务自然也相对完善。

（四）节目模式收视业绩

考察模式引进时，我们会关注该模式自身的收视业绩，《国际节目收视率报告》是非常重要的一个参考指标。例如，制作《无限挑战》的中国版，就是考虑到该模式是韩国综艺界的常青树，常年占据韩国综艺节目排行前三的位置；而当初考虑引进 My Little Television，也是基于节目首播收视强劲，达到了48%的网络收视率；之后收视一直比较平稳，维持8%左右，是韩国收视利好的综艺节目中为数不多尚未被国内引进的模式（摘自灿星资料:《国际节目收视率报告》）。

此外，我们还要考察模式的一系列改编版在异地电视市场的收视情况，看它是否通过了全方位检验。很多时候，美国版本为节目模式做了较好的展示。以《中国好声音》为例，原版 The Voice of Holland 于2010年播出后，吸引了18.2%（300万）的电视观众；2011年，美国国家广播公司NBC重新包装推出《美国好声音》，取得了巨大成功；之后 The Voice 模式在全球遍地开花，英国、德国、法国等地方版都相继取得了较好的市场反响，给国内购买该模式注入了强心剂。可见，美国版本在模式交易市场的影响力，成为许多电视人评判原版成效的重要标准之一。一些模式购买方在评价某档节目市场前景时会先询问该节目是否已经卖到了美国，收视如何，等等（王勇，2014）。总之，不要贸然引进尚未经过充分验证的模式，从内而外都具有高延续性的节目才比较容易受到购买者的青睐（ContentChina，2015）。

（五）模式的差异化定位

引入节目的差异化可从两个层面来体现，一种是与引入方自身节目的差异化，另一种是与国内已有节目的差异化。寻求差异化竞争，开辟蓝海市场，制约着国内电视人对于模式引入的评判。

> 灿星是做音乐选秀类节目起家的，但是在风起云涌的中国电视市场，只做单一类型的节目就会非常危险。因此，近年来我们开始尝试转型，拟从音乐类节目转向多节目样态发展；从棚内节目制作转向户外节目制作；从欧美单源模式转向多源模式。
>
> ——灿星前节目研发总监徐帆（访谈，2015.4.22）

转型理念深刻影响着灿星对国外模式的监控和购买。在模式选择上，音乐类节目依旧是公司模式购买的重头，因此我们在模式监测时会对音乐类节目有较多关注，为的就是延续节目制作优势，打造灿星的音乐产业链和音乐帝国。除此之外，我们也会积极关注舞蹈类、脱口秀、户外真人秀、网络综艺等节目类型，拓展灿星的节目制作版图。2015年，研发部将户外明星真人秀作为重点监测的模式类型，一举拿下了韩版《无限挑战》的中国版权。此举对于灿星来说，有里程碑的意义：一方面标志着灿星开始学习、积累户外真人秀节目模式的生产制作经验，另一方面也意味着尝试和不同的模式方合作，学习不同属地模式的理念和精华，提升自己的团队。可见，差异化地选择节目模式，丰富了自己的节目产品链，也让公司有了多向度合作的可能性。

除了考虑自身节目类型之外，我们在做模式引进判断时还会考虑整个电视市场环境，尤其是其他制作商已出品或者待出品的节目，以形成差异化竞争优势。

> 要成就现象级节目，非常重要的一个因素是给观众看从未看过的节目。《中国好声音》，请到了那英、刘欢这两位中国流行乐坛的灵魂人物，他们的

全情投入，成为节目真正的主角和最大看点。

——电视节目制片人王刚（访谈，2015.5.23）

为了知己知彼，实现差异化的战略定位，我们在模式引进时，会密切监测湖南、浙江、江苏、东方、北京、深圳和安徽这七大主要卫视平台新上档的节目，同时汇总他们每季度要推出的重大季播节目的内容、样态，邀请的嘉宾、大致播出时间，提供给公司上层为其模式引进决策提供依据。对于国内已经推出或者正在制作的同质化的节目模式，我们会进行多维度剖析，搞清楚它们的受众定位、播出平台、运作情况、市场口碑以及优劣势情况，冷静地判断自己是否有可能超越它，并形成《行业热点深度分析报告》给高管作参考。

在国内一系列以《无限挑战》为原型的山寨版综艺节目大热的情形下，我们依旧坚持引进这个模式，就是认为当前户外真人秀在中国形势大好，且原版与纯粹游戏类节目相比，更具有社会意义，更加符合总局"有意思且有意义"的要求，同时也能折射中国传统文化的价值观和情怀。

二、外部环境

（一）谨防政策触礁

全球化时代，国家依旧是制定和执行媒介政策的重要力量，国家及其主导的意识形态，深刻地影响着媒介政策的走向，这一点在亚洲国家更为明显。洪俊浩（2001）认为，不同于世界其他区域国家，亚洲各国限制进口节目数量主要是基于政策性因素方面的考虑，而非经济利益方面的考量。政策性因素包括政策法规、政策导向、政治记忆三方面。

首先，政策法规是最刚性的东西，也是业内电视人最不愿触碰的红线，约束力最强。近年来国家广电总局多次出台政策法规对综艺节目市场进行管理，成为研发部研读政策的重中之重。

2012年"限娱令"对七大类型节目进行总量控制。规定每天19：30—22：00上述类型节目总数控制在9档以内，时长不超过90分钟；且每个上星综合频道每周播出总数不超过2档。2013年"限歌令"对歌唱类选拔节目实施总量控制，要求各上星综合频道在调控期内不再投入制作新的歌唱类选拔节目，并对已开播和即将开播节目的播出档期及时间做出要求。2013年"加强版限娱令"，规定各上星综合频道每年播出的新引进节目模式不超过1个，当年不得安排在19:30—22:00播出；2015年"限真令"，对真人秀节目的导向、内容、格调、人员等提出明确要求，并且对模式来源地进行数量控制，避免过度集中在某一国家或者地区。2016年"限童令"，严格控制未成年人参与真人秀节目；"3.0版限娱令"要求各上星综合频道每年19:30—22:30开播的引进版权节目不超过2档，每个上星综合频道每年新播出的境外版权节目不超过1档；并如实履行节目引进、合作等情况的备案制度。总局的以上规定涵盖了节目形态、种类、数量、导向、来源地等内容，给研发部从事模式引进提供了指导和规范性指引。

与此同时，其他一些散落的政策性规定也是模式引进不得不考虑的重要因素。以 The Voice 为例，该模式有成年版和少年版之分，全球《中国好声音》模式的售卖几乎都是捆绑销售。但是灿星在引进时就单引进了成年版的《中国好声音》，就是因为考虑到广电总局曾对选秀类节目选手的年龄做出限制，规定跨省赛事参赛选手必须年满18岁，因此，少年版《好声音》作为少儿音乐选秀节目，就不可能在上星综合频道播出。

> 2014年的时候，土豆买了《中国好声音》(少年版)，当时说是要和我们第四季《中国好声音》同步推出，但到现在都没有听到任何要播出的消息，这说明即便在互联网平台播出，依旧很有可能受到"少儿选秀"的政策限制。网络平台虽然尺度大于传统平台，但并不是万能的。
>
> ——灿星前节目研发总监徐帆(访谈，2015.4.22)

另外，张潇潇(2015)提到，境外电视模式在中国跨文化传播的同时也是境外意识形态与中国本土意识形态相遇、冲突以及混合的过程。因此，中国电视生产者必须在意识形态方面有准确的判断力，否则可能会因判断失误遭受政府监管部门处罚，蒙受重大经济损失。因此，这就是为何欧美市场中以"人性"为主要卖点的模式屡试不爽，而国内不敢贸然引进的原因所在。"人性"是多面性的，在巨额奖金的刺激下往往能激发出人性最极致的状态；但是我国政策不允许，总局规定有奖竞猜类节目的奖项金额不得超过1万元。一旦竞技类真人秀没有巨额奖金支撑，人性呈现就会显得单薄，节目驱动力会不足，久而久之观众也会对节目中呈现的真实性和刺激感产生怀疑。

其次，在节目的政策导向上，总局历来提倡综艺节目应当弘扬社会主旋律，2015 年的"限真令"更是重申节目要发挥好价值引领作用，坚决抵制低俗和过度娱乐化倾向。因此，这些以"人性"为看点的户外竞技类真人秀，不仅在政策上违规，还严重背离了主流价值观，精神内核也是总局所不愿看到的，一旦引进往往需要进行较大程度的差异化改造。

由于模式本身佐证了节目的成功率，所以改造的过程其实也是风险转移的过程。实践中，改造的效果呈现两种趋势，一种是完全对节目的价值导向进行变更，营造集体主义和互助合作的元素。这种差异性操作虽然照顾到了中国受众的情感需要，但却抹杀了模式的精髓，往往很难取得成功；另一种是依旧保持"人性"这一看点，但会柔化和缓和冲突过于激烈的部分。现实操作中由于较难把握政策尺度和模式看点的平衡，被总局勒令停播的情况并不少见。可见，越是和政策导向接近的节目，本土化的成功率也就越高。

> 如果要引进的模式和本国主导价值体系相冲突或者相对立的话，放弃是最为明智的选择。
>
> ——电视节目制片人王刚（访谈，2015.5.23）

最后，本国的政治记忆和政治情怀也是我们进行模式引进时需要权衡的因素。韩国和日本同属东亚国家，属于"同源文化"，都深受儒家文化的熏陶。研发部同事 Cai×× 提到，受政治气氛的影响，日本节目模式的文化接近性优势不足以抵挡国人基于政治记忆所带来的天生距离感和排斥心理；再加上日本模式产业相对比较封闭，日本政府也未给予出口方面的政策支持，使得日本电视人对于节目出口的需要和意识都不太强烈，更多的是一种自我封闭式的节目内部流转，模式的外向流动并不多见。因此，研发部监测了一段时间的日本模式，始终未发现比较适合本土的模式可以引进。而韩国则完全相反，韩国和中国有着较为友好的政治合作关系。1998 年金融危机后，韩国政府更是提出了将文化产业作为立国之本，贯彻落实文化产品走出去政策，在中国掀起了一股"韩流"的热浪。良好的政治关系，庞大的韩粉受众群，契合的价值理念，以及韩国模式初入中国市场时取得的成功，都促成其成为近两年来国内电视人蜂拥追逐的首选。据统计，2014 年卫视频道共有 12 档韩国版权节目，其中平均收视过破 1 的有 6 档，有业内人士认为，收视基本有保障是国内电视人对韩国版权热捧的原因所在（腾讯娱乐，2015）。

（二）文化层面考量

"橘生淮南则为橘，生于淮北则为枳。"文化和模式的关系，就好比是土壤和种子的关系；只有好土壤遇到好种子，方能结出优良的果实，否则就容易水土不服，有时甚至还会酿成悲剧。例如，红遍全球的社会实验类真人秀节目《老大哥》在阿拉伯地区引发经济、自由、宗教等问题的争议，就是因为节目违反了素来倡导性别分开和文化纯净的伊斯兰教义，侵害了阿拉伯世界社会秩序的核心（Erica Jean Bochanty-Aguero，2012）。最终，该节目被迫停播，阿拉伯地区也因文化敏感和文化特殊性成为西方投资者进行商业投资的慎选地带。可见，文化在地化的过程，在于能否将外来的文化商品、价值与实践，透过在地既有的语言、观点、喜好、品位、生活形态，以及思维体系的翻译及转化，与当地群众生活相互衔接（刘俊裕，2007）。这不仅依赖于模式方对模式本身的"去地方化"处理，同时也依赖于输入方对拟引进的模式文化匹配性的考量，以及进一步"去地方化""再地方化"的难易程度和效果的评判。

从模式方的角度看，商品逻辑是推动他们进行全球扩张的主要动力。为了实现跨文化传播，将自己的产品提供给最大数量的消费者以谋求更多的利益，他们事先对产品进行了"去地方化"处理，除去模式本身所携带的意识形态和文化烙印，"输出一种没有文化气味的产品"（岩渕功一，2000），为的就是尽可能地降低文化折扣，帮助媒介产品跨越文化藩篱。"去地方化"指涉"文化与地理的和社会的区域之间某种自然关系的丧失"（汤姆林森，2002），包括"形式上的去地方化"和"内容上的去地方化"两种形式（李政忠，2003）；"再地方化"更多指涉在地创造的过程，融入当地的社会文化特性，并转换为本土文化的一部分。模式作为一种关于节目内容和形式组成元素的标准化提炼，是较为成熟的并且经过验证的，便于异地生产、多次实现的"配方"。因此，从这个角度上讲，"模式"这一产物本身就进行了一定程度的"形式去地方化"处理；同时，通过提供一套可供遵循和复制的运作程序和组织框架，便于"再地方化"操作，服务于节目的跨边界流动和再造过程。

文化接近性（Straubhaar，1991b；1997）是"内容去地化"的重要指标。文化具有分层的体系，最稳定最核心的一层包括信仰、理念和价值观等内容；这是文化体系的最高层次，也是"去地方化"中较难改变的部分。因此，很多学者将全球模式贸易视为一种"新电子殖民主义"，认为电视模式的全球流通实质在于西方传媒实施的隐蔽性文化策略，利用接收国的本土化资源，加以全球化产品包装，附加西方意识形态，间接实现文化渗透和观念重塑，从而逐渐动摇接收国的文化及社会化过程（洪俊浩，2001；殷乐，2005；孙旭培，滕鹏，2005；邱源子，2012）。因此，外购节目模式的立足点在于对本土文化的理解和把握，同时警惕模式本身所附带的意识形态和文化意涵，重点关注"内容去地方化"的可能性和"再地方化"的操作难度。通常来说，输入与本土文化背景越相似的国家或地区的媒介产品，对"内容去地化"和"再地方化"的要求就越低；反之，社会文化背景差别越大，要求就越高。这也是每年引进的节目大概只有百分之 20% 能成功，剩下的只能面对高额版权费付诸东流的原因所在（张焕，2015）。

以中国电视市场为例，创造收视巅峰的《中国好声音》模式就是无涉价值观的唱歌类节目，文化折扣比较小；而考虑制作《无限挑战》的中国版，除了游戏类节目有着歌唱类节目一样天然的可接近性与亲和力之外，文化同源的韩国模式在矛盾冲突的展示方面也比较温和，很少集中展现人性的阴暗面，并且坚持走明星路线的韩国综艺也充分满足了中国受众的收视和情感需求。

与此相反，舞蹈类、美食类、生存竞技类、生活方式类节目在中国却普遍存在文化适应性和受众接受度的问题。舞蹈类节目在欧美国家的收视排名基本都在前五，但中国受众目前的审美取向决定了这类节目很难符合普罗大众的收视需要，广告商也不大喜欢。美食类节目也有类似遭遇。这类节目在英国的收视一直不错，但在饮食文化博大精深的中国，却鲜有成功的。电视节目制片人王刚认为，中国人做不好美食节目的最主要原因在于中国人和欧美人对美食的理解完全不一样。与此同时，本土受众的文化消费水平以及生活方式同样成为制约节目模式引进的重要因素。比如 Slow TV（"慢电视"，即镜头一动不动地拍摄，并通过电视直播的形式来呈现）这种生活方式类节目很难在我国成为主流。因此，目前来看，这几类模式都不在我们的考虑范围之内。

由此可见，研发部作为模式引进的把关人，必须从整体上评估模式是否和本土文化相适应，并进一步拆解模式元素，分析那些容易引发文化距离的文化印记能否成功本土化。一般而言，模式整体基调和本土文化相背离的节目，引进后的本土化难度就比较大，而且容易失败。当然，如果对中国的社会形态、文化土壤以及当代社会的需求与潮流有较为透彻的理解和把握的话，只要模式点与本土环境高度契合，即便原版模式并非特别成功，本土版照样有可能取得成功。

> 《最强大脑》这个模式最初卫视的很多领导也不支持，认为这档节目制作难度太大，且脑力竞技类节目很难调动起观众的兴奋点。我们经过对国内市场的分析，认为这个模式是可以被成功本土化的，后来的收视也同样说明了这一点。
>
> ——电视节目制片人王刚（访谈，2015.5.23）

《最强大脑》的成功源于制作人对国内文化环境的精准分析和把握。在子女教育问题和家长期待方面，国内外差异较大。国外希望小孩身强体壮，中国人则希望小孩读书好。因此，《最强大脑》根据中国人对脑力的崇拜以及中国人对智力的理解进行了本土化改造，开创了电视节目常规领域之外的，展现人类脑力极限的科学类综艺节目的新市场。由此可见，只有根植于本土文化情境土壤的节目，才能借助模式的力量在电视市场中有所作为。

（三）商业利益权衡

模式引入时商业利益的权衡主要包括引入的成本和产出的性价比分析，以及有无商家愿意对节目进行投资。达成合作的前提是模式售卖方给出购买方能接受的价格。调研发现，欧美模式公司开始进军中国市场的初衷是抢占和培育这个巨型市场，所以当时节目模式并不贵，一般版权费用也就几千美元一集，属于大多数电视台都能够承受的价位。但随着中国电视市场的逐渐壮大以及近五年来节目模式在中国的大热，版权授权费用呈现数十倍疯涨，尤其是国际大型节目模式的版权费用更是高达千万，这让大多数引进方望而却步。因此，研发部在进行模式监测时，看到好的模式便会第一时间打探版权价格，从而权衡是否有引进的能力和必要。

2015 年 7 月，我们瞄准了韩国 MBC 电视台 *My Little Television* 这个模式，打算转向"双屏互动"这一新型的节目形态。这个模式比较新，4 月底才首播，切中了当下网络综艺的时代脉搏；同时又是韩国为数不多尚未被国内引进的收视还不错的节目；因此，韩方一开始就给出了非常高的版权费用。对此，部门同事多次约谈韩国 MBC 驻上海办事处代表，不断协商版权价格，但最终还是因为版权费用过高被迫放弃。同样放弃的还有湖南卫视。当时湖南卫视也准备购入这个模式，并进行了积极的洽谈，最终也因为成本问题戛然而止。可见，版权费用成为节目引进的一大制约因素，而广告商的支持是模式购买的有力助力，有时候广告商的要求还会成为影响模式选购和最终落地的先决力量。

调研期间，广告商步步高和太太口服液想做自制节目，公司就让研发部寻找有无相匹配的节目模式。我们根据品牌理念和市场需要，开始寻找一些与之相适应的模式。对于步步高，我们在模式寻找上更侧重于教育益智类节目，还一度对当时 BBC 一档市场口碑较好的教育类纪录片召开了本土版是否可行的小型论证会；而对于太太口服液，考虑到林志玲是品牌代言人，我们便侧重于寻找一些脱口秀节目。所有这些都表明在市场经济大环境中，资本有时会直接干预到内容生产，成为模式引进的重要推动力量。

三、运营团队

（一）生产制作能力的匹配度把握

模式引进的不仅是概念，还有细节。在良性演进的电视业态中，模式的竞争并非终极目标，理应实现从节目竞争向生产机制竞争的过渡。《中国好声音》宣传总监陆伟认为，"如果我们的制作水平不能和国际一流水平接轨的话，再好的创意做出来也是不伦不类的"（东亚经贸新闻，2014）。因此，外购版权节目不仅要学习节目模式与创意，更重要的是学习深层次的创作理念和制作方式；这不仅事关模式"去地方化"和"再地方化"的能力和成效，同时也是处于高度竞争压力之下的本地制作团队外购节目模式的内生动力。模式是必要条件，机制是充分条件，没有制作能力的支撑，模式再炫目也只是美丽的"标本"（徐帆，2012），这解释了为何每年引进节目模式那么多，而真正实现成功本土化的节目却寥寥无几。

　　本土的生产制作能力属于技术层面的要求，一方面取决于团队自身的专业化程度，另一方面也受限于整体的市场环境等客观要素。专业化程度包括团队自身的制作能力和水平，以及对模式点的理解和贯彻执行能力。长期以来，国内电视产业政治功能和经济功能的双重定位制约了生产制作能力的发展，制播分离的较晚尝试也使得体制内的大多数电视台竞争意识不强，制作水平有限；体制外的制作单位又由于起步较晚，仍处于发展和摸索阶段，也和国际先进制作水平有较大差距。因此，引入节目模式对本土生产团队而言，既是机遇，又是重大挑战。

　　总的来说，不同产地、不同类型的模式，对生产能力的要求存在些许差别。从模式来源地上看，欧美模式的模式化程度比较高，并且还会提供全套的内容服务和系统化的制作，因此比较适合"半成熟"的制作团队；而风靡中国的韩国模式，由于模式化程度非常低，且常常没有系统成文的模式宝典做指导，故较适合成熟度较高的团队。不过现在情况也有了变化，由于近年来韩国电视人开始重视中国市场的开拓，在售卖模式的同时纷纷派驻韩方制作团队进行联合开发，协作生产，一来弥补了韩国模式感较弱的缺陷，同时也给许多生产能力较欠缺的制作团队注入了强心针。

　　除此之外，模式类型的选择上，也需要考虑本土制作能力的匹配度。模式源于欧美，基于文化差异带来的文化折扣问题，早期中国引进的欧美模式大多是普适性较高的模式，即跟人们的生活方式、生活状态无关的模式，如唱歌、跳舞、才艺秀等。这类模式不带有价值判断，又附有详尽的模式宝典指导，因此对于"去地方化"和"再地方化"的要求不高，很多团队只要按部就班，做出来的效果也还好。但是，当这类模式被抢购一空时，想要染指其他类型的模式，往往就需要先掂量自己是否有改造的实力和能力。

　　以《无限挑战》为例，在灿星正式引进前，该模式在韩国已经风行了十多年，节目中的许多环节被国内外综艺节目纷纷效仿。灿星前节目研发总监徐帆认为，国内迟迟不引进该模式的最主要原因是节目操作起来有难度。《无限挑战》的最大特色是无固定形式，它颠覆了以往大多数韩国综艺节目重复性的操作惯例，在自身十多年的综艺史中，每一集都以不同主题和形式呈现；正是这种不断创新和突破的精神理念，成为模式最重要的内核，几乎每位观众都能在这节目中找到自己喜欢的内容形态。因此，这个模式对于创意和创新水平仍处于初级阶段的国内电视人来说，无疑是极大的考验，这也很好地解释了在韩国模式遭遇疯抢的中国，一直没有人购买《无限挑战》的原因所在。

（二）行业直觉判断

模式购买涉及对模式的监测、跟踪和判断，这些都高度依赖于购买人的职业判断，而这种判断力的形成本身就是内在社会化的结果。对经济利益的诉求，对政策方针的把握，对中国文化和市场的解构，对技术条件的评判，这些因素相互作用，共同促使引进共识的达成。

> 乐视网网站事业群首席营销官张旻辉认为，"国内目前还处于凭感性来选择模式的阶段，大数据尚未成为选择模式的主要依据，依靠节目的过往播放数据作为辅助因素来选择模式的，最多只占三成"。
>
> ——灿星公司资料《行业热点深度分析报告》

当前海外市场比较疲软，国际模式公司都非常重视中国市场的开发，所以在信息量和数据方面，国内电视人几乎处于同一起跑线，这使得模式购买的竞争很大程度上就演变为引进人专业素养之间的评判，取决于具体操办团队的判断。因此，作为研发部的一员，笔者能时刻感受到这种研判的压力和责任。与前期大量的调研相比，笔者发现研发部同事更愿意相信自己的专业判断，从来不主动购买数据，不愿意浪费这个钱，也不委托他人做项目，更不会为了研究而研究，为了分析而分析。他们相信自己脑子好，凭借多年对中国社会的体察和认知，在模式挑选上发挥着四两拨千斤的效果。这种行业直觉不是靠简单的数据建模、数据分析和人群调研所得出来的，也不是通过看蓝皮书、调研报告和文献就能理解的，而是需要长期的积累，核心点在于对所处的中国社会的理解。

> 很多优秀的电视人都是学新闻出身，比如金牌制作人谢涤葵是武大新闻系出身，刚开始在湖南做新闻，后来做纪实类专题，最后才涉足电视综艺节目领域。灿星公司也一样，虽然是娱乐节目制作公司，但实质也是新闻系的魔方。新闻学专业的学习赋予了我们较为敏锐的判断力，因此购买模式时，我们会依赖这种专业敏感性去判断模式是否接地气。
>
> ——灿星前节目研发总监徐帆（访谈，2015.5.27）

灿星整个核心班子成员都是学新闻出身，公司 CEO 田明还是复旦大学新闻学博士，并在做电视节目之前也做了多年的东方卫视记者。新闻学专业的背景赋予了人们较为敏锐的判断力，再加上新闻学专业本身就是跟社会各个领域打交道，社会性是其最强的特性，由此培养了一种有"质感"的手艺，即对于拟引入的模式是否符合中国市场和国情，能否打动中国受众的共同审美和心理层面的东西，有着较为清晰的理解和判断；这种专业敏感性，再辅以一些行业数据报告做参考，就构成了有效判断的基础。

在较短的时间内选择合适的模式，这在灿星前节目研发总监徐帆看来，就带有极大的类似"赌博"的风险性。对于社会化制作公司来说，狭小的试错空间以及高昂的试错成本，对研发人员提出了更高的要求，"打得准"就显得格外重要。

灿星转向韩国模式晚于同行，曾一度让笔者非常困惑。私下找同事闲聊，再次印证了行业判断的重要性。据公司人员介绍，灿星原分管模式业务的副总经理，曾留学欧美，所以特别偏爱欧美模式；之前《达人秀》《中国好声音》的成功，也让他对欧美以外的模式关注较少。因此，当韩国模式席卷国内电视市场时，灿星依旧将重点放在欧美模式上，对韩国模式整体反应比较迟缓。当各电视台做韩国模式取得现象级成功时，灿星才开始行动，并试图通过短时间内引进几个韩国模式来亡羊补牢。由此可见，模式引进人员方向性判断的失误会带来整个公司模式引进的偏差，从而失去在竞争激烈的电视市场中的先发优势。

第三节　节目模式引进时的谈判和协商

模式引进时的谈判一般实行"两步走"战略，首先是赢得上级领导对节目立项支持的对内谈判，然后是斡旋于模式方、播出平台、广告商以及其他竞争对手的对外谈判。

一、对内谈判

一般来说,体制内电视台的经费相对比较宽裕,只要理由充分,台里都会支持;但是社会化制作公司完全按照资本运作,自负盈亏,因此项目的投放就会比较慎重。调研发现,像灿星这样的社会化制作公司,高层往往掌握着节目投放的生杀大权。在公司,CEO田明是核心人物,有着极高的权威和号召力。

> 当时想引进《中国好声音》这个模式的时候,公司管理层中有很多人是持反对意见的,但是田明一直认为这个模式特别好,便力排众议,顶着巨大压力购买了这个模式。
>
> ——灿星前节目研发总监徐帆(访谈,2015 年 4 月 22 日)

可见,对于社会化制作公司而言,组织内部的层级关系高度制约着模式引进的决定权。在研发部前期大量的数据调研基础上,公司最高层往往发挥着"一言堂"的作用。因此,对于研发部而言,说服领导进行项目投资,是模式得以进入立项环节的第一步。现在的综艺节目动辄就千万量级成本投入,这让模式研判承受着巨大的风险和压力。据公司工作人员介绍,当时灿星拟从棚内选秀节目向户外真人秀节目转型时,研发部就花费了相当大的精力来劝说领导,还从多角度多层面进行了转型的必要性以及项目本身可行性的充分论证。为了减轻领导的疑虑,坚定对模式的立项投资,前节目研发总监徐帆还用自己多年来的职业敏感和判断,向田明担保这种转向是必要的,这个模式是正确的。

二、对外谈判

> 电视市场犹如江湖,遇到好的模式,大家都会疯抢。这里面就牵涉很多学问,要和原版方、播出平台、广告商他们斡旋和谈判。这里面的水非常深,也涉及很多的技巧。
>
> ——灿星研发部工作人员 Cai×× (访谈,2015 年 6 月 4 日)

(一)和模式方的谈判

一旦模式购买获得管理层的认可,就会马上进入和模式方的谈判协商阶段。共享的媒介环境和职业目标,造就了世界范围内电视运营商同质化的职业敏感度。他们对于什么是好的电视节目模式有着相似的理解，因此好的模式往往是多方竞相追逐的。对此，模式方在挑选合作伙伴时，往往会比较慎重。

> 我们更倾向于和有资质、有规模、有较高制作能力并且有类似节目成功运作经验的本土公司进行合作，因为这类公司更了解中国市场，了解节目成功的要素，了解不同平台的风格和特色，知道什么样的节目要放在什么样的播出平台，以及投资回报比例，等等。
>
> ——MBC 电视台 PD 金炡亨（访谈，2015 年 12 月 16 日）

> 电视江湖相当凶险，就拿 *Take Me Out* 这个模式来说，本来是江苏台要做的，当时好像都和模式方的中国代理商签意向书了。后来湖南台知道后，也有了兴趣，便通过各种渠道进行公关。考虑到湖南卫视的业界老大地位，原版方觉得卖给他们比较合适，就逼着中国代理商卖给了湖南卫视。
>
> ——灿星研发部工作人员 Ye××（访谈，2015 年 6 月 5 日）

对灿星而言，也有类似遭遇。访谈时了解到，当年灿星团队刚刚从东方卫视出来，业界影响力和认知度都不高，在模式购买方面没有竞争力，在很多模式引进角逐中都失败了，后来才退而求其次购买了 *The Voice* 模式。不过，很多模式商都比较爱惜自己的羽毛，一般都不大愿意让中国同行做太多改动，怕修改过多会影响到模式的核心。因此，有时候像湖南卫视这些过于强势的一线平台，在模式竞争时也并不见得稳操胜券。当年湖南卫视和东方卫视一起竞争韩国《花样姐姐》的版权，最终湖南卫视遗憾出局，花落东方卫视，主要原因也是湖南卫视比较强势，韩国原版方有点接受不了；而东方卫视之前和韩方有过合作经验，最终获得了韩方的青睐（南方都市报，2015）。

另外，如果模式购买竞争者实力相当，那么和模式方积极沟通并表示有达成合作的诚意和实力，就显得格外重要。调研期间，灿星一度拟转向双屏互动节目的制作，瞄准了韩国的 MBC *My Little Television*。当时我们知道湖南卫视也有购买意向，并且他们比我们有优势，有一线电视平台和网络平台芒果 TV，非常符合双屏互动这一模式特性，是我们竞争该模式的最大威胁。为此，研发部开会时多次提到，我们要加快和韩国 MBC 驻上海办事处代表的洽谈，一定要跟湖南台比快。与此同时，总监徐帆还让我们不停催促公司财务，加快与

MBC 电视台已合作项目的打款进度，为的就是给模式方留下好印象，促进谈判合作的达成。虽然《小小电视台》这个模式最终因为过高的版权费用而放弃，但是长期和 MBC 的良性互动还是为我们在获得模式授权方面赢得了天机。当东方卫视想购买 MBC《无限挑战》模式时，MBC 主动找了我们，把版权卖给了灿星。

当然，若是有意向的购买者条件相当，且与模式方均有较好的合作关系时，那么考虑到国内极其恶劣的电视竞争环境，一旦有购买意向，非常重要的一点就是得加快谈判速度，和时间赛跑。

　　你看安徽卫视，他们和韩国 MBC 关系也比较好，应该说是有较为深度的战略合作关系的。但是你看《无限挑战》模式被我们捷足先登了，很大一部分原因就是安徽卫视反应特别慢。

　　　　　　　　　　　　——研发部工作人员 Cai×× （访谈，2015.6.4）

可见，与社会化制作公司相比，体制内的播出平台反应通常比较慢，前瞻性不够。所以遇到比较好的节目模式时，体制内层级化的沟通机制会导致项目启动比较晚，往往错失谈判的最佳时机，这也从侧面反映出制播分离的灵活性。

此外，由于国内知识产权保护的缺位，实践中我们经常会看到因为和模式方合作出现变数而引发一系列版权争议问题。通常情况下模式方先找到 A 平台或者公司来合作，但最终没有谈拢；模式方又找到了 B 平台或者公司合作，但 A 已经为生产做了准备，不甘心放弃，于是就自己直接操作，产生了所谓的"双黄蛋"现象。例如，《无限挑战》这个模式，当时东方卫视和 MBC 谈了 6 个月的版权，资金、艺人都已经准备就绪，但最终 MBC 电视台把版权卖给了央视，由灿星和韩方联合制作。东方卫视并没有因为没有拿到版权而放弃，他们请韩国团队做了山寨版的《极限挑战》。央视和韩国 MBC 多次向广电总局抗议侵权，但因为"极限"占尽了先发优势，还是给灿星做"无挑"中国版带来了相当大的压力。同理，湖南卫视引进 *My Little Television* 失败后，也立马效仿其中的直播环节，在芒果 TV 推出了平民版的全景全时直播真人秀《完美假期》。以上都充分说明了国内版权市场的不完善给模式谈判增加了变数和不确定性。对于优秀的节目模式，制作方并不因为谈判失败而止步；他们选择借鉴模式中的某些单元和创意进行所谓的"原创"，这在国内超一线制作团队中更加普遍。优秀模式的巨大市场诱惑力以及对自身制作能力的自信是他们一而再再而三斡旋于法律灰色地带的根源所在。

(二) 和播出平台的谈判

体制内的电视台, 节目制作后就直接放在平台上播出, 虽然省去了寻找平台的麻烦, 但这种将稀缺的平台资源垄断, 以维持自给自足的生产运作方式, 导致了节目千篇一律、差异化小、节目质量不高以及资源严重浪费等问题。相较于此, 制播分离的社会化制作公司选择平台的自由度较大, 可以根据不同的节目类型和平台特质, 丰富节目资源和节目样态, 发展多样化的合作方式。

在体制内, 节目和平台相互绑定; 体制外, 选择的平台就非常多, 还可以是互联网。当内容和播出平台不同步时, 产品和平台就可以是多种多样的, 这样就有可能做更多不同的产品, 更接近成功与梦想。

近几年, 平台之间的马太效应越发严重, 长期的市场竞争和市场选择使得受众对强势媒体形成了收视依赖, 在强势媒体上播出的节目更加容易借助收视惯性获得观众的关注, 进而更加有潜力获得更高的收视率水平。优质平台的价值回报能力已达到二、三线平台所无法企及的高度, 好节目能够创造的价值也不断突破人们的认知, 并且这种资源集中的趋势越来越明显。因此, 对于大型季播项目来说, 制作公司都会将一线平台的黄金时段作为其首要选择。这一点, 灿星有较深的体会。2014 年, 灿星一档偶像类选秀节目放在广东卫视播出, 结果收视惨败, 就跟平台的决策失误有重大关系。

> 这次失败对我们触动很大, 让我们知道了平台选择的重要性。以前我们总想着只要节目优秀, 就能带动一个较为弱势的平台。但事后发现, 弱势平台有自身负面的固有惯性, 想靠一两个节目就迅速拉升比较困难。
>
> ——徐帆 (上海体育学院讲座, 2015.7.8)

这是在试错的过程中获得的经验。体制内的电视台可以不断试错来积累经验, 但是, 对于社会化制作公司而言, 试错就意味着资本的损耗, 资金的流失, 所以试错的成本很高, 空间不大。现在节目都讲求强强联合, 好的节目放在差的平台, 就会非常差; 而不好的节目如果放在好的平台的话, 也会因为平台本身的热度, 取得不错的成绩。电视行业要善于通过决策失误来调整转向,所以 2015 年开始灿星节目都首选和强势平台合作。

　　前江苏卫视副总监，现远景影视公司总经理王培杰在谈到平台合作伙伴时，同样表达了首选和一线卫视合作的想法：

　　　　一方面因为远景影视自身的制作能力与一线卫视平台更加匹配，另一方面也因为节目制作投入较高，如果不是一线卫视平台，成本很难收回。因此，远景想要一个实力相当的播出平台以达到符合期待的传播力和影响力。

——娱乐资本论（2015）

　　当下，诞生过现象级节目的平台或者潜在的一线平台主要是湖南卫视、浙江卫视、江苏卫视、东方卫视、北京卫视以及央视一套和三套这几家。在投放时，我们首先会考虑不同平台的属性、特质。湖南卫视是娱乐节目的龙头老大，虽然同属体制内，但是最早实行改制，内部市场化效果很好，培养了上千人的制作团队，很少有外部团队和它合作，所以相当长的时间内，很少有社会制作公司考虑和湖南卫视进行合作。与此相反，浙江卫视显得开放和包容得多，许多社会制作公司也比较愿意进行合作。"中国蓝"的频道定位，就是要做全天下的生意，要做全国的市场，而不只是拘泥于浙江市场。因此，一线卫视中，浙江卫视很早也很充分地对全国制作公司敞开大门。2015 年，浙江卫视周末综艺节目 65% 都来自体制外的合作，这种"对外百舸争流"的开放式心态和运作思维，使得浙江卫视不断向社会化制作公司开放平台，链接优秀资源，也诞生了许多有较高市场关注度的节目。

　　可见，节目投放时制作公司也会全面考察多方面的适配性。首先，制作公司会充分考虑平台的调性。灿星前节目研发总监徐帆提到，《中国好声音》最终落户浙江卫视，很大一部分原因也是我们考虑到模式性质和平台一直以来的调性是高度吻合的。当时我们看了几个平台，发现浙江卫视从 2008 年开始，就一直集中在做音乐类节目，标签化比较鲜明，也取得了较好的市场反响，这和《中国好声音》是一脉相承的。

　　其次，制作公司在选择投放平台时，还会参考模式方的意见。《了不起的挑战》这个节目，灿星当时在考虑平台时，不是很愿意放在央视播出。虽然央视的全人群指标覆盖率非常高。但作为国家级平台，央视的体制化色彩非常严重。虽然近年来央视也在进行市场化改革，开始跟制作公司合作，但是体制问题短时间内依旧无法改变。

> 央视的综艺节目娱乐化色彩不能过重，央视广告收账特别慢，央视回款达到率非常低等。灿星在央视的几个节目，已被央视累计拖欠好几个亿的资金，光资金利息就相当高。
>
> ——灿星前节目研发总监徐帆（访谈，2015.5.27）

但是，灿星工作人员聊天时告诉我，模式方 MBC 电视台非常坚持要用央视这个平台，因为 MBC 是韩国三大电视主流媒体之一，放在央视播出属于国家级平台间的合作，领导层非常感兴趣。而且当时国内已经有多档山寨节目推出，MBC 认为央视老大哥的位置能够起到正本清源的作用，树立正版节目的地位，在国家级平台上重现原版在韩国的辉煌。因此，在模式方的坚持下，节目最终还是落户央视一套。

再次，平台投放还需要考虑政策性因素。2013 年出台的"限歌令"对我们选择平台触动很大，当时总局对歌唱类选拔节目实施总量控制、分散播出的调控措施，各台一律不再投入制作新的歌唱类选拔节目，已制作、准备开播的节目将推迟至第四季度播出。"限歌令"的出台让灿星措手不及，因为当时已经启动了《中国好歌曲》，并且已和浙江卫视达成协议，继续放在浙江卫视平台播出。

> 我们本想着借势《中国好声音》的热播托举《中国好歌曲》这一新节目，所以当时就选择在浙江卫视播出。但是"限歌令"一出来，我们就傻了。政策性的东西就是这样，让你猝不及防，你要么选择延播，要么就只能更换平台。
>
> ——灿星研发部工作人员 Cai×× （访谈，2015.6.4）

后来，研发部通过详细研读政策，发现总局的"限歌令"只是针对上星综合频道进行调控，并不涉及专业性频道。考虑到央视三套本身就是音乐类专业频道，不属于政策调控范围，便将《中国好歌曲》放在央视三套投放，最终成为全国首档在每周五晚 19:30 这一黄金时段开播的音乐类节目。可见，虽然"限歌令"代表着国家政策的无可撼动性，但是国内电视人通过不断开辟政令条件下权力尚未到达的"处女地"，来延伸和拓展自身的生存空间。

最后，平台投放还需要考虑节目时间段、档期以及平台能提供的资源情况。《中国好歌曲》最终落户央视三套，除了是规避政策雷区的权宜之计外，非常重要的一点是央视三套愿意提供每周五 19:30 这一黄金时间段。当下，强势卫视平台自身就有大量节目，所以即便平台有合作意向，还得看他们有没有档期给你上节目。况且，现在很多一线平台为了保持长期竞争力，防止频道空心化，也会有意识地培养自身团队，将黄金时段预留给自制节目，毕竟自身团队成长才是平台维持长期竞争力的重要竞争砝码。因此，档期和时段也是节目投放时非常重要的考量因素，有时可能会面临一线平台非黄金时段和二线平台黄金时段的权衡。

虽然无论是制作方还是模式方，都将一线卫视平台的黄金时段作为首要选择，但是优质的平台资源和时段毕竟是稀缺资源，因此平台方对于项目也就越来越挑剔。一般而言，仅有一个节目方案或者制作团队已经不足以打动平台方，只有节目模式、制作团队、广告招商情况等多种因素配备齐全，才有可能获得平台方的认可。从节目模式来看，浙江卫视总监王俊认为，在内容为王的时代，判断一个项目应不应该做，不能仅看该项目能吸引多少广告商，关键得看是否有创新力，能否不断制作出新鲜而优质的内容，这才是核心竞争力（林沛，2016）。

> 今年，江苏卫视非常欢迎音乐类节目落户，就是因为目前一线卫视中只有它们在音乐类节目上迟迟没有突破，所以歌曲类节目的引入能够丰富他们自身平台节目的多样态。
>
> ——研发部工作人员 Ye×× （访谈，2015.6.5）

> 浙江卫视在选择合作方的时候，往往要经过全面的权衡，比如看制作团队的制作水准、制作能力和对节目的执行力和把控力，曾经做过什么节目，收视率如何，公司注册资金是多少，公司招商能力强不强等。
>
> ——浙江卫视副总监麻宝洲（访谈，2015.11.28）

可见，平台方会考虑引入的节目模式是否有利于改善平台的内容结构，并且考察制作团队是否具有将模式创意引入实操环节的能力。另外，在综艺大繁荣的时代，金牌制作人也会成为电视台衡量一档节目能否上马的重要标准之一。比如，灿星的金磊团队、徐向东团队等，就是电视台相当看好并努力争取的创作团队。还有，项目自身的招商能力以及制作方的市场影响力，也都是平台方考虑是否合作的因素之一。若是节目本身就自带冠名或者特约播映，往往会加速和电视台的合作进程。

不过，传统电视平台家大业大，规矩多，所以即便像灿星这类已经是行业内较优秀的节目制作公司，在和平台合作时，尤其是和一线卫视平台合作时，依旧倍感压力。做访谈时，灿星前节目研发总监徐帆提到了2012年《中国好声音》启动前，灿星跟大江南北很多电视台都谈过合作，但都遭遇弃用的经历。

> 当时找了好多平台，一方面，在广东卫视、北京卫视、江苏卫视、东方卫视等电视台总监看来，音乐选秀从2005年超女到现在，已经进入巨大瓶颈期，收视率开始疲软，所以《中国好声音》模式缺乏生命力；另一方面也源于灿星作为制作方（乙方）没有很强的话语权，试图跟很多电视台（甲方）进行平等市场化沟通的时候，很多电视台不愿意接受。
>
> ——灿星前节目研发总监徐帆（访谈，2015.4.22）

最后，灿星找到有较好音乐节目播出基础的浙江卫视，变更了谈判策略，前期制作费全部由灿星提供，根据收视率情况和卫视进行对赌分成，减轻卫视的风险和顾虑。最终，浙江卫视成功捡漏，节目的火爆让多台悔恨不已。可见，播出平台的缺乏使得社会化制作公司在合作中非常受制于平台需要，尤其在和掌握巨大话语权的强势平台合作时，往往得根据平台的要求做出调整。2015年度灿星有两档音乐类节目，一档是7月17日在浙江卫视播出，另外一档是7月19日在江苏卫视播出。当时笔者就很好奇，为何同一家公司同类型的节目，在时间点和时间段安排方面要如此接近。部门同事说，就是因为没有平台，所以我们得服从平台的安排。结果这两档节目看似是强势平台之间的对打，实则是灿星自己打自己，这就是自己没有平台的尴尬。

（三）和广告商的谈判

播出平台和节目时段确定以后，接下去就是项目的招商，这是平台和广告商之间的双向选择过程。

> 运动型饮品、快消品、汽车比较适合户外竞技类节目的植入……还有要看商家的销售旺季是什么时候，跟我们节目播出时间是否相匹配。另外，就浙江卫视来看，周五黄金档综艺节目的投入不能少于2亿元，周日档综艺投

资 8000 万元到 1 亿元不等，你商家还得有钱。

——浙江卫视广告部前业务经理李太乐（访谈，2015.12.19）

可见，从平台角度出发，在选择合作商家时，首先考虑的是商业利益，即广告商愿意支付的对价，这是最首要的评判标准。实践操作中会根据播出平台、播出季度和播出时间档，预估出大致的赞助额度。其次，在此基础上，平台根据商家的经济实力和规模、节目风格调性和产品的匹配度，节目播出季度和产品销售旺季的匹配度等情况择优挑选。最后，平台在播出时段分配方面也有考量。总体而言，不同时间段的收视率之间有巨大差异，对品牌也有不同要求。例如，周五晚间档是浙江卫视的最佳收视时段，比较适合放新品，能够一炮打响，招商价格和收视要求也就越高。

从广告商的角度看，当前国内经济形势不容乐观，广告主的投放策略趋向谨慎和实用，越来越多的广告会集中在一线卫视平台的一线综艺，20% 的卫视占据 80% 的收入，广告市场的集约化越发凸显，资源向优质平台的优质内容靠拢成为一种必然。

> 在进行节目资源推介时，广告部会提供节目方案给客户，里面涵盖节目形式、节目内容、播出时段、播出季度、大概能邀请到的明星卡司、预估收视（节目模式在英美等国的收视成绩，在中国可能的收视转化率）、网络版权的售卖情况（像爱奇艺、腾讯视频等优质网络平台，往往能增加客户的信心）等内容；此外，他们还会帮助客户分析该节目的受众情况、品牌定位、竞争性环境（比如同类竞品投了什么节目，还有就是同时段有哪些具有竞争力的节目），有针对性地对客户进行推荐售卖，并注意客户之间的排他性。

——浙江卫视广告部前业务经理李太乐（访谈，2015.12.19）

因此，广告商在选择赞助一档节目时，会从节目本身的"硬件"条件和"软件"条件这两个层面进行考量，当多项条件均符合预期时，才会进行投放。"硬件"条件包括播出平台、收视率、宣发资源、目标受众、模式特性、明星咖位等六项指标。

> 一般来看，化妆品类的广告客户比较喜欢投放江苏卫视，认为情感类节目和化妆品的调性一致；而快消品类的广告客户就很喜欢投放湖南卫视和浙

江卫视，认为这两个平台的受众相对年轻。

——浙江卫视广告部前业务经理李太乐（访谈，2015.12.19）

收视率指节目预估的收视情况，在国内受众的到达率以及节目影响力等情况，"爆款型"电视产品越来越受到广告商追捧。宣发资源主要衡量目标节目未来的投放时段和计划匹配的宣传资源；模式特性主要是剖析节目内容和品牌理念的契合度情况，以及该节目是否具有驱使观众收看的核心动力；明星咖位主要是考量备选明星咖位与产品定位和节目类型的匹配程度，等等。

"软件"条件包括制作团队、植入容量以及投入产出比三部分。制作团队的考量主要包括历史经验，主要制作人、制片人的职业背景和历史经验等；植入容量的考量主要是可植入的产品类别、品牌基因和节目特质的契合程度，可传达的品牌理念、与其他品牌间是否存在竞业关系等；投入产出比指投放时需要投入的现金和资源总量与节目内可能植入的总时长和总次数的合理性。此外，广告商的品牌投放也跟品牌所处的成长阶段有一定关系。

商家是分段位和阶段的。如果是新品，广告商的目的往往是希望能让观众迅速知道这个东西，那么就需要通过寻找能够一炮打响的节目，增加曝光度的方式来建立观众对于品牌的认同感。

——电视节目制片人王刚（访谈，2015.5.23）

以加多宝冠名《中国好声音》为例，当时加多宝深陷和王老吉的商标之争，加多宝败诉后急需一个强有力的新节目来宣传他的品牌，所以加多宝的合作时机非常好，实现了和《中国好声音》的共同成长。只用了3个月，市场占有率就远超王老吉，实现了生猛翻盘。反之，如果产品是较为成熟的品牌，那么广告投放的主要目的是提升品牌的契合度和认同感，不再一味追求曝光度和曝光值。四季《中国好声音》的成功运作使得"正宗好凉茶，正宗好声音"的理念深入人心，所以当第五季《中国好声音》因未获版权而只能做原创时，加多宝的撤资似乎也在情理之中。

加多宝今年不冠名，除了觉得没有版权，不太看好原创之外，最重要的原因在于加多宝一直贯彻"正宗"理念，且和节目深度捆绑，如果进行继续冠名，正好被王老吉抓到把柄进行营销，你不是"正宗"的凉茶。

——浙江卫视广告部前业务经理李太乐（访谈，2016.7.10）

第四节　模式在地"联结"中的权力互动

模式在地"联结"的动力机制研究分为引入前、研判时和谈判中三个阶段，涵盖政治、经济、文化、技术等多种权力形态的融合互动。其中，政治权力是最重要的考虑因素，并且会和经济、文化以及技术权力形成同盟，共同制约引入模式的样态。

此外，调研还发现，与全球相对的地方，不再是铁板一块的单一概念，内部本身就存在多元冲突和对立；并且虽然模式方基于版权权利人的身份，可能会在谈判过程中占据主导地位，但面对全球化的刺激，地方的主体性意识也在不断加强，还可能产生创新性的抵抗因子。这些都驳斥了文化帝国主义流派将接受者视为被动方和纯粹依附者的说法，地方的能动性日益凸显。

一、模式引入前

监听、监看国际电视节目市场动态和走势，认真梳理当前国内文化资本市场概况和发展局势，这是从经济层面对模式引进做的准备工作。前者是对国际电视市场的整体性把握，后者则关乎国内经济形势和行业热点的考量。可见，全球化时代，全球与地方的联系越来越紧密，融合、互动是该阶段的主要特征。因此，地方是"全球化了"的地方，而全球化一旦落实到某个民族国家或地区，也就成了"地方化了"的全球（欧阳宏生，梁英，2005）。身处全球化浪潮中的国内电视人，应联动地、发展地处理好全球与地方之间的关系，从事模式监测工作时要做到既留意全球，又观照地方。与此同时，多琳·马西（Massey，1994）指出，地方没有单一和独特的身份，它的内部可能充满了对立与冲突（转引自闵东潮，2009）。因此，考虑到地方内部的多元性和结构化，我们通过《文化资本市场报告》来了解国内传媒行业的文化导向、资本流动情况以及政策文件精神，通过《行业热点深度分析报告》来把握市场脉搏以及竞争性环境分析，这些都是对地方内部经济、文化和政策要素的多重权衡。尤其是政策，灿星研发部非常重视，时常逐字逐句地研读总局官网原文件来领会政策精神。这种为模式引进时刻准备着的心态，充分说明了政治敏锐性已经内化为国内电视人的自觉意识。

技术方面，20 世纪 90 年代体制改革和技术变革，促进了"全球媒体市场"的形成（史安斌，2014）。以美国为首的西方发达国家，依赖其雄厚的经济实力和掌握全球媒介渠道的优势，主宰着国际图像市场。西方学者托马斯·麦克菲尔将这种文化和象征符号的跨国流动称为"电子殖民主义"，即西方发达国家对发展中国家推行的文化殖民，是帝国主义国家推行文化霸权的载体（陈璐，段京肃，2013）。显然，"电子殖民主义"理论是文化帝国主义理论在传播技术层面的侧重，是文化帝国主义在电子信息技术革命之后的大国文化殖民手段（陈璐，段京肃，2013），重点在于通过向发展中国家强行输出媒介产品，塑造出一种与现代世界体系中占统治地位的价值观和社会结构相适应的社会制度，一种"温顺的同质化"（战迪，2016），从而加强发展中国家对具有剥削性质的资本主义体系的依赖性。

诚然，数字、卫星、网络等以电子媒介为主的大众传播构筑了强势文化全球拓展的渠道和平台，让国际资本的全球扩张成为可能；但新兴媒介技术在保障全球市场高效运转与高额盈利的同时，也不断深化着全球与地方的联系。调研发现，我们对国际节目模式市场的日常监测和追踪，依托多媒体渠道对当前最热节目形态的搜寻以及模式库的完善，建立较稳定的与国外模式公司的联络机制，主动参加国际性的电视节、电视展会等一系列为模式引进所做的准备工作，都是我们积极参与全球化进程，建构全球与地方"勾连"的表现。而这一切都离不开技术层面的支持和保障。与此同时，我们并非像文化帝国主义流派所说的完全处于强制性的臣服状态，我们对国际热门模式的筛选，从欧美模式市场向日韩模式市场的监测转向，以及有选择性地参加电视展会，聘任欧美模式顾问等方式，都充分表明我们不断发挥着主人翁的能动性和主导性，利用全球化为自身服务，推动本土电视产业的发展。

并且，我们同样发现，模式公司等跨国媒介机构也并非如文化帝国主义流派所说的完全处于主导地位。它们不能再随意地强制输出文化产品，为了进军急速增长的中国电视市场，它们同样需要讲求策略。正如罗伯逊所言，全球化是个复杂的过程，带起了反全球化的力量，灵活的资本主义会应不同市场状况伺机而动（管中祥，陈伊祯，2003）。因此，全球压力与需求迫使跨国媒介机构采取"全球在地化"策略，通过主动适应本土文化，或者与当地伙伴开展合作等形式，来实现自身市场的扩张。调研发现，国际模式公司纷纷在中国设立分公司或者办事机构，通过给制作公司邮寄节目宣传册、定期约谈制作公司代表等方式，建立与地方市场的互动。这种基于共享利益关系的合作模式再次印证了全球与地方"相生而存"的道理。全球和地方不再是宰制关系，全球化是"经"，全球在地化是"纬"；全球化必须依靠地方化来实践和落实，没有地方化，全球化只能停留在抽象的层次（刘俊裕，2007）。

二、模式研判时

Massey（1994）指出，地域没有单一的和独特的身份，它的内部可能充满了对立与冲突。因此，模式研判阶段主要涉及对地方内部动力机制的权衡与把握。

经济利益最大化是国内电视人引进节目模式最直接的诉求。无论是在风起云涌的电视市场占据一席之地，还是有较好的收视表现和收视份额，抑或是吸引广告商的投资，实质都是经济利益在驱动。正如吴琼（2016）在分析综艺节目引进的动力机制时提到，以"手艺人"为身份定位的内容生产者，为解决关键配置性资源（节目模式）缺乏导致的"没饭吃"危机，将经济利益作为模式引进时最主要的考虑因素。因此，对模式引进做分析判断时，模式本身的特性成为吸引我们关注到这个节目的第一步；节目"模式眼"的创新性、模式位阶性的高低、来源地属性、收视业绩表现以及是否和已有节目形成差异化竞争优势，都足以影响一档节目能否进入研发人员的考虑范畴内，这是对模式经济层面（包括市场价值和发展前景）的考量。

政策方面主要是考虑外来模式所携带的异质性因素是否有违中国的政策法规、管理部门的政策导向，以及国内民众的政策记忆，避免因模式意识形态问题导致政策触礁。由此可见，即便全球化带来了信息资源的高效运转和大体量的跨境流动，边界日渐模糊和式微，但国家政府部门依旧是权力的重要场域，在许多领域的决策和组织上仍然发挥着核心作用；并且在传播政策的制定方面，同样发挥着重要作用。国家依旧是我们理解媒体政治的基本出发点（詹姆斯·卡伦，2006）。

文化方面的立足点在于对本土文化的理解和把握，"文化接近性"是主要的参考标准。通过本土与模式所在地文化距离的远近来判断文化折扣的大小，进而推断出"内容去地方化"的可能性和"再地方化"的操作难度。而"去地方化"和"再地方化"的处理又高度依赖于技术层面的支持和保障，即需要权衡生产团队的制作能力与模式要求的匹配情况。我们一般会看自身制作团队的生产能力和水平，也会观照不同产地和类型的模式对生产能力的要求，因为这些都直接关系到对模式点的理解和贯彻执行能力。

综上，经济、政策、文化、技术四大动力机制中，政策因素是第一位的，也是国内电视人进行模式研判时最重要的权衡因素。政策是红线，引进政策上违规的模式，节目就会面临禁播的风险。与此同时，身处全球化时代，国内受众面对西方模式的席卷浪潮，也会有文化焦虑，会因为较大的文化折扣，或者情感认同问题对节目实行"用脚投票"，从而让广告商和制作方蒙受巨大的经济损失。正如冯应谦和张潇潇（2011）所说，国内受众因为担心西方文化价值观对本国文化的冲击，所以倾向于抵制西方文化浓度过高的节目。并且，从技术条件上讲，如果贸然引进政策违规的模式，则势必要经过大规模的"去地方化"处理和"再地方化"改造，而这对于电视产业化才刚刚起步，整体制作水平仍不高的国内电视人来说，无疑是巨大的风险和挑战。因此，从这个层面上看，政治、经济、文化、技术权力某种程度上形成了同盟。政策上的把控诉求同时也成为国内受众的文化诉求、广告商的利益诉求，以及国内电视人的自觉要求。厮杀于激烈收视环境的国内电视人，正是因为对自身的制作能力有清醒客观的认识，同时也意识到了受众和广告商大多是趋于保守的，因此模式引进方面呈现出强烈的自我规训意识，不愿意冒险引进与意识形态相左的模式。熟读政策，把握政策风向，便成为国内电视人非常重要的必修课。

三、模式谈判中

模式谈判包括推动项目进入谈判流程的内部谈判，以及斡旋于模式方、播出平台、广告商等利益主体的外部谈判，经济利益是影响他们采取不同博弈策略的最主要原因。

（一）内部谈判

资本逻辑是社会化公司进行项目投放的第一要义，投资失败意味着最直接的经济利益损失，因此公司高层对于项目投放都比较慎重。研发部通过前期对模式、国内市场环境以及自身制作能力的综合评估来充分论证项目的发展前景。这种基于政治、商业、文化和技术的综合判断提供了项目经济利益实现的可行性预估，而可行性最终依赖于公司高层的拍板进行现实中的转化；这是项目由纸上谈兵进入实操阶段的关键一环。

（二）对外谈判

1. 生产方和模式方

对模式方而言，挑选合作方的最主要目的是确保自身节目在中国市场的经济利益最大化，因此他们会权衡合作方愿意接受的版权费用，以及合作方自身的资质、规模以及生产制作能力水平。前者是最直观的经济利益体现，后者涉及经济利益实现的潜在可能性。相形之下，模式方对前者的考量会优于后者，这也就是国内超一线平台和制作单位竞相购买 *My Little Television* 模式，最终却因高额版权费用未能在中国落地的原因所在。可见，模式方因享有知识产权在整个谈判中处于主导地位；但国内电视人并非像文化帝国主义流派说的那样完全处于对西方模式的膜拜、依附和被动接受状态。他们有自己的选择和判断，会对模式有取舍，这说明"全球在地化运动衍生了地方觉醒、自主意识的行动逻辑"（刘俊裕，2007）。借由全球化的刺激，地方的主体性意识在不断加强，产生了创新性的抵抗因子。因谈判失败而未购得版权的国内电视人，会转而借鉴模式元素做"原创"节目，这种游走于法律灰色地带的投机方式恰恰也是国内电视人博弈后的另类能动反应。

另外，地方也并非铁板一块，内部存在诸多动力和抗争。因此，当有意向的购买者条件相当，且都与模式方有较好的合作关系时，考虑到国内极其恶劣的电视竞争环境，比时间、比速度成为地方内部竞争的主要方式。

2. 生产方和播出平台

吴琼（2016）认为，节目模式引进时不怎么考虑频道定位，频道定位对于模式引进产生的影响仅停留在次要且可能的层面。但是，笔者经过调研后发现，平台依旧是制约模式引进比较重要的因素；选择什么样的播出平台，制作方有考虑，模式方有要求，平台方也有自己的考量，三者之间其实是个互动博弈的过程。

鉴于收视群和广告投资的马太效应，自负盈亏的社会化制作公司一般会优先考虑和一线平台合作，同时兼顾政策因素、模式方意见、平台属性以及能提供的资源；这是经济利益前提下制作方对政策、文化、技术等因素的通盘考虑。但有时也有例外，当制作方和强势模式方合作时，后者对平台的偏好将可能直接影响节目最终平台的选择，这时经济利益的考量让位于对模式方意见的尊重。《了不起的挑战》就是一例，在模式方的一再坚持下最终选择了灿星并不十分看好的央视平台，节目本土化效果也再次验证了平台决策的失误。这也说明了模式方基于对知识产权的掌控，可能会在平台选择上占据话语权和主导地位，而这时相对处于弱势地位的国内电视人，能动空间就比较小。

从平台方角度，也会从模式本身、团队制作能力、平台受益情况等方面进行权衡，将平台稀缺资源和优质时段分配给最优质的项目和制作团队，实现政策、技术、文化等因素支持下经济效益 1+1>2 的扩张效应。在谈判合作阶段，一般来说越是强势的平台，对项目以及合作方会越挑剔，制作方的话语权就越小，有时不得不让渡部分权利来达成合作。

3. 生产方、平台方和广告商

广告商和平台以及节目之间是相辅相成、相互借力的关系。一方面，节目落地需要广告商的资本支持，并以此来提升节目品质和制作量级；另一方面，广告商也需要依托平台和节目之力来实现品牌权益的扩大化。

因此，谈判阶段，生产方和平台方会将广告商的投资额度作为开展合作时最主要的考虑因素，这是最直观的经济权益回报的体现；而广告商则会重点权衡平台情况及其资源，竞相和一线平台开展合作；因为越是优质的平台就越能吸引优质项目和优质团队，这是一脉相承的关系，为最终经济利益的实现提供潜在保证。

第五章　在地"创造"：
模式本土化生产中的权力博弈

　　节目模式本土化建构了全球资本主义与地方性元素融合互动的空间，"杂合化"是最重要的文化生产逻辑。在这个政治、经济、文化、技术权力相互依存联结的密集网络里，不同来源、类型、规模的模式正经历着不同的"去地方化"和"再地方化"策略，而这些策略正是电视生产者同政府、模式方、播出平台、广告商、受众等多元权力主体交汇、角力的结果。

　　本章主要以《中国好声音》和《了不起的挑战》为例展开讨论，《我的小小电视》因未能成功引进，所以无法涉及。通过呈现节目模式在地"创造"的过程，试图勾勒出"杂合化"所涉及的框架性因素、结构性力量，以及不同权力主体互动博弈的力量对比关系。调研结果印证了节目模式本土化是全球、地方以及地方内部力量互相拉扯、求同存异的建构过程。最终形成的本土版模式既不是对全球文化的同质化模仿，也并非纯粹创造性的新质文化，而是一种"杂合化"了的文化产品，是政治、经济、文化、技术等多元权力主体协调利益、制造共识的传播实践过程。该研究发现不仅质疑了文化帝国主义流派对地方能动性和自主意识的忽视，还驳斥了文化多元主义流派缺乏对文化背后结构性力量的应有观照。

第一节　模式在地"创造"中的"去地方化"

模式的本土化过程不可避免地会牵涉跨文化的交流和转换；这不仅意味着节目理念和内容要素的转移，更是电视产业生产方式的再调整，以及重大专业知识的传递与协调。一般而言，"去地方化"过程包括"形式"去地方化和"内容"去地方化两种。前者主要通过大规模配备翻译，协调、对接生产机制的方式来减少文化折扣；后者则通过弱化模式中带有文化距离的外来文化印记，来降低模式机体所带来的陌生感。可见，"去地方化"实质是种文化解构过程，全球文化产品在行销世界的过程中，其固有的标准化的文化理念、意识形态以适应当地文化、风俗的方式得以推行（单波，姜可雨，2013），因此全球节目模式的流通不是一个单一、线性的过程，这不是主张文化同质化的文化帝国主义流派所能解释的。

一、"形式"去地方化

媒介全球化过程必须先进行"形式"去地方化，这是跨越语言文化障碍的必经阶段，同时也是强化"联结"的应有之义。文化距离的存在，以及长期以来中外电视产业专业化程度的差距，促使降低文化折扣、协调生产合作机制，成为国内电视人着手本土化生产要解决的首要问题。

（一）语言对接

翻译人员成为模式本土化过程中不可或缺的重要工种，翻译质量的好坏直接影响着双方合作的进度和深度。

调研期间，恰逢《了不起的挑战》项目启动，韩国 MBC 团队共有 60 余人参与到制作当中，包括拍摄、编剧、灯光以及后期人员等多项工种。MBC 带了几个随行翻译，数量不多，且都是韩国人，比较熟悉中文和中国文化，他们希望灿星在整个制作过程中一比一地配备工作人员和翻译人员。因此，为了保障双方合作机制的畅通，灿星根据具体工种设置和节目要求，参照版权方意见，进行了大规模的韩语翻译的选拔工作，公司高层和韩方代表都悉数参加。

　　对于翻译，韩方要求比较多，他们一方面要求精通韩语、了解韩国文化，另一方面还希望最好是电视相关专业背景出身，了解电视产业，对中韩电视知识都要有所涉猎；如果是无挑的忠粉，那就更好。

　　　　　　　　　——《了不起的挑战》翻译选拔组工作人员（访谈，2015.7）

　　在整个项目运作过程中，无论是前期的沟通协调，还是项目的执行，以及后期的反馈，都离不开翻译的身影。MBC 和灿星都高度重视翻译人员工作，出具了较为详细的翻译工作须知和行为守则，并要求翻译人员签订承诺书和保密协议，对其进行一定程度的约束。

　　开沟通会的时候，韩方代表全部坐一侧，中方代表坐另一侧，泾渭分明。翻译也是定向性的，为了表达到位、减少差错，韩方总导演金 PD 的翻译人员由韩方自带的，并且熟悉中文的韩方人员来担任。

　　　　　　　　　——《了不起的挑战》导演组工作人员 Chen×× （访谈，2016.5.19）

　　笔者在田野观察到，中方副总导演在《了不起的挑战》召开第一次项目推进会上，就对翻译人员的工作提出了明确要求，要求翻译人员在韩方发言时务必逐条逐句逐字进行记录，并实时同步翻译；不允许翻译人员替韩方回答或者想当然地简化韩方的回答，最大限度地确保信息的真实性和完整性。会议过程中，翻译人员一有怠慢，中方导演组人员便会立即打断或者提出问题，确认信息内容，力求信息的精准传达。同时，为了最大限度地减少信息传递中的损耗，对于韩方几个重要 PD 的意见和建议，在配备专人翻译的基础上，中方还要求多个翻译人员彼此间进行查漏补缺，防止信息遗落或者误读。对于一些比较难理解或者不够明确的信息点，还会进行几个回合的回译。

　　坐我旁边的姑娘引起了我的注意，整个会议她一直用韩语做记录，并时不时地充当临时翻译，补充一些信息。开会间隙，我找她聊了下。姑娘告诉我她是导演组的实习生，因为对韩国文化和综艺非常感兴趣，所以一直自学韩语，没想到语言竟然成为她面试导演组的一个优势。

　　可见，模式本土化过程中，语言是较大的制约因素，也是去地方化的第一步；不仅影响着对模式的理解和掌握程度，也制约着中外双方的沟通和联络进程。《了不起的挑战》导演组的工作团队中，就有人是伴随韩版《无限挑战》一起成长的忠实观众，有人是热衷韩国综艺的韩粉，还有一些是有韩语优势的人员，这些安排其实都是为了文化上的接近。

> 刚进组，我就发现组里20多个实习生一半以上都会韩语。他们要么是韩语专业的，要么曾留学韩国，要么是自学韩语，等等。而且绝大多数都是韩国综艺节目的忠粉，这一点在组里特别明显。
>
> ——《了不起的挑战》导演组工作人员 Chen×× （访谈，2016.5.19）

再看《中国好声音》，金磊作为总导演，凭借语言方面的优势，能够和模式方进行点对点的沟通交流，减少了信息传递的中介，实现了信息效用的最大化，某种程度上也奠定了《中国好声音》的成功。

> 你看金总，上海外国语大学的高才生，本身英语就非常好。他都不用翻译，直接和模式方进行沟通的，所以我们对《中国好声音》这个模式掌握的也就比较透彻。
>
> ——灿星研发部工作人员 Ye×× （访谈，2015.6.5）

（二）生产机制协调

输出节目模式时，模式方希望输入地能够复制原版节目的执行性架构（无论是生产条件上，还是生产的制度安排上），以便再现原版节目的辉煌。而这对于电视产业化才刚刚起步的中国电视人来说，专业化分工以及制作的流程化却是一直以来的短板。在条块分割的产业结构下，中国电视制造业不但没有建立起统一的行业标准，连成熟、稳定的制作团队都很匮乏。"小作坊式"的生产方式限制了中国电视将节目创意执行到位，很多好创意在执行时变形走样。因此为了将模式执行到位，势必需要对本土生产机制进行去地方化处理，加强与国外模式方的衔接和磨合。

欧美国家的节目制作已经实现了较高的工业化，整个电视运作体系犹如一个分工细致的工业化流程，每个环节都环环相扣，每个人都在这个高速运转的平台上各司其职，权责分明。每档节目都有非常精细的角色分工，每个工种所负责的工作都极其单一，不用身兼数职。这些成熟和规范化的操作流程都会事无巨细地记载在版权方所附赠的制作宝典中，在版权售卖的过程中一并输出，对本土电视人来说无疑起到了极大的指导作用。

几十页甚至几百页的节目宝典俨然一份产品说明书，规定了节目宗旨、操作流程、工作计划、岗位设置及任务要求、录制时间表等。笔者在田野调研时了解到，《中国好声音》的宝典除了上面提到的内容，版权方还提供了选手的招募方式、学员的管理手册、现场的布局和位置图、观众席的设置、各种 Logo 的颜色、现场摄像机位和灯位的设置、明暗调校、音响调试等诸多细节，精细化程度可谓严苛。

> 你看，这些现场灯光的位置、颜色、亮度，宝典里都是有规定的……导师和身旁音箱的距离都精确到厘米，学员的穿着打扮以及什么风格的歌曲需要搭配什么样的灯光色调，宝典里面也都会有建议，就连导师的表情、动作也有指导，可以说是一应俱全。
>
> ——《中国好声音》导演组工作人员 Zhang×× （访谈，2015.8.3）

可见，对于中方制作团队而言，购买模式的同时必须花时间用心研读模式宝典，认真学习国外先进的制作流程和操作方法，为本土版提供成熟、规范以及流畅的生产机制。与此同时，模式方的咨询服务也会伴随节目宝典一并输出，从而起到查漏补缺的辅助作用。咨询服务一般由版权方派遣的"飞行制片人"提供，在节目录制的关键档期，帮助监督节目的异地生产。对于一些在原版生产过程中所遇到的技术类陷阱或者障碍性困难，会提前告知，有效规避，并提供指导。应该说，"飞行制片人"不仅是生产技能的拥有者，同时也是整个生产制度的把控者。他们带来全球先进电视产业的生产概念、生产文化、生产规程，为的就是让新版像原版那样获得成功。

2015 年夏天，笔者去嘉兴学院体育馆看了几场《中国好声音》的现场录制，发现节目的整个录制流程非常顺畅，操作紧凑有序，工作人员分工明确细致。就观众席这块，有人专门负责盯着观众，防止他们拍照录像；有人专门负责鼓掌吆喝；有人专门负责带动观众情绪；还有人专门管理观众席，防止观众提前离场或者随意走动。这种流水线式的操作手法和专业化分工，显示了模式方的专业理念。

金磊团队坦言，从西方模式中习得的这些专业分工和岗位职权意识，对他们触动很大。前期高度充分的准备工作最大限度地节约了成本，达到了低成本高产出的效果；并且这种深耕细作的执行理念，不仅对本土版起到保驾护航的作用，而且对本土电视节目制作者而言，也是笔宝贵财富，极大地影响着灿星后续节目的制作。

相较于欧美模式，韩国模式显得随意些，没有特别强的模式感。即便有宝典输出，也是非常条框性的介绍，操作性不强。这让向来认为购买模式就能照本宣科的国内电视人感到有些无措。实践中，韩国节目模式的输出往往都伴随着同步输出整个原版制作团队，一起参与到中国版的拍摄或者指导制作中，以联合生产的方式来减少模式感缺乏所带来的不确定性。

> 韩国是没有什么宝典概念的。他们卖模式是受到了欧美模式产业的影响，但是他们的专业化水平远没有达到欧美那种程度，所以韩国节目模式感非常弱。韩方节目团队来台里介绍节目的时候，一般只会带几页PPT介绍，寥寥数语，非常简单，所以对于韩国模式，目前主要还是共同合作为主。
>
> ——浙江卫视制片人姚译添（访谈，2015.12.16）

由于中韩电视节目的生产机制有较大差异，为了便于合作，了解韩方的行业术语和岗位职责，对接分工就显得格外重要。韩国电视综艺界等级森严，有CP（chief producer，总监制）、PD（program director，制作人兼导演）、FD（floor director，现场执行导演）、AD（assistant director，助理导演），不同级别有不同的工作范畴，以PD最为突出，从创意开始，一档节目主要由PD控制，堪称整个团队的灵魂人物。

以《了不起的挑战》为例，为了让韩方更好地了解中方导演团队的构成情况，中方按照韩方的人员配置方法，来命名导演组的相关工作人员。无论是会议的台签设计，还是节目组的通信联络方法，都按照韩方所熟识的术语来进行命名。

> 术语不统一就贸然开始合作是非常冒险的行为，一定要不厌其烦，充分沟通双方职责；基本概念、权责不明确，各自角色都不明白，后期就无法充分理解工作的具体分配和执行职责。
>
> ——北京 CJ E&M 局长权益均
> （中国传媒大学凤凰学院官方微博，2014.9.22）

当然，中方的岗位设置也并非跟韩方是一一对应的，比如国内综艺节目的人员体系中几乎没有"编剧"这一职务，有些会设有职能较为相近的"策划"一职，但其所承担的工作往往大而化之，具体脚本还是由导演来亲自捉刀。然而在韩国，编剧却是个十分重要的综艺工种，地位仅次于 CP；编剧可以细分为大编剧（创意编剧）、中编剧（构成编剧）和小编剧（细化编剧）三个层级，不同层级承担不同的工作范畴。笔者在田野观察到，一次《了不起的挑战》中韩沟通会上，中方导演组就对编剧在节目中承担的任务、发挥的作用非常好奇，多次问及他们的具体分工，会不会预设故事线，等等。可见，虽然编剧在韩国综艺界有着不可撼动的地位，但是国内电视人对这个工种显然了解得不多。

实践中，类似这种模式运作方面的差异，可以通过中韩双方不停地沟通协商来加以调整。在田野调研时笔者了解到，中韩刚开始合作《了不起的挑战》时，彼此间争议和分歧较多。为了更好地掌握韩国综艺节目的制作规程，中方总导演多次带团队访问韩国 MBC 电视台，观摩、学习韩式综艺的制作技巧；并且，为了便于交流，公司还给韩方安排了专属办公室和会议室，就设在总导演团队办公室的隔壁。中方导演团队按照韩方的工作惯例，也采用韩式工作日志记录方式和工作计划表上墙的形式，尽量以协同化的方式与韩方对接工作。

二、"内容"去地方化

模式贸易中，模式方为实现模式超越国家和民族界限的全球销售，都会事先有意识地去除模式中涉及国家和民族的显性文化部分，输出一种"没有文化气味的产品"（李政忠，2003）。与此同时，国内电视生产者作为模式引进并转向本土生产的把关人，也会尽量采取措施削减节目中可能引起文化折扣的外来文化印记，以弱化模式机体所携带的文化差异。

比如 The Voice 这个模式，美版《中国好声音》充分体现了个人主义的价值观。美版舞台灯光冷艳，剪辑节奏明快，仪式感浓重；并通过不断设置悬念和兴奋点，营造出一种直逼人心的紧张效果。节目整体突出了比赛的竞技性和输赢结果，镜头更多集中呈现胜利者的傲人姿态，而失利者往往得不到导师与在场观众的安慰，镜头画面较少，或者干脆就不给镜头。这种对节目的处理方式显然与美国的广播电视体制和文化价值观有关。美国广播电视行业是典型的私营体制，只接受法律监督，不受行政干预，所以美版《好声音》的制作理念和手法一切以获取商业利益为目的。这显然不符合我国的国情和价值情感取向，因此《中国好声音》在制作过程中就"去地方化"了这些带有较大文化折扣的元素。

再看《无限挑战》这个模式，节目数十年长盛不衰的很大原因在于内容方面高度贴合韩国社会，贴近民生。例如，原版中的游戏环节"拉飞机"先后被国内多档综艺所效仿，但却很难有原版在当地播出时的共鸣，就是因为韩方节目组当初设计拉飞机游戏是基于当时的韩亚航空事件，希望借助节目的游戏设置来帮助韩国人重拾对飞机的信心。可见，《无限挑战》中有大量关于民生，关于国民性的主题和内容，若一味照搬，势必存在匹配性问题。实践操作中，一般由韩方根据原版模式向中方提出本土版所要沿袭的内容和创意，供中方考虑是否有移植的可能性。

笔者在田野观察到，在一次中韩选题策划会上，韩方提出"Yes or No"是原版的经典游戏单元，嘉宾在不知情的情况下做出一系列艰难选择，而这些选择都直接关系到他们后面天壤之别的命运征途。悬念和巨大反差是这个环节最大的看点，他们非常希望中国版能够保留。原版首期用的是中午到底该吃"炸酱面"还是"海鲜面"这一主题；这两种食物是韩国外卖最受欢迎的两个口味，非常具有代表性，韩国人常为该选哪种口味纠结。但是，照搬这个内容到中国就会遇到困难。因为对于中国人而言，中国地域辽阔，菜系多样，选择面广，几乎不存在诸如韩国这种困扰中国人的两难问题。除此之外，对于嘉宾不同命运征途的安排，韩方最初的设想也非常简单：可以安排一个嘉宾到韩国的最南面，另一个到韩国的最北面，两个人相差5个多小时车程；但换成地大物博的中国，乘飞机都不止5小时。

另外，虽然中韩同属东亚文化，有文化接近性的优势；但是文化和国情上的差异在本土化过程中依旧存在。田野调研时发现，在《了不起的挑战》筹备过程中，韩方多次向中方表达对中国文化了解得不够深刻，因此对于原版中富有韩国文化特色的项目，韩方会一一询问中方是否也有类似文化存在。比如韩版中的洗浴文化在中国是否也同样流行；韩版中"极限打工"这个游戏主题，中国存在哪些特殊工种；冬奥会在中国是否家喻户晓；游戏选址上哪些地方具有较为厚重的国家历史感，等等，为的就是让模式内容更接地气。

与此同时，中国政策瞬息万变，这也是国外模式公司进军中国市场倍感压力和困惑的地方。合作过程中，韩方会多次询问相关选题或者创意是否会引起政策触礁。比如韩版中有一期主题是"金钱战争"，即明星以金钱为主题来创业，问这样的操作在中国是否可行；再如类似"鬼出没"这样的恐怖主题是否能够出现在中国荧屏上，以及游戏选址兵马俑是否能够进坑拍摄的问题。当以上选题均被中方否决时，韩方感叹中国政策果然复杂得多，要弄清楚真的不容易。即便这样，我在访谈模式方对中国政策调控的感受时，大多表示能够理解和接受。《奔跑吧，兄弟》第三季韩方总导演金炡亨告诉我，虽然中国市场政策性的控制比较多，但中国这个市场毕竟很大，而且这种调控是相对理性的，不是无序的，所以能接受。可见，中国市场的巨大诱惑力，促使模式方愿意配合中国政策管制来谋求尽可能多的市场份额。

最后，韩国《广告法》明确规定，综艺节目是禁止商业广告的；但是大量的植入广告、口播广告却是国内综艺节目的一大特色。因此，韩方对于中国版《了不起的挑战》中的广告植入问题，倾向于理解和尊重；只要不破坏模式的整体结构，影响节目质量，都交由中方来把握。

第二节　模式在地"创造"中的"再地方化"

差异化是全球文化产品成功的必备要素之一，也是创造文化价值的关键所在；它既可以用来生产民族意识，又巧妙地与资本的逻辑达成了一致，成为全球化时代一项新的发明（佘文斌，2015）。电视节目模式的"再地方化"，就是利用模式的差异化改编在输出国和输入国的媒介市场同时实现利润最大化的商业性策略。这有赖于良性的生产竞争机制、精耕细作的专业主义理念，以及洞悉市场风向的错位竞争策略的共同保障。同时，在"联结"不同文化的同时赋予地方文化主动性，做好价值引领和受众认同的构建工作。可见，"再地方化"

是个文化重构的过程，成为"在地文化抗争"和"在地电视人能动性展现"的一种表征（Kraidy，2002）。通过在全球文化框架内部吸纳、置入"地方性知识（local knowledge）"（Geertz，1983），呈现出全球模式流动所带来的充满特殊性、多样性的地方文化图景。

一、导演团队，竞争优化

节目模式"再地方化"的成效很大程度上依赖于本土电视制作人的生产能力和创作水平。《中国好声音》采用制播分离模式，社会化公司负责投资运作，电视台负责招商运营，两家对赌收视率，决定广告分成。收视越好，社会化公司分成就越高。对社会化公司而言，这一运作模式有利有弊；利好之处在于有较大的自主性和发展空间；不足之处在于缺少播出平台，他们不得不将优化节目内容、提升节目品质作为向电视台兜售节目的唯一途径。

廖媌婧（2015）提到，由于收视率直接跟组织或者个人的经济效益挂钩，以收视率为风向标的经济逻辑在电视场行动者之间形成了一套心照不宣的干预机制。无论是电视机构的外部环境还是其内部，甚至是同一档节目的不同导演组或是同一导演组的内部成员之间，都存在较为激烈的竞争。在灿星，我能深刻感受到多个导演团队之间"你追我赶"的竞争势头。《中国好声音》的总导演是金磊，下面有四个导演团队，每个团队内部又有一名总导演和三名副总导演，每位副总导演组内又分别有十几位导演。导演组实行项目制管理，在人、财、物方面有高度自主权。章骊组、沈宁组、吴群达组是元老级团队，参与了多季《中国好声音》的运作，而陈涤组是第四季《中国好声音》新加入的团队。不同导演组风格迥异，混搭做节目，使得每期节目的学员风格多样，节目本身也就极富层次性和饱满度。

> 章骊组特别擅长后期剪辑，并且在学员选择上都偏刚猛；吴群达组音乐性最强，挑的学员往往比较小众，讲究人和歌曲的契合度；沈宁是个女性导演，特别擅长捕捉选手细腻的情感；而陈涤组是新加入的团队，相对来说音乐性稍微弱些。
>
> ——《中国好声音》导演组工作人员 Wang×× （访谈，2015.8.5）

不过，导演组之间的竞争确实非常激烈。因为所有的节目资源都能转化为经济资本，所以在公司，你会看到导演组之间很少交流，几乎都是关起门来运作。他们彼此之间不共享学员信息，每季学员都是由各组自行招募，并且学员信息还高度保密。每位学员都被要求签署承诺书，承诺只跟某个导演组对接，绝无第二选择。在节目运行过程中，不同导演组也是轮流制作节目，无论是学员的试音，还是现场录制，都严格按照不同组别有序进行，项目安排表上清晰地记载着不同导演组的出场顺序和工作档期。

不同导演组学员的导师转身情况，进入 battle 对决的人数，最后冠亚季军在哪个导演组，每期节目的收视情况，以及每个学员的收视数据，都和导演组的年终考核还有分红密切相关，也影响着导演组在公司的地位和话语权。

——灿星工作人员 Sun×× （访谈，2015.7.22）

学员情况确实会和我们的绩效有一定程度的挂钩，但也没有那么夸张。总体上说导演组之间还是良性竞争为主，都是为了节目。

——吴群达组工作人员 Xu×× （访谈，2016.5.17）

总之，导演组都非常拼命，连续几天不眠不休的高负荷运转状态已经司空见惯，而灿星似乎乐见这种暗自较劲的竞争态势。这样往往能催生出较优质的节目内容，带来更多的经济利益回报，所以实质还是资本逻辑在起作用。

从工作模式上看，导演组之间也风格迥异。在公司，很少看到沈宁组、吴群达组、陈涤组办公，而章骊团队则经常在。章骊组下设统筹、视觉及后期制作、采访与节目制作、才艺四个工作小组，每组成员大都五至六人。他们实行日常坐班制度，墙上张贴着项目繁忙时段（a 段）和非繁忙时段（b 段）两种类型的时刻安排表，每周一上午各小组还会将本周工作计划表张贴上墙，对照执行。

我们每个小组都要找选手，但各有侧重。统筹组主要负责全组通告、已有学员的跟进、学员 VCR 拍摄、外景拍摄和统筹，以及实习生招聘、办公室管理、团队活动建设等行政工作。视觉及后期制作组主要负责组内 Demo（录音样带）视听及汇报，节目录制现场的勘景、制景，场地对景对光试拍，开场大片的拍摄方案，以及节目后期制作等。才艺组主要负责学员的进棚试音、编曲、Demo（录音样带）视听、选手和家属服装的准备、观众筛选、学员教唱以及舞美细节沟通等。采访与节目制作组主要是学员背景的了解，学员采访和故事策划等。

——章骊组工作人员 Liu×× （访谈，2015.7.9）

所有组都非常重视成员的日常学习和提升活动。章骊组有一个巨大的节目资源库，包含了颁奖礼、欧美真人秀节目、韩国综艺节目以及国内真人秀节目四大类别。颁奖礼搜罗了全美音乐颁奖礼、MTV 欧洲音乐颁奖礼、格莱美、奥斯卡，以及我国台湾金马奖、香港金像奖等 28 项颁奖典礼资料，而且大部分资料都可以追溯到 2005 年。欧美真人秀节目涵盖《中国好声音》《达人秀》《美国偶像》、X Factor、《与星共舞》等节目模式；韩国综艺节目网罗了 Running Man、《爸爸我们去哪儿》《丛林法则》《人气歌谣》《无限挑战》等当下热播的节目模式；国内真人秀节目则收录了《中国好声音》《出彩中国人》《中国梦想秀》《星光大道》《达人秀》等国内收视较好的节目（摘自灿星公司资料：节目资料库清单）。

廖喵婧（2015）经过调研发现，电视娱乐节目生产场中是存在"习性"的，这使得节目组内部成员在节目制作过程中倾向于选择过去经验和知识最可能成功的方式，包括观摩已有节目的优秀范例、自身制作节目的经验、策划会上来自领导、专家的经验等。笔者在田野观察到，灿星导演组也会根据当前所制作的节目形态，有选择性地组织相关节目的观摩学习。比如制作音乐类节目时，导演组就会组织观看欧美、日韩同类音乐节目模式，总结可供借鉴的点，以便进行新节目方案的构思策划。制作《中国好声音》时，就重点观摩了《美国好声音》《英国好声音》以及《中国好声音》前三季的盲选、对战和总决赛情况。导演组部分成员还于 2015 年 7 月赴美进行了《中国好声音》节目制作的调研学习，回来后开展了一系列的调研经验分享会。

组里会组织我们看《中国好声音》。一般会看前一季《中国好声音》以及新一季的《美国好声音》。每一季会重点抽盲选和 Battle 各两期来学习。比赛要是进入后半程，我们还会重点看诸如 MTV、格莱美之类的颁奖典礼，主要是看一些歌唱类的 Show，找找灵感，看看在灯光、舞美、道具、音乐上可以有哪些改进，如何结合灯光和舞美效果，让歌曲更加出彩，等等。

——吴群达组工作人员 Xu×× 访谈（2016.5.17）

此外，在业余时间，导演组还会组织一系列的培训课程，以提升整个团队的业务能力。章骊组 6 月举办了佳能数码课堂，提升组员的摄影技术；沈宁组 8 月邀请了技术组老师进行电视技术基础知识、高清电视节目制作以及录像机操作、前期制作等方面的技术培训。可见，有序的任务分工、良好的团队建设氛围、扁平高效的团队管理，为节目制作提供了较好的机制性保障，也为经济利益的顺利实现奠定了基础。

二、"匠心"精神，内容为王

细节决定成败，精良的制作水平是原版取得成功的点睛之笔，这就解释了为何每年引进节目模式那么多，而本土化真正成功的却寥寥无几。灿星宣传总监陆伟坦言，对于实行自负盈亏的社会化制作公司来说，每一档节目只许胜，不许败（马李灵珊，2015），收入、收视和口碑成为悬在头顶的三座大山。因此，对综艺节目来说，越是狂热的年代，就越需要有颗睿智的心，用匠人的心态去打磨作品，这样才能在风起云涌的中国综艺节目市场占领一席之地。

调研期间，笔者深感于灿星公司的企业文化和员工几近亢奋的工作状态。他们经常自嘲是"煤窑工人"，苦得"暗无天日"。但就是凭着这股干劲和韧劲，灿星出品了许多优秀节目，成为国内制作团队的金字招牌。以《中国好声音》为例，在被众多播出平台拒绝的困境下，灿星和浙江卫视签订了收视对赌协议，以收视率 2.0 为基准点。对此，灿星高管之间曾有很大争议。

> 当时很多领导都觉得 1.5 的收视率最保险，但田总认为这不足以让卫视下定决心跟灿星合作。他习惯于把目标定得很高，不给自己留退路，认为只有逼到绝境，才能更好地激发团队的潜能，才能出精品。
>
> ——灿星前节目研发总监徐帆（访谈，2015.4.22）

就是这种"悬崖边跳舞"的理念，让灿星在硬件方面进行了大手笔投入。8000 万元的制作成本，2000 万元的音响设备、80 万元一把的导师转椅；2000 平方米的录影棚，打造出可供 3 万人享受的音乐效果；现场 26 个机位，每期节目 1000 分钟的素材；邀请北京奥运会开幕式音响总工程师金少刚担任音响总监、零点乐队王笑冬团队担任现场伴奏；等等，这种大投入、大卡司、高配置，无疑成为中国电视节目制作业的一个标杆。

当然，硬件条件的保障离不开软件方面的相辅相成。田明对灿星团队的要求是"招之即来，来之能战"。这让所有人都时刻箭在弦上，枕戈待旦，自我要求极高，这种严谨细致的工作作风也同时带到了节目生产的全过程中。

我们都是上山下乡，去酒吧、学校、录音棚、艺人经纪公司等地方搜人的。并且，选拔标准也比较高，1000 多人中大概只有 150 人能通过第一轮盲选，淘汰率达 85% 左右。

——《中国好声音》导演组工作人 Huang×× （访谈，2015.8.11）

从第三季开始，有导演组去了美国、加拿大、澳大利亚、泰国、马来西亚、日本等地方找人。所有初选合格的声音全部带回总部，由总导演、三名副总导演以及音乐总监共同把关和确认，最终才有了你们节目中所看到的那七八十个人。

——《中国好声音》导演组工作人员 Xu×× （访谈，2016.5.17）

大型音乐类节目在形式感上大都无太大差异，所以导演组比较注重内容层面的"轴"。对于学员的选歌往往会和学员反复沟通，了解学员性格和人生经历，找到个人最匹配的歌曲，并安排乐队进行编曲。

——灿星前节目研发总监徐帆（访谈，2015.5.27）

在公司，经常能听到学员们进棚磨歌。每次磨歌，都会有导演及音乐总监给出具体改进意见，部分学员还会安排老师进行教唱。

此外，为了保证节目录制质量和节约成本，灿星还将大量的技术类工种进行外包。《中国好声音》的摄像、灯光、音效、舞美都外包给了上海的几家专业公司，他们根据导演组给出的具体要求和指令执行操作。四季的合作不仅让双方的沟通成本降到最低，而且也在不断地磨合和沟通中提升着节目的品质。

第一季《中国好声音》的时候，节目组发现导师的面部光源不足，第二季就在导师的面前放了个亮光条，能够将面光打到导师脸上。

——灿星前节目研发总监徐帆（访谈，2015.4.22）

从第二季开始，节目组采用 5.1 环绕声，用全世界最先进的喇叭将声音覆盖全场，为的就是提供现场最佳的观感效果。

——《中国好声音》导演组工作人员 Zhang×× （访谈，2015.8.3）

这种"细节控"其实是种匠心精神，源于对行业和职业的敬畏之心。灿星整体的文化氛围就是将这种匠心精神用到极致。它的每档节目，每期录制，都能够在现场看到 CEO 田明，公司各部门负责人也都会定期去录制现场看节目，不断给导演组反馈修改意见和建议。灿星人常说，《中国好声音》总导演金磊的口头禅就是"对节目的每一秒负责"，这是一种近乎"变态"的"苛刻"，小到学员选拔和节目设计，大到节目总体方向的把控，金磊都要事无巨细地亲力亲为。

> 剪辑的时候，金总直接坐在旁边，指导剪辑师剪辑。《中国好声音》录制现场会有速记员，会把现场所有的谈话内容全部记下来。金总会根据文本把要剪辑的内容划出来进行第一遍的粗剪，然后再进行精剪。
>
> ——灿星后期组工作人员 Hua×× （访谈，2016.5.24）

> 金总要求我们对播出的每一秒镜头负责，他自己就是这样的。每一期节目金总都要一帧帧审片，每段故事、音乐他都要亲自审定。每期节目经常会剪出四至五盘带子，经常是节目已经正式开播，他仍在剪片子。
>
> ——《中国好声音》导演组工作人员 Wang×× （访谈，2015.8.5）

整个《中国好声音》团队都是这样的"拼命三郎"，留给你的永远是行色匆匆的背影以及近乎癫狂的工作热情。可能就是这种"在阴沟里仰望星空"的乐观心态，最终造就了 *Voice*（中国版）的成功。

三、洞悉市场，错位竞争

体制内生产者采取"为播出而生产"的模式，只要生产了内容，就会有时段播出。因此，他们的参照系一般都是自己所在电视台其他节目的收视率，或者其他电视台同类型的节目收视率，而不以整个内容制作产业的节目生产情况作为参考依据（周亭，2014）。而体制外的生产者则不同，由于没有自己的播出平台，就必须在内容上确保竞争优势，因此他们往往放宽眼界，不局限于一两个节目，常常与国内现象级节目进行对标，或者与国际顶级节目对标。事实上，对市场保持高敏感度，并实现与用户需求的充分对接，是任何节目应对潮流与变化的生存法则。在国外，许多电视台都设有专门的受众调查部，通过对受众的深度了解，为整个电视台的战略、内容服务、平台、市场和效果决策提供参考。国外对于受众调查工作的重视深刻影响着国内电视人的思维和工作模式，越来越多的国内电视人开始依托第三方专业数据机构，为节目提供收视份额、受众构成、受众欣赏指数变化等数据，供节目组分析并提出修改意见。

《中国好声音》播出期间，研发部每周都会做节目收视分析报告。我们对照具体数据，分析基本收视情况、收视走势、到达率和收视时长变化、城市分布和人群结构、竞争环境以及新媒体数据等内容。

节目基本收视情况包括 CSM50 城收视数据和收视份额、全国收视排名，以及收视曲线的变化。根据播出时间段内具体分钟点的收视率和收视点内容介绍，找到影响节目收视曲线走势变化的原因。一般来说，收视曲线变化跟学员的出场时间、学员类型、歌曲风格、导师话语以及广告刀口的插入情况密切相关，这样就可以大致了解节目的受众更加偏爱哪一类型的学员和歌曲，为导演组后续的学员和曲风选择，以及节目编排、广告刀口的选择等提供策略性建议。

对标前三季《中国好声音》的收视走势，主要是每一季前三期节目的收视对比分析（见图 5.1），目的是在纵向时间轴上掌握《中国好声音》的影响力变化。

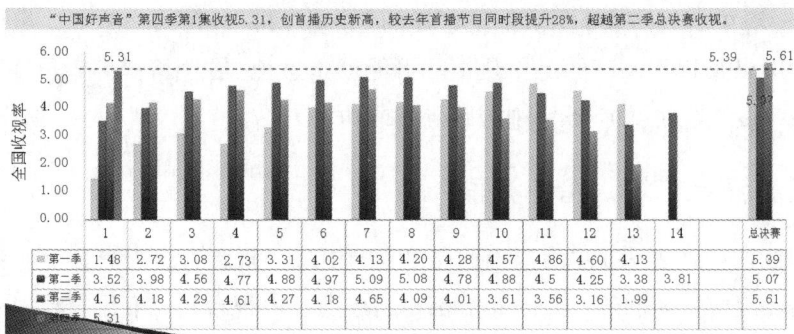

图 5.1　对标前三季《中国好声音》收视走势（2015.7.17）

到达率指标主要是分析节目的受众覆盖规模和传播广泛性，收视时长指标主要反映观众对节目忠诚度的变化。城市分布主要是分析城市收视千人数的分析，掌握节目的主力收视城市，对收视落后城市分析原因，加大宣传和推广。人群结构分析旨在了解节目主力收视群体的性别构成、年龄梯度以及学历层次，为节目更有针对性地服务于受众提供依据。

　　竞争情况分析主要是对《中国好声音》的全国竞争环境进行剖析，包括综艺排名，和各卫视其他节目的收视数据比较等，一般会挑选同季度内有较强竞争力的其他现象级节目的收视情况进行重点分析（见图5.2）。第四季《中国好声音》播出期内，我们就重点选择了湖南卫视的《爸爸去哪儿》做比较分析（见图5.3），从收视竞争曲线、观众重叠率和流动情况，以及观众消费分钟数对比等方面分析《中国好声音》的竞争优势和不足，为后续的节目编排提供参考。新媒体数据分析就是了解《中国好声音》的网络播放情况，为网络版权衍生权益的拓展提供数据支持。

《中国好声音》同时段排名第一，较上周同时段收视提升962%，湖南同时段较上周下降23%
《好声音》与湖南、江苏的节目观众重叠较高，分别为26.7%、13.2%
1/4的观众在浙江卫视和湖南卫视高收视节目中流动，减少观众流动对收视将有很大的提升。

排名	频道	本周	上周	对比	节目	重叠率%
1	浙江卫视	5.31	0.5	962%	好声音	100
2	湖南卫视	2.41	3.14	-23%	天天向上+爸爸去哪儿第三季	26.7
3	江苏卫视	0.86	0.61	41%	加油吧实习生+我们相爱吧	13.2
4	深圳卫视	0.75	0.66	14%	急速前进	4.5
5	安徽卫视	0.61	0.76	-20%	星动亚洲	4.5
6	湖北卫视	0.45	0.42	7%	非正式会谈	2.1
7	山东卫视	0.34	0.34	0%	调查+虎妈猫爸	6
8	广东卫视	0.32	0.44	-27%	旋风车手	2.5
9	贵州卫视	0.3	0.26	15%	非常完美	3.3
10	北京卫视	0.3	0.46	-35%	暖暖的家	5.6

图5.2　《中国好声音》全国竞争情况（2015.7.17）

《爸爸去哪儿》与《中国好声音》重合时段，收视较上周出现15%的大幅滑坡。

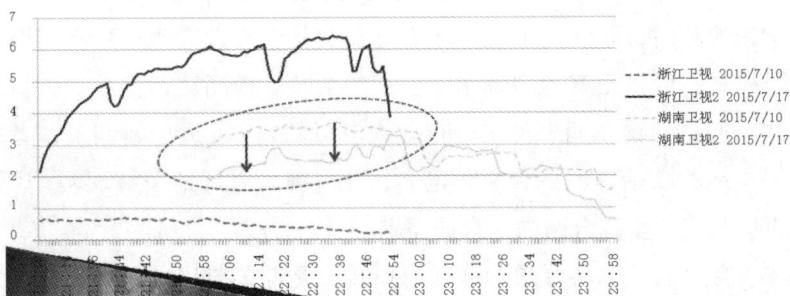

------- 浙江卫视 2015/7/10
——— 浙江卫视2 2015/7/17
------- 湖南卫视 2015/7/10
——— 湖南卫视2 2015/7/17

图5.3　《中国好声音》与《爸爸去哪儿》收视竞争曲线（2015.7.17）

　　所有这些分析内容都会整合成《星空自制节目报告》，提交给公司CEO田明，并转交给《中国好声音》的所有导演组。导演组非常重视该报告，通过开会、张贴上墙等形式向组员传达节目意见反馈，为后续调整、修改决策提供意见参考。

此外，综艺节目市场犹如江湖，非常残酷，稍有不慎，便会血本无归。为了避免创意撞车，灿星会通过各方的人脉和资源去打听一些同类型或者同档期节目的进展。例如，《了不起的挑战》启动时，市面上的山寨节目《极限挑战》已经收视长虹，而其他效仿的节目诸如浙江卫视的《挑战者联盟》、江苏卫视的《真心英雄》也都进入了紧锣密鼓的筹备期，整个导演团队压力非常大。因此，研发部就分析了前三季度综艺节目对中国受众的影响，并侧面了解了这些山寨节目的卡司邀请情况、相关任务或者选题的筹划情况等，为的就是形成错位竞争优势。

四、人文传统的引领与置入

文化产业承担着符号产品的生产，这是一种具有审美、娱乐以及意识形态使用价值的产品。因此，作为文化产业的重要组成部分，中国电视娱乐产业除了具备一般的产业属性外，社会总是对它提出承载文化意义的更高要求。就电视节目模式而言，作为舶来品，如何在本土化生产过程中借用西方的技术和理念，表达中国人的文化和情感，做到娱乐性和思想性并重、文化自觉和价值感齐飞，充分实现国际视野的中国式表达，成为"再地化"创作时亟须考虑的问题。

Waisbord 和 Jalfin（2009）在谈及阿根廷地区的电视生产者运用外来节目模式塑造国家形象时，就认为电视生产者好比文化中介，应当运用新闻棱镜去本土化节目模式，使其更好地引发本土受众的共鸣。新闻棱镜指涉一种追求现实感的方式，通过扫描新闻事件来进行电视节目的制作；运用新闻工作者的敏感性，了解本地的政治、经济和文化走向，让电视人更好地了解现实；让外来节目模式更接地气，更符合国内受众的需求。

的确，关注社会、关注普通人所思所想，是综艺节目制作尤其是真人秀节目创意的主要来源。韩国综艺节目之所以大受欢迎，在很大程度上源于节目内容兼具人文关怀与社会观照。韩国 MBC 电视台著名制作人金荣希每天都会阅读大量报纸，以此作为节目创意的重要来源（罗姣姣，2015）。正是这种对社会的敏锐观察力和思考，让韩国综艺在挖掘娱乐性的同时充分彰显蕴含社会意义的文化内核。反观国内综艺节目，但凡成为现象级的，同样是成功做到了嫁接历史记忆与人性关怀，体现了电视人应有的情怀与文化担当。

灿星前节目研发总监徐帆提到，作为第一梯队的社会化制作公司，灿星实质是新闻系的魔方，公司核心层骨干大多来自复旦新闻系或者相关院系专业。这些受传统新闻学教育的新闻人，开始将新闻梦想和综艺梦想相结合，在节目制作中强调新闻文化，新闻理念，新闻人的社会担当、人文情怀以及对社会的理解。他们始终认为，节目模式所需要的生产技术是很容易被复制的，无法复制的是节目所传达的价值观。

> 做节目一定要有情怀，要触及心灵，打动自己，只有这样才能触及观众。所以，做节目绝对不能为娱乐而娱乐，为舞台而舞台，一定要对整个国家、整个民族的文化有帮助，要有文化自觉和文化自信，只有这样才能真正称之为好产品。所以，来灿星工作，我们就比较看重他的情怀，对社会的关怀，一种人文情怀。
>
> ——灿星前节目研发总监徐帆（上海体育学院讲座摘要，2015.7.8）

> 节目有了热度以后，就尤其需要考虑传递价值观，而且还要润物细无声，不能引发观众反感。所谓"导向金不换"，价值观会越来越强调。
>
> ——浙江卫视制片人姚译添（访谈，2016.7.10）

为了让节目内容触及国计民生，润物细无声地传递社会主流价值观，灿星导演团队非常注重对社会热点和话题的把握。田野调研时，每每穿梭于导演团队办公室，就经常能看到白板上赫然写着"故事线""社会性"几个大字，章骊组更是将读报读新闻作为每日的必备任务。研发部也会搜索一些话题和素材提供给导演组。我们每周要完成的行业热点深度分析报告中，有两期是专门用来汇总上半年和下半年国家主要的节庆活动和重大社会事件摘要，为的就是帮助导演组在节目选题和内容设置方面能更加具有社会时效性和敏感度，引发受众高度共鸣。

浙江卫视前总监夏陈安在某主题报告中提到，内容为王的时代，只有传递价值观的作品才会有穿透力。因此，当初《中国好声音》模式手册扉页上的"本节目是传递价值观的一档节目"，坚定了他对该节目的引入（媒介融合变革时代的电视发展学术论坛内容摘要，2015）。正是这种对价值观的诉求，使得中国版《中国好声音》与其他国家版本相比，融入了许多民族特色、人物情境乃至文化理念，实现了用国际一流手段传播中国梦和中国力量，受到了主管部门和电视观众的高度认可。

通过对四季《中国好声音》的文本进行分析，笔者发现导演组在本土化重构过程中，巧妙地传播了主流意识形态，构建出了国家想象和中国的"本土现代性"。

首先，通过民族元素的成功置入，营造了中华儿女共享的时间和空间体验，唤起受众对"中华民族"这一共同体的想象和认同。其次，《中国好声音》舞台提供了极其丰富和多样化的人生，几乎每个人都能找到自己的影子；再加上官方宣传片、各类媒体报道，都一再地强调"声音是节目唯一的评判标准"，学员不论出身和样貌都可以参与到节目中，导师会竭尽所能帮助所有有梦想的音乐人。在人们获得阅读梦想空间的同时，而且学员也获得了一种暂时摆脱经济屈从地位的瞬间自由，生产了社会参与和公平公正的社会意象。

与此同时，节目组从社会阶层的丰富性出发，放大了"底层奋斗"的故事，提供了诸如成名和物质生活改变的想象。据灿星导演组工作人员 Xu×× 介绍，组内故事组同事负责和学员聊天，尽可能地挖掘人物个性，并将人物经历整理出一条故事线，放大人物特点，便于荧屏呈现和观众识别。可见，类似这种对底层群体真实处境的描绘，以及对他们追逐梦想实现逆袭的歌颂，唤起了观众对美好生活的信念，寓意在当今社会，改变命运的机会是普遍存在的，从而给予了观众在要求获得公平的社会资源分配方面的"象征性承诺"。

其次，《中国好声音》舍弃了西方个人主义的价值取向，在"再地方化"创作中高度置入了亲情、友情、爱情等真善美的传统价值观念。这些不仅是主导文化的内核所在，也是转型期的中国社会所迫切需要的。笔者在田野调研时发现，节目组在拍摄学员上场前的外景时，都基本要求学员带家属出境，在等候室中场景和投影幕采访中，也会有单独的家属采访。外场亲友的陪伴和鼓励，再加上"小二班""梦想班""阿妹's Family（阿妹的大家庭）""杨家将"等充满温情的导师战队，充分展现了中国典型的"家"文化和集体主义价值观。

最后，《中国好声音》以弘扬本土音乐和传统艺术形式为立意之本，积极鼓励学员用歌曲改编、元素混搭的方式来将中国的民族音乐以世界化的呈现手段传播出去，在国际文化竞争中走出了一条立足本土的文化之路。

这种将人文传统置入模式本土化生产的方式，营造了道格拉斯·凯尔纳（2003）所认为的"媒介景观"，即"那些能体现当代社会基本价值观、引导个人适应现代生活方式，并将当代社会中的冲突和解决方式戏剧化的媒体文化现象"，背后是商业逻辑在起作用。正如灿星前节目研发总监徐帆在访谈时多次提到，所谓好节目就是能实现"为人民服务"的节目，这是一档节目的社会价值所在；而节目的商业价值则是赚更多的钱，其实两者是可以相通的。只有节目内容真正满足民众需求，为人民服务，受到观众的喜爱，才能拥有真正的商业价值。由此可见，制造共识、建构认同、激发情感成为电视节目制作人满足受众文化需求的生产策略，形塑了和消费主义协商之后的意义体系（佘文斌，2015），通过将文化转变为收视点或者卖点，培养着一批又一批商品化的观众，实现着资本增值的商业逻辑。

第三节　模式在地"创造"中的权力互动

任何模式本土版的出炉都是一种暂时性最大动态妥协的体现，其间势必经历生产方与模式方、政策方、播出平台以及广告商不间断地同化和抵抗的共谋过程。在这场模式本土化的拔河比赛中，各方有各方的利益期待，各方也有各方的坚守底线，彼此有进有退，在协商互动中谋求共同利益的最大化。这也说明了全球本土化是全球与地方，以及地方内部相互拉扯、相互建构的互动过程，最终形成"杂合化"的文化产品。

一、生产方与模式方

Lee（1991）提出了外来文化本土化的四种隐喻：从初始阶段的鹦鹉学舌

模式，到变形模式、珊瑚模式，再到蝴蝶模式，是层层递进的过程。越到后面，改编越彻底，对模式方权力的挑战越大，对本土制作者的能力要求越高，本土化效果也越好。作为模式改编的最高级阶段，蝴蝶模式实质是种文化转移过程，一种文化与另一种文化在相遇时被转变和吸纳。陈韬文指出，文化转移是个既遵从组织常规又容许创新的演化过程，是两种文化的杂交融合状态，是两种文化化学反应的结果（陈韬文，2001）。可见，模式的在地"创造"过程不应被理解成全球化力量对本土文化独特性的吞噬，也不等同于文化多元性的主张，这是一种"在中间"（the space in between）的状态，是版权方自治权和改编方创造性文化抵抗之间的协商与平衡。

一般来说，模式方为实现模式超越国家和民族界限的全球销售，会允许引入方根据自身文化需要进行填充。正是这种对差异性的认可促成了模式的全球流通。但是，模式方允许和容忍本土制作者进行模式改编的空间是有限的，充其量是一种"架构内自动"（Tang，2010。转引自汪琪，2014），即虽然承认模式会有不同程度的国家变异，文化边界会不断受到攻击和冲突，甚至被改写，但是文化基因仍然会保持相对稳定，变异总体上不会触及根本性的模式框架。好比译著，原作者在决定文本框架构成的同时一定程度地开放了文本，便于译者适当发挥；而译者虽然拥有了诠释文本的权力，但却切实受到了原作者所给的文本的制约。由此可见，外来文化好比"套餐"，提供了标准化的内容和成分；"本土文化"好比自助餐，允许观众根据个人口味进行挑选，但仅限于套餐内部分单品的更换，而不能破坏套餐整体的框架和结构。

因此，节目模式的在地"创造"是外来文化和本土文化之间的博弈过程。既要实现模式的跨国传播，又要能够产生足够多的地方性版本，还要保持这些版本基本架构的内在一致性。为了实现三者之间的平衡状态，模式方和本土制作者总是不断地尝试重新界定文化边界，直到最后确定一个本土受众和模式方自身都可以接受的新边界。

（一）欧美模式

欧美国家的模式产业起步较早，制作工艺往往有章可循，模式输出时都伴有非常细致的制作宝典，详细地阐释着节目制作的每个细节。但是，高度程式化的宝典设计也给本土化改编出了难题。

国内最早从事模式引进的世熙传媒 CEO 刘熙晨提到，国外版权方其实并不愿意让中国同行做太多改动，主要是担心修改会影响核心（新京报，2012）。搜狐视频制作总监王一也指出，很多模式商都非常爱惜自己的羽毛，说服模式商允许对模式进行本地化改造是项非常重要的工作（娱乐资本论，2015）。《百万富翁》这个模式，模式方就要求本土版严格按照宝典执行，不放过任何一个细节，以至于 120 多个亚洲版本几乎都是一样的;《最弱一环》也一样，宝典规定得非常具体，用了两种色调进行标识，BBC 要求所有东西都必须跟英国版一致（Moran，2009）。

以上这些都属于封闭式改编，即模式方拥有极其强大的话语权和掌控权，对版权的保护优先于对本土受众的利益、兴趣和口味的考虑。然而，随着中国电视产业的快速发展，类似这种封闭式改编越来越少。全球电视工业正在成为一个巨大的文化吸尘器，源源不断地从全世界吸取创意，并将其转换为商品（Waisbord，2004）。在巨大经济利益的驱动下，越来越多进入中国市场的模式商选择权力下放，以期实现模式价值的最大化。因为他们明白本土制作人更加清楚地懂得在自己的文化情境下该怎样进行生产，资本毫无疑问是全球化最直接的驱动力（章戈浩，2004）。

实践操作中，本土版的生产会受到模式宝典以及模式方所派遣的飞行制片人的指导和控制;但是，模式方目的的达成又高度依赖于本土制作人的执行和配合。所以，在这场拉锯式的拔河中，差异、分歧、斗争等都有可能存在，最终由谁拍板，往往难以一概而论，但大体上本土生产者的能动空间大小可以从以下两方面来把握。

首先，与模式类型、模式大小，以及模式方规模、业内影响力密切有关。

> 如果引进的是唱歌跳舞类等与特定价值观无涉的节目模式，那么尊重原版是比较讨巧又高效的办法。像《中国好声音》就不太牵涉具体生活习惯、生活状态以及人的文化价值观。
>
> ——电视节目制片人王刚（访谈，2015.5.23）

模式公司也有大小。小的模式公司转手卖模式，就管得比较少;越是大型的模式公司，越是大型的模式，模式方就越有底气，对本土制作者的干预也就越多。《中国好声音》的原版 *The Voice* 出自荷兰 Talpa 公司，该公司在国际和国内均有较高的关注度，而 *The Voice* 本身又是大模式，国内引进时已在 60 多个国家播出，并相继获得成功。因此，大模式外加大公司的强强联合，在本土化生产中处处彰显着影响力和掌控力。以创意著称的荷兰电视制作业，将创意实现的所有步骤都事无巨细地记录下来形成文本资料，作为模式最核心的"宝典"形式输出。

笔者在田野调研时了解到，《中国好声音》版权就附带了一本 200 多页的"宝典"，涵盖了演播室布置，操作流程，录制时间表，每天工作计划，导师和选手遴选标准，乐队、观众位置，机位、灯位示意图，镜头剪辑等方方面面的内容，甚至连 Logo 的颜色、大小，麦克风倾斜的角度，邀请函的写法，"I Want You"和评委们的"V"形手势都有严格规定。与此同时，版权方还会将各个授权国家制作过程中遇到的问题、值得注意和借鉴的事项，都一一写进宝典，供本土制作者参考。可见，"宝典"犹如一份产品说明书，哪怕是对节目制作不了解的人，只要有足够的资金和时间，都能实现其中七八成的内容。

> 我们学习的是 *The Voice* 宝典的电子版。这个版本高度操作化和流程化，写清楚了各个阶段的操作步骤、操作方法、注意事项以及细节等。
>
> ——《中国好声音》导演组工作人员 Xu×× （访谈，2016.5.17）

> 版权方不仅提供宝典，还保证吸收。一开始，他们会带着"宝典"来给我们培训，让大家尽快熟悉节目内容。第一季的时候，他们还派了专人进行现场指导，参与到节目的制作、执行、营销等各个环节。例如，老外灯光顾问会在现场监工，指导我们如何通过控制光圈的方式让画面更有质感等。
>
> ——《中国好声音》导演组工作人员 Zhang×× （访谈，2015.8.3）

但是，即便宝典内容非常详细，对于模式所涉及的一些核心技术，模式方依旧是有所保留的，最核心的东西他们往往不会倾囊相授。

> *The Voice* 宝典有 200 多页，事无巨细地记载了节目制作的各种经验和细节，包括灯光、舞美、机位等相关的设置和操作方法；但作为一个音乐类节目，最重要的音响设备以及音频线的布控方法和秘诀，在宝典中却被有意省略了。我们只能通过反复不断地看原版节目，不停地学习，看他们怎么布置

音响，怎么走线。

——灿星前节目研发总监徐帆（访谈，2015.5.27）

不过，即便模式方有所保留，灿星对于购买模式所附带的高度程式化的规范和管理，无疑是乐享其成的。某种程度上他们并不认为这是限制或者约束，反而认为是提升本土电视生产能力的"业务学习"。的确，这种高度成熟化的生产运作模式让本土制作团队受益匪浅，不仅整体运行机制顺畅，而且还非常有利于后续再地化改造的进行。这也印证了王肯（2012）所说的，媒介全球化过程给本土制作者以压力去提升他们媒介产品的服务质量，成为全球本土化生产的内生动力。

> 一开始，我们买模式就想拿个合法的节目制作权，压根没想过和模式方一起研究节目，也没有充分利用模式资源，基本还是按照自己原来的套路制作，效果也一般。后来，从《达人秀》，再到《中国好声音》，改变了我们对于模式的看法。中国电视是后发产业，我们不应盲目强调自己的主体性，所以我们将自己定位为"中国好学生"，经常带领团队和模式方一起认真、深入地研究模式；有时还会外出考察，直接参与到原版节目的录制过程中，进行双向的学习和交流。我们相信，只有吃透模式精华，才有可能制作出优质节目。

——灿星前节目研发总监徐帆（访谈，2015.4.22）

利用外部技术和专业人力资源，学习和模仿西方先进的影视制作模式，服务于本地社会的传统价值标准和文化传承（王肯，2012），在《中国好声音》模式上得到了充分体现。《中国好声音》虽然在制作技术和传播规律上都学习西方，但在精神内涵上却强调中国文化、中国人的情感。在技术条件和外观形式上都做到了绝对的移植，但是这种移植并不局限于最初的荷兰版，而是根据宝典内容的不断扩充和完善，博采众长。

> 我们的舞美设计就综合了英美两个版本所长；舞台设计是英国版的，背景是美国版的。

——《中国好声音》导演组工作人员 Wang×× （访谈，2015.8.5）

在严格执行节目宝典的同时，内容方面也做了一些中国式的微调。比如，我们根据中国观众的收视习惯，在赛制编排方面延长盲选，缩短

Battle；叙事结构上放慢剪辑节奏，并且加大对学员故事性的挖掘等等。

——《中国好声音》导演组工作人员 Zhang×× （访谈，2015.8.3）

对于版权方来说，这种中国式的调整在他们可接受的范围内。版权方明白不同国家观众的预期和要求是不一样的，只要能保留模式最核心的东西，他们都可以接受。正如制片人 Grundy 所言，只要改编不至于影响模式的完整性，同时也不招致什么法律问题，一般都是同意改动的（Jensen，2010）。对他们而言，输出节目模式的最直接目的是拓展全球电视市场，实现资本增值。

The Voice 模式 200 多页的宝典中有十多页专门强调 "声音是节目唯一的要素"：这档节目只和声音有关，不考虑外貌；只有最优秀的佼佼者才能参加；最好的声音结合最好的想法是该档节目唯一关注的，不可能有任何让步（王寅，2012）。这是该模式的内核，也是模式方不可妥协的底线。因此，灿星在尊重模式内核的基础上做的这些微调，Talpa 公司也是愿意接受的。事实证明，在整个运作过程中，模式方对于节目内容上的干预并不多。

第一季的时候模式方给了我们许多指导和帮助，后面几季他们几乎就没有参与了，全是由灿星团队独立操刀的。

——灿星前节目研发总监徐帆（访谈，2015.5.27）

我参与了第三季、第四季《中国好声音》的制作。可能跟我参与得比较晚有关，我没有在现场看到过模式方，平时也不大听到有人提及模式方或者他们的一些要求什么的。所以我个人感觉模式方对我们没什么限制，我们本来就是按照模式操作的。再说了，模式方最主要的目的是赚钱，所以我们做节目就相对自由。只要保证一些模式的关键性要素在，就可以了。

——《中国好声音》导演组工作人员 Xu×× （访谈，2016.5.17）

其次，本土制作者话语权的大小，还与其自身的制作实力和模式方的认可度有很大关系。

模式合同不是霸王合同，是有谈判空间的。模式方对节目的介入程度或者说干预程度的大小是相对而言的，取决于你是谁，你的制作能力模式方是否能够认同。

——电视节目制片人王刚（访谈，2015.5.23）

通常情况下，模式方不同的信任度会有不同的态度，并直接折射为生产过程中权限下放的尺度。电视节目制片人王刚指出，合作过程中，模式方能够通过交流初步判断出本土制作人的专业度。如果本土制作人表现得不够专业，那么模式方会坚持自己，因为他觉得你是有问题的，放任只会损害模式的品质；如果本土制作人够专业，虽然在理念或者方法上与模式方有较大差异，但是模式方还是很有可能选择认同你，因为他知道毕竟本土制作人更加了解中国市场和中国受众。可见，这里面涉及一种专业度的比较，不一定非得是谁听谁的，没有那么简单和机械化，而是看两者之间谁更专业，还是都比较专业。

后面几季《中国好声音》模式方的放权，跟他们对我们的信任度和制作能力的认可有一定关系。中国人有非常强的学习能力，所以第一季的学习和合作，让我们积累了节目制作的经验，也取得了相当好的收视成绩，这就让模式方比较放心。

——灿星工作人员 Sun×× （访谈，2015.7.22）

最后，能动空间的大小也和本土制作人的坚持程度有一定关系。尤其是一些需要进行较大本土化改造的模式，本土制作人是否坚持中国式的改造理念，坚持到何种程度，不仅直接影响到改编的最终成效，而且也直接体现为合作过程中话语权的分配。

有些国外模式，你会发现他们一共才做了几集，这时你如果想要引进，必须进行改造。我就遇到过，当时模式方不同意改造，我就明确当告诉他们，国内综艺都是季播，你这几集让我们怎么做，明显不现实。所以如果要合作，我们就完全有权进行改造，这个我们在谈判和签合同的时候就明确提出来了，后来他们也认可了。

——电视节目制片人王刚（访谈，2015.5.23）

可见，如果本土制作人很专业，整体制作水平能得到模式方的认可，那么模式方是愿意将权力进行部分让渡的，这时本土制作者就成为生产过程中的主导方；反之，如果本土制作人自己都没有信心，不够坚定，那么话语权自然就交还给了模式方。

综上，欧美模式方在模式本土化生产的技术层面和专业水准方面是高度霸权的。他们通过输出详尽的制作宝典，派遣飞行制片人进行现场咨询和指导，或者对本土制作者的生产能力进行综合考察和评判等方式，对节目生产进行监控，目的是让节目在专业性和视觉呈现上尽可能地接近原版，以诸地方版之间外观形式上的稳定性来实现全球模式版图的拓展。但是，在具体内容层面，欧美模式方则是相对放权的，只要模式基本架构不变，一般都允许本土制作者进行再地方化改造，毕竟吸纳文化特殊性的本土版才是实现财富积累和资本增值的战略取向。可见，无论是技术层面的绝对控制还是内容层面的相对自由，资本逻辑成为欧美模式方采取和本土制作者不同互动策略的原因所在。

（二）韩国模式

与欧美模式不同，韩国节目模式感比较弱，没有内含节目创意和生产准则的制作宝典可供遵循，但这并不意味着本土制作人可供发挥的能动空间就一定大于欧美模式。有时候中韩合作生产的运行机制会严重挤压本土制作人的运作空间。

> 韩方和中方各有各的优势；韩方优势在于经验丰富，中方优势在于熟悉中国受众这一收视群体，所以不存在一定由谁说了算。不管由谁主导，所有的话语权都是为了让节目更好。
>
> ——《奔跑吧，兄弟》韩方导演金炷亨（访谈，2015.12.16）

《了不起的挑战》中韩合作分为两大阶段：第一阶段是前期的沟通策划环节，中韩双方以协商互动为主；第二阶段是具体的拍摄、剪辑等实操阶段，以韩方主导，中方配合为主。不同阶段话语权分配差异性明显。

1. 选题方案研讨阶段

在选题策划会上，中韩间的互动协商给笔者留下了深刻印象。韩方深知自身对中国市场和受众并不十分了解，因此如何将韩国节目更好地进行中国式改造一直是韩方长期思考的问题。互动中，笔者发现韩方对于中国版，只要保留节目的基本性格不变，其他不是很重要的元素，他们会尊重中方意愿进行改造。合宝娱乐传媒有限公司总经理马雪指出："跟韩方合作，中方必须要有非常清晰的概念和理念，不断说服韩方：我们需要什么，市场需要什么，观众想看什么。给他们提出要求，让他们在具体的环节中去完成每个分支的工作，我们

来审核推翻，他们的方案 50% 以上我们都要去推翻，韩方进行进一步的修改，改到中方满意为止。"（刘秋娜，2015）

当然，韩方对于中方的改编权也是有所控制的。基于对原版品质的把关，韩方对有可能触及原版理念或者精神的事项，往往会严格管控。笔者在田野观察到，韩方认为《无限挑战》的成功源于 MC（主持人）刘在石很有领导力，能充分调动其他 MC 的状态。所以对于中国版 MC，韩方非常重视，多次开会强调，希望中方提供类似于刘在石那样的人选。中方最早根据原版模式理念，提供了周立波和撒贝宁这两个主 MC 人选，为的是既忠于原版，又能和起用大咖明星的其他山寨节目进行错位竞争。韩方因为不了解中国艺人市场，要求中方详述人选理由，并提供两人详细的情况介绍。为了确保万无一失，韩方还在上海外滩进行了随机采访，询问市民对周立波的看法和评价，结果让韩方大失所望，大多数市民表示不太喜欢。韩方将结果反馈给了中方，坚持要求更换。韩方对人选问题的高度重视透射出模式方对模式关键要素的坚持。他们认为主持人是模式成功的必备要素，直接影响着节目的品质，因此才再三向中方确认是否有更好人选，并恳请中方竭尽所能地寻找。

再如，中方建议在中国版中加入类似"撕名牌"这样的固定环节，作为一个标志性的记忆点存在，但这一开始就遭到了韩方的反对。韩方表示《无限挑战》已经做了十年，节目中所有环节都没有重复过。如果每期节目都设置一个固定环节的话，则和原版差太多，会影响模式声誉。中方阐释原因，指出韩版是周播节目，中国是季播节目。季播的期数没有周播多，所以目前国内季播节目都会设置明显标签作为观众记忆点，这样好引发线上线下的集体效应。与此同时，中国目前收视环境极端恶劣，迄今已经有 5 档山寨节目存在，所以中方认为这个记忆标签不仅仅是个游戏，更多时候是作为一种正版节目模式的标识，好让观众有所区分。经过多次谈判协商后，韩方同意按照中国娱乐节目的行业惯习来操作，但也表示不希望原版模式被改变太多。

由此可见，即便是模式方非常在意的模式设计或者安排，受限于客观条件以及国情的不同，他们也愿意做出让步或者调整，在整体掌控节目品质的情况下允许有一些弹性变化。

2. 节目制作和执行阶段

经过前期策划方案的沟通协调，项目进入拍摄、后期等实际操作阶段。这一过程涉及专业技术和操作经验问题，韩方就非常强势，凭借自己模式方的地位，高度操控着整个进程的开展。

韩方一方面对自己非常有信心，认为自己研发了这个模式，有经验有优势有发言权；另一方面对灿星没信心，觉得他们第一次操刀户外真人秀，没有任何经验，就应该全部听韩方的。所以节目台本由韩方出；现场拍摄由韩方完成，所有摄像都由韩方提供，有一二十人。现场总导演是韩方金PD（制作人），由他控场，中方主要做些辅助性的协调工作。由于韩方的强势，双方经常有摩擦。但总体上看，中方对韩方非常尊敬，几乎是绝对服从。韩方提的要求中方99%都尽力去满足，没满足的那是真的满足不了。

——《了不起的挑战》导演组工作人员 Chen×× （访谈，2016.5.19）

我们一直以来都做棚内节目，韩方骨子里就觉得我们做不了户外真人秀。举个例子，原版有期环保主题，中方也想做。但韩方PD说当时韩方团队光搭景就搭了一个月，时间上来不及，不相信中方几天内能搭好。结果中方只用了三天时间就完成了……还有，在资源占用方面，韩方也非常强势。他们要求中方提供许多设备供他们粗剪片子，即便中方机子资源非常紧张，也不能占用。

——灿星后期组工作人员 Hua×× （访谈，2016.5.24）

拍摄完成后，所有拍摄过程中涉及的台词都会翻译成韩语，交由韩方团队进行粗剪。一般来说，30几个小时的素材，韩方会剪辑到3个小时左右，交由中方剪辑师进行精剪。中韩双方审片过关以后，交给后期组配花字、做特效。

粗剪全部由韩方完成；但因为不太了解中国观众思路，精剪交由中方负责，韩方完全不参与。中方会把有意思的点放大，把没意思的点去掉，保证画面的连贯性和笑点。

——《了不起的挑战》导演组工作人员 Chen×× （访谈，2016.5.19）

花字和特效都是韩方直接甩给中方弄的，他们完全不参与，可能是觉得不太懂中国观众的点吧。一般来说，导演组负责想方案，写成文本，告诉后期人员在什么时候要加什么花字，做什么效果，等等。导演组工作人员会在旁边一起把关。

——灿星后期组工作人员 Hua×× （访谈，2016.5.24）

可见，韩方参与了从前期策划到后期剪辑的整个过程。在前期沟通阶段，韩方出于不了解中国文化、政策和受众市场，愿意和中方保持较为良性的协商互动。只要保持模式的基本性格不变，不触及原版理念或者精神，韩方愿意根据实际条件和本土国情做出一些调整或者让步。但是到了具体执行阶段，韩方基于自身专业主义的优越感以及对中方的不信任感，高度操控着整个制作进度。并且，韩方要求由自己完成节目粗剪，整体基调已经定型，中方只能在此基础上进行精剪，所以能动性比较小，倒是保证了模式结构的稳定性和一致性。到了配花字和做特效阶段，同样又是出于文化折扣的考虑，韩方便将这部分内容全权交由中方处理。实践中，由于韩方对中国受众的情感、笑点以及收视习惯把握不够而影响花字效果的情况并不少见。

第一季跑男前五期由韩方总控制，卫视主要学习怎么制作。韩方曹PD（曹孝镇）比较强势，对节目介入和干预非常多。但他们不够了解中国国情和中国民众的收视习惯和嗨点，刻意制造的一些笑点和感动点，中国观众并不买账。五期以后，韩方全部撤出，由我们来制作，评价和口碑就越来越好。

——浙江卫视制片人姚译添（访谈，2015.12.16）

综上，韩国综艺的"弱模式性"，使得模式一旦被引进，韩方便会派原班人马参与到本土版的制作中来。出于对中国市场的特殊性以及文化接近性的考虑，韩方在具体操作阶段会采取不同的合作策略。对于可能引发文化折扣问题的环节，韩方愿意与中方保持良好的沟通协商，在不触及模式底线和模式理念的前提下，中方往往能发挥较大的能动性，使本土版更加贴合政策、国情、文化以及受众需要。而到了专业性的实操阶段，出于对本土制作能力的不信任，韩方作为模式方的主导性优势就非常凸显，他们高度操控节目生产过程来确保节目品质。而中方出于对自身制作能力的不自信，主动退到服从、配合的边缘地位，能动空间极度收缩。这种看似基于节目专业主义的退让，实质还是资本利益的驱动，是技术动力向经济动力的妥协。

二、生产方与主管部门

节目模式本土化不可避免地会受到政策性规定的调控。既有对宏观电视产业结构的调整，也有对微观传播内容的干预，可谓是涉及了广电行业的方方面面，保护对象几乎覆盖了全人群。周亭（2014）将娱乐节目生产过程中的政策性规定区分为规范性规则和解释性规则两种：规范性规则比较清晰，包含一套明确的权利和义务的规定，具有强制性；而解释性规则常常比较含混，不能轻易表达。无论哪一种规定，实际运作中都会存在两难问题：一方面，政治合法性和意识形态要求使得政府不可能完全沦为国际资本的附庸，会从政策上对节目模式的引进种类、数量、内容以及播放时段等做出限制；另一方面，政府也着实将外来文化的进入作为培育本土电视市场现代化发展的工具（Zhang，2011）。正是这双重目的的存在，让许多政策性规定有了弹性，也让身处政治和市场双重逻辑的节目生产单位有了回旋的余地。

总体而言，节目生产单位在与政策互动中，普遍存在三种应对策略，即红线政策法规回避、弹性空间拓展、与广电总局的积极互动和主动响应，彰显了控制与能动之间复杂的混沌关系。

（一）红线政策法规回避

娱乐节目生产中的规范性规则主要涉及生产资源、规章制度、节目形式和节目内容四大块。

1. 生产资源

国家广电总局作为广电行业的主要监管部门，控制和调配着广播电视节目制作所需要的资源。例如，2013 年总局出台的"限歌令"，对歌唱选拔类真人秀进行牌照限制。自 2014 年起，卫视黄金档歌唱类节目以 4 档为限，一时间音乐选秀"牌照"千金难求，大量节目响应新政被迫搁置或者推迟播出。再如，为鼓励原创电视节目的自主创新，总局又出台了节目模式引进的"独生子女"政策，规定各电视上星综合频道每年播出的新引进境外版权节目模式不得超过 1 个，且当年不得安排在 19：30—22：00 时间段播出。可见，总局通过资源配额的方式控制着节目生产制作所需要的资源；对于制作单位而言，拥有资源就好比拥有了进入节目制作领域的通行证，否则即便有宏图大志，也无能为力。

2.规章制度

电视节目制作必须遵守我国一系列法律规章制度的规定。在田野观察到，《了不起的挑战》策划会上，韩方曾提议游戏创意某个环节沿用原版中嘉宾开着前面没有挡风玻璃的敞篷车在高速上奔驰，认为这一情节比较有笑点。但该提议因为严重违反我国《道路交通安全法》遭到了中方的强烈反对。韩方试图跟中方沟通，表示这种操作原本在韩国也不行，是跟警方再三协商后才拍摄的。对此中方总导演认为还是不该冒这个险，即便警方通融完成了拍摄，节目播出后还是会被质疑导向性问题。

还有，节目拍摄必须事先进行场地的审批，地域方面也会有限制。策划会上，韩方想在天安门、人民大会堂、天坛等标志性景点拍摄开场 VCR，被中方告知北京五环以内禁止航拍。除此之外，广电总局出台的各种行政性法规、部门规章条例都是制作单位进行节目生产时相当重要的参考依据。

3.节目形式

节目形式方面，总局规定选秀类节目不得采用手机投票、电话投票、网络投票等任何场外投票方式；跨省赛事参赛选手年龄必须年满 18 岁；播出时间不超过 2 个月，场次不超过 10 场，每场不超过 90 分钟，并且总决赛采用现场直播方式的至少延时 1 分钟。因此，当初灿星在考虑引进 The Voice 模式时，只引进了它的成人版，放弃了效仿其他国家成人版和少儿版同步引进的做法，就是考虑到了少儿选秀这一政策性的限制。

4.节目内容

总局在节目内容方面的管理，可以细分为对意识形态、公序良俗、历史文化传统、敏感信息、节目方案审批五大块内容的把关。

意识形态正确是电视节目内容生产的前提，这对于节目模式本土化而言格外重要。尽管模式公司为了实现跨国运作，会有意识地去除涉及国家和民族的显性文化部分，将跨国界的经济利益与本土的文化认同和情感归属相结合；但也不可避免地会带有一些原版国的地域和文化烙印，可能会对输入国进行潜移默化的文化渗透和观念重塑。因此，节目模式引入方必须消解原版蕴含的与本国不相符的文化和意识形态。

模式本土化的立足点是本土，实质是本土意识形态的重构过程，这是任何操作节目模式的本土制作人都必须警醒的根本前提。

在公序良俗方面，总局倾向于将自己设定为公共道德的监护人，会对有伤风化的内容进行监管。笔者在田野观察到，《了不起的挑战》筹备会上，韩方曾想借机炒作撒贝宁的情感经历以博取话题和关注度，遭到了中方的拒绝。中方表示总局规定综艺节目不能媚俗，不能渲染明星隐私；况且这个还是央视平台，更加不允许。

《中国好声音》导演组工作人员 Huang×× 也提到，节目录制过程中偶尔也会出现较低俗的段子或者话语，出于导向性考虑，节目组都会进行后期处理，避免低俗化。

最后，广电总局还会采用审批核准等方式，直接介入节目生产。2007 年规定但凡选秀类活动必须经省级广播影视行政部门审核后，提前 3 个月报国家广电总局批准；"限真令"之后，总局更是加大了对节目制作的干预力度，新节目的第一期节目方案都要报总局审查，并且正式播出前的成片还要给总局审查，控制非常严格。

> 新节目的第一期方案必须先报总局审批，通过后才可以开始录制，这在以前是没有的。
>
> ——浙江卫视制片人姚译添（访谈，2015.12.16）

> 现在很多新节目都要报总局批准，如果你上报的内容和你最终播出的内容不相符的话，总局还会要求你整改。
>
> ——浙江卫视广告部前业务经理李太乐（访谈，2015.12.19）

除此之外，遇到重大节庆活动，以及重要时事活动时，总局还会对娱乐节目的播出作出换档、延播甚至停播等指示，各卫视频道都必须遵守。

综上，政策红线，碰不得，遵守就好，已经成为国内电视人的共识。总局有一套体系和一套规则，你不能另立一套体系和规则直接进行对抗，那是伪对抗，是没有任何意义和效果的。并且，冯应谦和张潇潇调研后发现，大多数的中国民众依旧是偏保守的，总局的很多限制性规定，较易和民众形成合意（Fung，Zhang，2011）。

《了不起的挑战》有期消防特辑，嘉宾王喜因曾在社交网站上发表大量辱华言论，被网友举报。节目组和央视马上对王喜部分进行了马赛克处理，几乎看不到王喜的身影，这一举动收获了不少网友的点赞。

由此可见，平台、制作方以及受众的立场和政策导向是一致的，并不矛盾。某种程度上政策不允许出现的，受众也不赞同，制作方出于意识形态管控需要以及迎合受众的收视和口味需要，也愿意达成一致。

> 官方政策代表的是主流意识形态，电视人要做的节目也应当是主流的东西，剑走偏锋的极端节目是不可能有受众的。
>
> ——电视节目制片人王刚（访谈，2015.5.23）

所以，任何作品都离不开政策支持。为了确保作品不在政策上触礁，国内电视人的自我审查意识无处不在，还蔓延到了模式方。笔者访谈第三季《奔跑吧，兄弟》韩方编剧 Li×× 时，问及构思节目创意时需要考虑哪些因素时，她最先提到的就是总局的政策和要求。每次构思剧本前，他们都会和中方不断沟通，为的就是确保不含有负面的东西。

可见，安全意识成为悬在每位电视人头顶的一把利剑。而且与体制内单位相比，体制外公司的这种意识更加强烈。体制外作品一旦无法播出就是真金白银的亏损，会直接体现在财务报表上。已经上市的会引发股价波动，还未上市的则上市之路堪忧，因此体制外公司做节目会更加慎重。之前提到的总局要求选秀类节目采用直播形式进行总决赛，必须延时 1 分钟以上。第四季《中国好声音》总决赛的电视直播足足延时了 1 小时，这足以看出灿星的这种安全意识。

（二）弹性空间拓展

转型期的中国电视市场，政策与业界的摇摆几乎成为常态。除了政策红线不能硬碰之外，电视人也在以暧昧而隐性的方式见招拆招，寻求边缘性突破，不断拓展着政策的空间地带。

1. 冒险性解读和试探

一般说来，广电总局的规范性规则大多以"不准""不许""不得""一律""必须"开头，意义明确，指示清楚，制作人只需遵守即可。但是即便是规范性的规则，有时也会存在一些模棱两可的地方。通常来说，电视人对生产内容有把关意识，对于什么能说、什么是禁忌有个大体的把握，会主动回避某些内容以规避审查风险。但是，与此同时，他们也认为节目内容的开放尺度比较重要，很多时候都要往前冲，有了问题再往回收（周亭，2014）。因此，出于商业利益的考虑，一些电视人往往会选择在基本不触碰底线的情况下，尝试做一些冒险性解读或者试探，在大前提允许的范围内为自己争取更多的发展空间。

第四季《中国好声音》现场录制时，导师周杰伦语出惊人，一句"我觉得中文歌才是最屌的"迅速爆红。但节目组考虑到个别字词过于粗俗，在后期处理字幕时就用"最酷"来代替"最屌"，显然是在保留节目话题和看点的同时，有意回避政策红线的博弈之举，带有一定的风险系数和试探成分。

2. 另辟蹊径的替代性选择与突破

为寻求与既定主导意识形态之间的共容，威廉斯提出了"另类"策略（徐帆，2013）。这一策略在电视生产领域表现为面对政策调控时，电视人会退而求其次，选择一些既有所突破，但又不越界的变通策略，来开辟政治权力尚未到达的"处女地"，在市场与政策的夹缝中不断寻求突破空间。

浙江卫视副总监麻宝洲提到，第一季《中国好声音》在筹备期恰逢总局下发"限娱令"。为避免因"选秀"形式遭遇总局管控，灿星和浙江卫视在报节目审批时，小心翼翼地将节目定位为"大型励志专业音乐评论节目"，调整了原版节目所侧重的"秀"和"娱乐"，主打"励志"和"专业"两张王牌，并且一再和总局保证，该节目不是严格意义上的选秀节目，主要目的不是选出偶像，而是寻找心怀梦想的"中国好声音"，传递正能量，树立中国电视音乐节目的新标杆。最终，差异化的节目定位避开了总局的管控重点，也为节目赢得了有利的竞争局面，成为"限娱令"后首个在 21 点黄金时段开禁的节目。

由此可见，熟读政策、研究政策，成为电视人的必修课。中国广电层面的政策，很多都是空降的，猝不及防。因此，灿星研发部很重要的一项工作就是时刻关注政策变化，认真研读总局官网上的原文，一个一个字地看，咬文嚼字地看，仔细寻找规定中仍存的空白地带和可拓展空间。这种随机应变、见招拆招的应对方式成为电视人最擅长的机动反应。

第一季《中国好歌曲》原本打算接档《中国好声音》，继续在浙江卫视播出，借《中国好声音》的影响力来托举《好歌曲》。但总局那时正好出台了"限歌令"，全国一年只能上四档音乐选秀节目，浙江卫视有了《中国好声音》

就没法再播《好歌曲》，《好歌曲》必须延播或者换平台。后来我们仔细研读政策，发现总局的"限歌令"只针对上星综合频道，便将《好歌曲》投放到央视三套这一音乐类专业频道播出，成为全国首档在每周五晚 19:30 这一黄金时段开播的音乐节目。

——灿星前节目研发总监徐帆

在《了不起的挑战》主题策划会上，笔者也感受到了中方对于政策的灵动把握。当时韩方提出原版有期主题叫作"金钱战争"，就是以金钱为主题来进行创业。中方表示这个主题如果要做，得进行修改，不能用实际的钱，也不能在节目中出现或者强调人民币这一实物。如果仅仅是镜头带到的话，问题倒不大。看到韩方有所疑虑的样子，中方表示韩方可以按照原来的思路进行操作，中方会在后期处理上避开或者采用公益基金等替代性方案。

3. 经验性应对与调整

除了规范性规则之外，政策中还包含了大量措辞比较模糊、清晰度较低的解释性规则，会令规制对象无所适从。

你看 2015 年"限真令"对真人秀节目制作提出了很多政策性要求，但都比较虚。什么叫"有意思且有意义"，没有明确的操作指导意见。我们只能各凭本事，尽可能往总局要的那个方向靠。

——灿星研发部工作人员 Ye××（访谈，2015.6.5）

因此，面对这些指向性政策，国内电视人只能依靠以往的知识储备和行业经验来摸索应对之策；在节目的策划和实施阶段，想法设法地通过环节规则、情境故事、人物言行等方式嫁接历史记忆、文化传统以及人性关怀，让政策理念在节目中鲜活起来。在国内，但凡成为现象级综艺的，都搭准了政策的脉搏，在落细、落小、落实上下足了功夫。

现在越来越多的节目会做线上内容和线下公益元素的联动，这就是他们处理有意思和有意义的一种结合。

——灿星研发部工作人员 Cai××（访谈，2015.6.4）

与此同时，廖媖婧（2015）指出，要想在电视市场竞争中不犯错误，并保持有利竞争局面，制作和播出机构必须深入理解主管部门的政策性规定和文件指导精神。因此，除了电视人的自我摸索以外，广电总局下发的《节目监听监看日报》、《节目阅评意见》，以及《人民日报》等国家级媒体对节目的评论，都成为电视人重视和认真学习的解释性规则。这类报告或者文章大都通过表扬、批评、建议等方式对电视节目内容做出评价与要求，成为主管部门对节目整体进行把控的风向标。与广电总局下发的其他文件相比，这些内容往往比较含混，只强调哪档节目被表扬，哪档节目被批评，哪档节目被撤，等等，一般不会就该如何做给出具体指导意见。但是，研发部认为，通过观看点名的这些节目，仔细研读相关的正负面评价，可以大致摸清领导层对节目的倾向和偏好。一来可以避免再犯同类错误，二来也可以效仿同行结合政策的成功经验以及切入视角，为节目研发多提供灵感和创意，少走弯路。

　　《人民日报》对一些综艺节目的评论我们都会关注，尤其是上了它黑名单的那些节目，我们更要关注，看看被批评的原因在哪里，这些都可以成为我们做综艺节目的警示。

——灿星研发部工作人员 Cai×× （访谈，2015.7）

　　《人民日报》表扬过《极限挑战》，表扬它不是明星秀，而是秀城市，秀文明百态。这种扎根生活和人民的思维，给我们制作《了不起的挑战》提供很大启示。

——灿星前节目研发总监徐帆（访谈，2015.7）

于是，《了不起的挑战》超越了单纯的剧情综艺与游戏综艺的维度，在功能性上进行了引领式的拓展，丰富了原版的教育意义，凸显了节目的社会价值和公益性，致力于传播社会正能量，传递国家意识和中华文化，挖掘中国情境、中国情感和中国情绪，可谓是费尽心思。

（三）互动响应，共赢的"并置策略"

总局有些规定比较模糊，存在一定的回旋余地，"既可以通过严控传播管制来减少电视生产者的制度化文化资本，同样也可以用放宽的方式赋予其文化资本"（廖媌婧，2015）。业者对此比较苦恼，只有通过积极互动去为自己争取有力局面。一般来说，无论是社会制作公司还是电视台，都有专人和总局保持积极互动，及时跟进总局的政策变化，认真学习、解读文件，分析动态，多请示多汇报，努力做好政策指示的上传下达。

只有通过合作和沟通，才能相互影响。总局并不是铁板一块，不能说服的。我们可以通过一个个作品、一个个事件、一点点沟通，让总局更加了解这个行业的发展变化，以及比较合理的修改可能性；用总局相对能接受的方法，去一点点影响它；通过制造一些新的格局，慢慢推动总局做出改变，最终发现这些改变成就的还是自己。

——灿星前节目研发总监徐帆（访谈，2015.5.27）

第一季《中国好声音》为了避免被"限娱令"调控，浙江卫视和灿星没少跑总局汇报，还向总局做出了节目正能量的保证承诺，在给总局打的书面报告中也一再表明会将《中国好声音》打造成一个振聋发聩的宣言书，一次价值观方面正本清源的大行动（梁君艳，2015）。事实证明，积极的沟通交流不仅让《中国好声音》成为"限娱令"后首个在21点黄金时间段开禁的节目，而且第一期节目播出后，广电总局还在《监听监看日报》上专门发文表扬了该节目，认为其"温情而不滥情，真挚而不造作"，有力地回应了多家电视台质疑其在黄金时间段播出的联名告状。此外，总局在文中还毫不避讳地称其为"音乐真人秀节目"，让节目组十分意外（刘彦昆，2012）。可见这种互动是成功的。先基于总局的政策体系得到生存和发展，再通过对话和沟通，逐渐影响和改良总局的看法，

除了日常的沟通汇报外，灿星前节目研发总监徐帆还提到，平时多多支持总局决策，积极配合总局做些体制内的调研、访谈或者课题研究，都是和总局互动的方式。此外，还要多多关注国家领导层关于文化建设、艺术作品创作的一些讲话和指示，尽可能地做好贴近性和主动迎合策略。灿星团队新闻人居多，行业特有的社会性以及对国情和文化的敏锐判断力，让他们非常重视对官方话语的解读，并能灵活巧妙地将其置入各类节目。

笔者在《中国好声音》总决赛现场调研时，亲历了灿星对"二老"政策的重视。在保证普通观众观看的同时，公司CEO田明要求鸟巢现场两个大屏幕删减节目画面，加入字幕，就是考虑到有些人可能听力不大好，通过提供全场字幕来照顾他们的观感体验。

可见，上下满意、两边"讨好"，已经成为国内电视人潜移默化的自觉意识。不过，徐帆坦言，这是种共赢策略，在不降低节目内容和质量的同时，收

获了总局的认可；而这种认可又反过来给节目带来了更多的资源和便利，呈现出正循环的良好态势。

这种将主旋律和商业模式表现手法精髓相联结的"并置策略"，成为国内节目制作人满足政策要求的同时实现经济效益的一种有效方式（徐明华，2014）。而并置策略的广泛采纳，则跟中国电视产业的发展环境息息相关。李金铨指出，国家意识形态影响自20世纪90年代以来呈现弱化趋势：一方面，绝对的意识形态宣传内容在减少，其他类型的文化节目变得更加丰富；另一方面，电视推动经济现代化建设的意识在加强（徐明华，2014）。不过，尽管全球化浪潮以及市场化的改革促使国家的媒介管理体制在政策目标、管理机构和管理手段上不断变化，但电视政策的终极目标始终是在做好意识形态宣传和引领工作的同时，促进中国电视产业的发展。

以模式产业在中国的发展为例，中国政府一方面希望通过模式本土化进程来扶持和发展本土电视产业；另一方面也时刻警惕节目模式中所夹带的西方意识形态渗透问题，通过更加迂回的监管与行政手段来强化对节目模式的管理，并将本土改编作为维护意识形态的重要手段。传统意义上媒介的宣传使命并没有从商业化表达的电视节目消失，政治自觉性促使电视制作者运用"并置策略"，将特殊的叙事策略巧妙地镶嵌到商业化内容中去，实现节目高收视率的同时保持政治导向的正确性。

《中国好声音》就是成功运作"并置策略"的典范。通过置入大量具有冲击力的民族文化符号，勾勒出一幅"民族大家庭"齐聚一堂的欢乐景象。

此外，2015年《中国好声音》还组织人气学员到台湾辅仁大学等十所高校做巡演，如此大规模尚属首次；不仅台湾高校学生反应非常热烈，而且还得到了主管部门的高度认可。

综上，《中国好声音》依赖灵活、多样的叙事手法和置入策略，在传播流行文化的同时，主动响应国家政策，实现了社会效益和经济效益的"双赢"。

三、生产方与播出平台

播出平台和制作公司之间的关系，是电视节目市场化过程中绕不开的一个维度。对于大型季播节目来讲，一线平台的黄金时段成为首要选择，优质的平台资源和时段越来越成为稀缺资源。2014 年最火的 50 个综艺节目中，来自一线卫视的 34 个，占 68%；到 2015 年，该数字已升至 42，占比扩大到 84%（"银江传媒"微信公众号，2016）。可见，平台之间的马太效应越拉越大，资源向优质平台的优质内容靠拢成为一种必然。

灿星前节目研发总监徐帆提到，选择平台投放时，要注意考虑平台特性以及和节目的匹配程度。他指出，一线卫视中，湖南卫视是最富有开拓精神的平台；湖南人骨子里天生的"霸蛮"精神，使其在娱乐节目形态和内容上都敢于突破。但要是谈合作，概率很小，因为他们自身团队就非常多。浙江卫视比较开放，包容，是一线卫视中较早与社会制作公司进行合作的电视台。北京卫视比较保守，也是最根红苗正的频道，在总局和宣传部的眼皮底下生存，综艺节目尺度非常有限。但凡事有利有弊，利好就是有些资源便利，如在拿音乐类节目牌照时优势就很明显。

可见，不同平台有不同的属性和特质，社会制作公司往往根据节目性质寻找最佳合作平台；但一线平台的节目时段毕竟有限，再加上平台有防止"空心化"的考量，因此即便制作公司有倾向性，合作平台也越来越多元化。电视市场犹如江湖，没有永远的敌人，也没有永远的朋友；在暗潮涌动的电视浪潮中，不同市场主体谋求着各自利益的最大化。

就灿星而言，它脱胎于星空卫视，隶属于星空华文传媒，既有国资背景，又有民营资本。多重身份使它得以在多个平台之间游刃有余，从东方卫视、浙江卫视、江苏卫视再到央视，灿星的合作伙伴越来越多。

《中国好声音》是一个分水岭，不仅将"制播分离"概念成功打入国内电视市场，而且还开启了和播出平台对赌分成的新模式，提升了社会化制作机构与播出平台的平等话语权。但是，即便是灿星这种行业内最优秀的制作公司，同样深受缺乏播出平台之苦。受政策管制，灿星的星空卫视只能在广东和三级以上宾馆落地。为此灿星危机感十足，在与其他平台合作时也倍感压力。

下面以笔者参与调研的《中国好声音》和《了不起的挑战》为例，就不同播出平台对同一制作公司制约性的差异进行分析。

《中国好声音》由灿星和浙江卫视共同操盘和运作，共享利益，共担风险；灿星负责投资运作，浙江卫视负责招商运营，两家对赌收视率，决定广告分成。这一模式让灿星在内容生产上有较大话语权，而浙江卫视则更多地侧重于技术和平台支持。虽然卫视对节目内容参与较少，但是平台作为内容的最终把关方，依旧通过多种调控方式，确保节目样态"合己所需，为我所用"。

首先，节目的导向问题是卫视重点把关的内容。对卫视中心分管领导而言，意识形态把控和经济收益考量是两个并重的指标，节目终审环节更是把内容安全的把控提到首要位置。因此，他们非常强调选题和内容的政治敏感性，着眼从意识形态和道德规范等角度对选题、文字、语言和镜头等节目内容进行过滤和甄别，以确保节目在政治上不犯错误（廖媌婧，2015）。据了解，浙江卫视会提前审核灿星的录制台本，通过后才能进行录制；与此同时，在节目内容和形式方面，要求严格遵守中宣部、国家广电总局等相关部门的规定，严格把控节目的政治舆论和价值观导向。无论是邀请嘉宾、选择比赛歌曲，还是嘉宾评语，都要符合卫视的管理规定，确保不触及政治红线，导向正确。为了贯彻执行，卫视还实行"三堂会审"，加大灿星的违约成本。对于因政治导向问题被总局或者中宣部批评的，视批评方的不同行政等级，扣罚灿星相应的制作经费。

> 每周四晚上10点半要进行审片。所有的总监、副总监都会在，大概有10人。大家都会提出一些意见和看法，审完以后还要讨论，经常要持续很久，审到凌晨，为的就是及早发现问题，赶在周五播出前改掉。
>
> ——第四季《中国好声音》浙江卫视总统筹吴彤（访谈，2015.7.19）

其次，卫视对于《中国好声音》品牌的延续性有约定，确保品牌的保值升值。卫视要求灿星尽力以最优条件和 Talpa 公司达成合作，促使 The Voice 模式持续落户浙江卫视，并以第一季《中国好声音》的核心制作团队投入后续几季的制作当中。同时约定若模式续约失败，灿星有提前告知义务，并且不得以任何形式促进国内其他媒体获得该模式版权，更不能与该媒体开展实质性合作，否则视为灿星违约，须赔偿一定数额的广告收入。

最后，卫视基于防止平台"空心化"的考虑，也希望在与灿星的合作中学到节目制作技巧，故约定灿星须同意卫视派驻总统筹、统筹导演、制片主任、艺人统筹、宣传统筹、营销统筹等相关人员参与节目制作、飞行制片人的授课培训、与版权方的一系列策划协调会、节目制作各阶段策划执行会以及推广策划执行会等相关会议，并要求节目制作及宣传文稿都须经过卫视审核。这样一来可对节目质量进行把关，二来也能获取制作宝典、每期节目策划制作流程、宣传推广文稿等一系列节目制作的核心内容。

面对卫视的上述制约，灿星通常以心照不宣的方式进行妥协；尤其对于节目导向问题的把控，除了严格自审外，高度服从卫视层面的管控。与此同时，对于节目内容的核心利益，灿星又不时以挑战底线的方式进行抗争。虽然合同约定卫视有权参与到内容制作中，但《中国好声音》作为灿星最赚钱的项目，对于内容制作这块，对卫视还是有着极强的防备之心。

> 根据合同约定，我们派了4名编导加入他们导演组，希望借此学习《中国好声音》的制作手法和技巧，但没想到这几名编导被高度边缘化，灿星导演组的任何会议都对他们大门紧闭，为此我们总监多次和金总（总导演金磊）沟通，但没什么用。
>
> ——第四季《中国好声音》浙江卫视总统筹吴彤（访谈，2015.7.19）

> 浙江卫视一直想来学习，想着以后可以购买版权自己做。他们有安排实习生到我们组里，实习生也会旁听部分会议，但是对于一些关键性的信息或者比较敏感的信息，开会的时候会回避。比如，像拍摄手法这些，一般都很少讲，因为这个比较直接，一讲就能学到；再比如，聊选手的一些方法和技巧，我们也会刻意回避。如何了解选手，挖掘故事，展现人物性格，是真人秀最重要的东西。
>
> ——《中国好声音》导演组工作人员Wang××（访谈，2015.8.5）

多日的调研，同样印证了这一点。灿星人对于《中国好声音》有高度危机感，这使得与浙江卫视的合作，彼此之间交集并不是很多。卫视更多通过录制现场，或者通过在现场临时搭建的办公房间，收录、记载节目制作流程和细节，制作编导手记等方式，自学节目制作知识，积累经验。

笔者发现，关于合作中到底谁占主导的话语权问题，灿星与卫视各执一词，非常微妙。

> 《中国好声音》让浙江卫视收益太多了。2011年才排第五，2015年就第二了，广告商和观众对浙江台的认知度都有了很大提升；而且，《中国好声音》这么成功，跟灿星长期以来操作欧美模式有很大关系。同样的模式要是

换家公司来做，未必能取得现在的成功。我觉得我们是有底气也有实力在合作中把握较大话语权的。

——灿星前节目研发总监徐帆（访谈，2015.5.27）

《中国好声音》导演组工作人员 Zhang×× 根据切身体会，同样认为浙江卫视在合作中非常边缘。他提到，本来制播分离就是卫视提供播出平台，灿星负责制作。虽然卫视也想介入节目制作，但《中国好声音》是灿星的金饭碗，灿星是肯定不答应的。因此，就他个人感觉，节目录制现场没有卫视方的人，开会也很少听到卫视意见，感觉他们比赞助商还要边缘。

而卫视方却认为，《中国好声音》的成功离不开卫视的运作，灿星应当珍惜这个平台。

卫视一共就只有 4 台高清转播车，为《中国好声音》就配备了 2 台；再加上摄像机以及工作人员的大量配备，可以看出台里对这档节目的重视程度。4季《中国好声音》的成功运作，节目和平台间已经形成了捆绑效应；如果换平台，肯定会影响品牌的持续影响力。而且，浙江卫视跟其他台相比，还是比较开放、包容的。我们非常重视好的产品，如果放在央视这样的平台，受到的限制会非常多，他们自己也清楚这一点。我们还有强大的招商能力和宣传推广能力，这些都是项目成功的强大助力，也是灿星靠自身所无法实现和企及的。

——浙江卫视副总监麻宝洲（访谈，2015.11.28）

不同市场主体基于不同的处境和利益期待，对合作中的主导权各说各话，实属正常。浙江卫视技术部实习生 Zhou×× 认为出现这种分歧，一方面可能是卫视领导的面子问题，另一方面也是因为领导层面不太了解底下的实际合作情况。他提到卫视在合作中顶多就是提供了技术层面的支持，包括装机器、装机位、布控线、提供转播车等。灿星除了技术层面跟卫视有接触外，其余事情都尽量回避卫视的人，就连住宿安排都间隔很远。因此，在话语权方面，他自己明显感觉到卫视比灿星低一等，被高度边缘化。

笔者结合自身的调研经历，也发现单单就《中国好声音》这个项目来说，灿星在与浙江卫视的互动中还是比较强势的。除了前面提及的卫视难以介入内容运作层面之外，卫视在许多地方也同样被边缘化。

进入《中国好声音》的现场录制点，就能看到外场是个巨大的开间，里面被区隔成了制片组、导演组、市场部、舞美灯光组、技术组、艺管组等大大小小 10 多个房间，但是浙江卫视只占了其中 1 个。笔者私下问卫视工作人员，他们表示自己日常工作就是房间内待着，看看节目，偶尔去现场看看，几乎跟其他部门绝缘。

再如，灿星对每期节目录播带的剪辑、审核以及最终输出的操作模式都让卫视非常抓狂。对于播出平台而言，制作方提前敲定节目播出带，是个较为稳妥的风险控制方法。但是灿星不一样，最终成片的输出都要拖到节目播出前的最后一刻，许多时候甚至节目都在播了后续带子还在输出，这让卫视非常焦虑，也时常成为双方矛盾的交火点。这里分享一段笔者参与的，节目开播前工作人员跟时间赛跑的经历。

2015 年 8 月 14 日下午 5 点开始，卫视和灿星进行节目最后时刻的校稿，审核无误后再进行输出，交给卫视剪辑重播版本。屋子里挤了 20 多人，卫视工作人员屈指可数。浙江卫视吴彤作为节目总统筹，同时也是项目对接人参与节目的审核，时不时地询问具体进度。我看了看手表，下午 5 点开始审核第一盘带子，6 点 15 分审核第二盘，8 点审核第三盘，9 点 4 分审核第四盘，也就是说 9 点 15 分节目正式播出时，带子都尚未审核完毕。但吴彤说这还是比较顺利的进度，让人不禁有种剑拔弩张的紧迫感。

9 点以后，屋内气氛越来越紧张，节目导演在审查的同时打开了酷云互动 App，关注当期收视情况。9 点 48 分，市场部商务导演突然发现第四盘带子结尾处漏加了媒体串，这个纰漏让房间内原本就相当压抑的气氛更加令人窒息。于是，灿星内部开始吵架，相互埋怨对方工作不仔细等等。同时寻找以前的媒体串素材进行急救。这种状况持续到当晚 10 点 20 分，最后一盘播出带才开始输出。

整个过程用惊心动魄来形容真的一点都不夸张，过于紧凑的进度安排预设了出错的可能性和高风险，一旦临时发现重大问题，很难有挽回的时间。再加上卫视还要等着播出带去翻重播带，因此灿星前期的进度直接影响到卫视后续的工作进度。对此，卫视非常窝火，多次争吵过，但都无济于事，依旧无法改变灿星这种操作模式。

实际上，被卫视人称为"灿星特色"的工作模式源于灿星团队之前在体制内养成的操作习惯。在《了不起的挑战》项目推进会中，副总导演就提到过，早前东方卫视属于自有平台，很多节目都是开播前最后几分钟搞定播出带；从体制内出来后，由于没有平台，就不大能这样操作了；尤其和央视这样的强势平台合作，更加得遵守央视有关播出带提前输出时间的规定。由此看出，如今灿星和浙江卫视的合作，依旧没有改变工作模式，某种程度上也是强势的一大体现。浙江卫视前总监夏陈安曾用"鲨鱼"和"鲶鱼"来形容灿星这个合作伙伴：本以为引进来的灿星是条"鲶鱼"，没想到是条"鲨鱼"。见微知著，灿星的主导性可见一斑。

业界曾将双方的合作戏谑为"灿星赚了票子，卫视赚了面子"。但是，灿星的这种主控权并非一成不变、不容协商的。实际上，随着几季《中国好声音》的运作，灿星和卫视的较量也随着彼此间实力的消长发生着微妙的变化。

第一季《中国好声音》因为宝洁撤资，多平台拒绝，浙江卫视以江湖救急者的身份出现，对灿星提出了诸多要求。为了不让卫视有后顾之忧，灿星选择了前期制作费全部自己出，然后根据收视率情况和卫视进行对赌分成的合作方式。没想到收视大爆，灿星成为最大赢家和卫视进行七三分成。所谓"店大欺客"，随着《中国好声音》品牌的打响，灿星也开始在权益分割上要求更多，对网络版权分成做出调整，从第二季开始卫视不再参与第二、第三季节目视频网络播出版权销售收入的分成，该部分权益由灿星独享。面对灿星的强势，浙江卫视也有自己的考量。

> 《中国好声音》确实提升了浙江卫视的整体竞争力，招商力和综合排名都实现了较大突破，我们还是蛮珍惜这个品牌节目的；再加上卫视格局一直在变，谁都不敢说自己能永葆江湖地位。第二季的时候灿星曾想过让《中国好声音》回到东方卫视，一度让我们非常有危机感，所以从大局考虑，卫视也愿意做某种程度的退让。
>
> ——浙江卫视副总监麻宝洲（访谈，2015.11.28）

但是，卫视的这种退让并不是无止境的。卫视主要通过提供技术和平台支持，通过审片把控以及规定一系列灿星需要承担违约责任的方式来表明自己的主人翁姿态。与此同时，卫视考虑到再强大的品牌节目也会有自己的生命周期，与其一味被灿星牵制，不如发展和壮大自己，便开始有意识地培养自己的团队。这样一来不仅牢牢巩固了自己的江湖地位，反过来还提升了平台对灿星的吸引力，让灿星感受到了某种压迫感。

在采访徐帆时，他也表达了这种担忧，担心浙江卫视整体制作能力一旦变强，就不愿意和灿星合作来分享收益，合作态度上也会越来越强势。2015年，"中国蓝TV"上线，灿星非常担心卫视会效仿"芒果TV"的独播模式而损失网络版权费的运营收益。

由此可见，灿星和浙江卫视各有各的撒手锏，也各有软肋，因此合作中虽然双方都想拥有话语权和主导权，但这一切都是在基于双方都受益的前提下展开的。因此，双方都愿意动态地保持这种微妙的合作关系，既想多占，但考虑到大局又知道进退，不至于把关系搞得特别僵。

再看《了不起的挑战》这个模式，这是由韩国MBC电视台、灿星和央视三方联合研发制作的。笔者在田野调研时了解到，之所以选择央视作为播出平台，主要是考虑到国内已经有多个山寨版，所以和国家级电视台的合作某种程度上是对自己正版授权地位的宣示。而且MBC电视台本身就是韩国三大主流媒体之一，这种国家平台间的合作，领导层面比较喜欢，韩方也比较坚持。与此同时，对灿星而言，该项目也是从棚内真人秀向户外真人秀转型的重要标志。灿星凭借《中国好声音》跻身国内一流制作公司，在业内享有较高知名度；但是在户外真人秀这块，灿星的制作经验是零。鉴于之前山寨节目都有平均2.0以上的收视成绩，灿星压力非常大。为了打个漂亮的翻身仗，同时也证明自己的跨域制作能力，实现由棚内向户外的完美转型，选择人群覆盖率和全人群指标都非常高的央视一套进行合作，似乎是最为明智又讨巧的策略之选。

但是，和"平台大哥大"的央视合作，在享受它提供的资源和便利的同时，往往得忍受央视的诸多限制，而这种限制比想象中的还要猛烈得多。

参加《了不起的挑战》主题策划会，给笔者印象最深的就是面对韩方提出的创意方案，中方导演组不停地回复"要问央视""央视不同意""央视不允许"。概括起来，央视对节目生产的干预主要体现在以下四个方面。第一，节目内容、卡司邀请、节目主题的选择都须经央视审核和批准。卡司是真人秀节目的重要元素，也是制作方和平台非常关注的焦点。央视的限制主要有三：一是对人员有限定，不得邀请其他平台属性非常明显的艺人；二是作为国家电视台，积极响应中央不能铺张浪费的政策号召，贯彻落实"限娱令"，在卡司邀请上力行节俭之风，不主张邀请大咖；三是不邀请有负面新闻或者有劣迹的艺人。

在节目主题策划上，央视要求中方将每次和韩方开会所确定下来的主题事先提交央视审核；并且在内容形态上要求贴合节目精髓，意识形态正确，突出公益性和正能量，以便与央视平台所承担的社会责任相吻合，避免低俗化。

> 消防特辑那期，王喜因涉嫌辱华言论，必须进行画面删减。起先我们以为只要不出现王喜的脸就行，谁知道央视反馈回来要求打码的地方比原来的多了一倍多。央视审核真的非常仔细，涉及王喜的耳朵、手、脚等具体部位的，都一一找了出来。
>
> 灿星后期组工作人员 Hua×× （访谈，2016.5.24）

《了不起的挑战》第二期，华少和阮经天去泥塘挖藕，节目中嘴对嘴喂包子，拔莲藕时大尺度的调情对话，在年轻族群聚集的 A 站、B 站疯狂圈粉，让节目讨论量成指数级增长，稳稳占据 B 站搜索量第一。据节目组透露，很多更大尺度的桥段已被删减，央视最终同意保留这些场景。但事实证明，节目播出后央视还是觉得不妥，第三期开始节目尺度大幅度收紧，成为节目高开低走的重要节点。

第二，在节目形式方面，央视曾一度要求真人秀节目不能使用"花字"，认为"花字"过于哗众取宠，不符合央视国家级平台的严肃性。这让模式方和制作方都非常崩溃。"花字"是韩国综艺节目的最大特色，无论是韩方还是灿星都非常坚持。经多次协商，央视才勉强同意使用"花字"，但是在用语和表述方面有较多限定，使得"花字"部分没有像其他节目那样出彩，娱乐性自然也削减不少。

> 央视规定"花字"、动画等都不能出现鬼魂，尤其鬼魂不允许直接贴上脸。另外，"花字"用语不能太网络化，一开始连"宝宝"这类词都不允许使用。
>
> 灿星后期组工作人员 Hua×× （访谈，2016.5.24）

第三，在节目整体的把关和审核方面，央视要求灿星提前几天提交带子，并且必须根据央视意见逐条修改，不得有误。

> 一般周五前会串成成片，给到央视。然后周六前处理央视反馈，最后完成

输出。有时候央视意见非常多，时间非常紧，根本来不及在播出前完成修改。央视是不管你来不来得及的，他只要不满意就会毙掉，你来不及处理就停播。

灿星后期组工作人员 Hua×× （访谈，2016.5.24）

《了不起的挑战》被央视拖得挺惨。央视控制性很强，一直说这个不行那个不行，要后期组反复调整修改。我听说因为央视的反复干预，有期节目输出共花了 48 小时，我们都嘲笑说这恐怕是最长综艺节目输出纪录了。

《中国好声音》导演组工作人员 Xu×× （访谈，2016.5.17）

第四，央视的资金回款特别慢，这对自负盈亏、完全市场化的社会制作公司而言，同样是不能言说的痛。据徐帆介绍，央视广告收账的线放得特别长，之前灿星投的几档节目，央视共拖欠了将近 4 亿元的资金，光欠款利息就相当高。因此灿星曾考虑过这次合作以后，就不再找央视了。

可见，央视作为国家级平台的属性，决定了对于节目的把控更加严谨，自我审查这块也比一般电视台更加严格，并时常将安全性高度凌驾于娱乐性之上。这导致节目 3 月初就敲定了版权，但播出档期一再推迟；不仅首播推迟了 2 个月，而且在节目刚刚积累起一定受众和口碑度时候，多次宣布节目因为编排、版面调整等问题需要延播。最终，12 期节目播了 17 周，算得上是中国大型季播综艺节目史中最"难产"和最"难播"的一个。对此，灿星虽然很无奈，但还是绝对服从央视的决定。

我们做节目本来就应该重视观众的意见和反馈。央视这个平台一直比较接地气，很多央视觉得不妥的地方，受众可能也会有想法，所以我们也愿意调整。虽然我们承认央视确实毙掉了好多笑点，对节目整体的娱乐性有很大影响，但是我们还是愿意妥协，各种妥协，因为央视一旦不开心、不满意，就会毙掉节目，这样更不利。

——《了不起的挑战》导演组工作人员 Chen×× （访谈，2016.5.1）

虽然央视的高度强势让灿星的话语权和能动空间不断被积压，但是灿星也会退而求其次，在不直接对抗央视规定的前提下，寻求一些既有所突破，但又不至于越界的变通策略，为自己争取更多的发展空间。

前面录的好几期都被央视"毙"了，这让我们在后期选题上更加慎重，更多考虑央视的喜好。之前做的"极限打工"主题，不仅收视非常好，而且央视很喜欢，认为节目深入基层，传递了良好的价值观，所以我们后面又多做了一期"极限打工"。另外，为了能够播出，节目组愿意采用一些灵活变通或者折中的办法，补拍一些素材，但是节目效果就一般。而且被央视弃用的一些镜头，如果我们觉得有收视点，就会剪成花絮，放在 B 站播出，果然就火了。

——《了不起的挑战》导演组工作人员 Chen×× （访谈，2016.5.19）

央视很喜欢在节目里面"喂鸡汤"，导演组有个实习生就用搞笑风格画了个老母鸡的动漫形象，每次节目里要"喂鸡汤"的时候，就会有老母鸡的动画效果在旁边转啊转。起初央视也不同意，觉得太搞笑不好，但我们做了很多努力，最后央视还是同意了，也算是对公益性和娱乐性的一种平衡吧。

——灿星后期组工作人员 Hua×× （访谈，2016.5.24）

综上，通过灿星制作的两档节目《中国好声音》和《了不起的挑战》的对比分析，发现平台的不同属性会直接影响制作方能动性的大小。浙江卫视地处沿海发达地区，市场化程度较高，且较早与社会化制作公司开放合作，因此与灿星合作《中国好声音》时，双方以利益最大化为目标，彼此有进有退，体现为动态博弈的均衡状态。在话语权的分配上，灿星偏重内容层面的控制，卫视侧重技术层面的支持，总体上看灿星更胜一筹。相较于此，作为国家级播出平台的央视，在与社会资本开展合作时却扮演着异常强势的角色，高度掌控着节目的整体运作。在《了不起的挑战》这一合作项目中，央视高度介入节目的制作和生产，干预节目的发展和走向；且时刻将社会责任置于节目的商业利益之上，而制作方对此几乎不具备"决定权"，话语权遭遇极度挤压。

四、生产方与广告商

一系列现象级综艺的走红，带动并加深了冠名商和赞助品牌在观众心目中的印象，广告商由此获得了资本和市场的双重青睐，电视综艺由"内容为王"向"资本为王"时代转型。广告商的蜂拥直接导致广告费的虚增和高度泡沫化，这使得他们在砸下重金的同时极力要求节目中有更多品牌体现和权益回报。可见，广告商和节目制作方唇齿相依。如何在打造"爆款"节目的同时更多地进行品牌植入，成为双方斗智斗勇的博弈点，也滋生了一系列风格迥异的博弈策略。

（一）广告商的诉求与期待

综艺节目广告植入可分为冠名、特约、互动合作等形式。冠名属于权益表中的"大哥大"，数亿元冠名费让现象级综艺成为"吸金"。精明的广告商们在砸下大手笔广告费、享受贵宾级服务的同时，也渴望清晰地留下自己品牌的烙印，对品牌权益有着更高的要求和期待。

以《中国好声音》为例，"正宗好声音，正宗好凉茶"，让加多宝成为迄今为止品牌形象和节目内容最为契合的冠名广告产品，单其投入和收益就让众多广告人羡慕不已。作为浙江广电的大客户，加多宝在《中国好声音》运作中表现得较为强势，对权益体现也格外严苛。

加多宝的诉求主要有四大块：第一，第一季合作时约定了节目的收视率指标，以 2.0 为考核基准点，若未达标浙江卫视须赔偿硬广资源。第二，确定一系列线上线下的排他性条款，限制节目中出现竞争对手的产品或者品牌。第三，签订"每期节目保证 15 分钟品牌植入时长"的霸王条款，并且禁止节目中对品牌开任何玩笑，品牌露出（KT 板、罐子等）一定要正面出镜。第四，与卫视约定了打包资源的执行方案，借用浙江卫视的平台效应和其他资源来推动加多宝品牌的推广和宣传。

以上权益由加多宝公司和浙江卫视签订合同，由立和（中国）传播机构负责执行。说起这个已经合作了四年的老客户，负责媒介执行的工作人员 Liu×× 苦不堪言。

加多宝有比较完善的监察机构，会根据品牌影响力、市值以及现场监察情况来砍价，充分挤掉虚增的市场泡沫，让价格远远低于市场平均水平。但在权益回报这块，他们要求非常高，合约签订时就有相当严苛的条款。

加多宝的行业习惯是等整个节目全部结束后，看节目和品牌效果来结付款项。因此，每季《中国好声音》我们都要预先垫付冠名费给制作公司，自己就面临着垫资回款的风险问题。因此，只要是加多宝赞助的节目，我们都会去现场监督每一处细节的权益履行情况，为的就是让加多宝有较高的权益回报，加快款项的进账速度。

加多宝跟卫视约定每期节目要有 15 分钟的品牌露出，这本身就是大体量的品牌权益。为了保证权益实现，我们还会在现场拼命要求加料，最终每期节目加多宝都有近半个小时的品牌露出，大大超过了预期。这严重挤压了其他客户品牌的生存空间，其他品牌镜头或者画面严重缩水。

——媒介执行工作人员 Liu×× （访谈，2015.12.18）

对此，灿星曾多次想要更换冠名商，但加多宝不答应，卫视高层也不同意。笔者调研时了解到，第一季原定的冠名商在节目开播一周前临时撤资，后找的冠名商又临时退出，最终是当时和王老吉争夺市场的加多宝雪中送炭拯救了《中国好声音》，实现了品牌和节目的双赢，所以卫视领导觉得不能忘恩负义；再加上加多宝确实替《中国好声音》做了许多线下和地面的推广，零售链条触及节目本身可能无法覆盖到的三四线城市，借品牌影响力扩大了节目影响力。因此，鉴于以上考虑，每季节目冠名都不采用公开招标方式，为的就是确保加多宝获得冠名。竞价机制的缺位，以及节目和品牌过于紧密的捆绑使得冠名的提价空间非常小，从第二季的 2 亿元、第三季的 2.5 亿元，再到第四季不对外披露的 3 亿元（第一季因原定冠名商先后退出，加多宝的冠名费比较低，仅为 6000 万元），递增速度缓慢，且冠名费远低于同样是现象级节目的 5 亿冠名收入。为了扩大收益，灿星和卫视也都考虑过联合冠名，但一来加多宝不答应，二来卫视领导认为作为一线平台，双冠名的形式不符合行规，不能单纯为了经济利益而伤及平台信誉，最后不了了之。

可见，加多宝的强势诉求让其他品牌比较弱势，节目组也相对比较被动。卫视虽然基于经济利益考量也想过换冠名商或者采用联合冠名形式，但是最终平台信誉还是战胜了经济利益的诱惑。这是一个此消彼长的博弈市场，对节目组和平台而言，如何在资本利益最大化的前提下平衡不同赞助商的利益和诉求，的确需要策略和公关艺术。

（二）节目品质与商业利益的调和——广告植入中的公关艺术

综艺节目中的品牌植入大致可以分为节目包装植入、现场植入、软性植入三种。节目包装植入包括电视画面中的标版、字幕、角标、口播、飞字等形式；现场植入包括现场产品的展示（灯箱、大屏幕、道具、实物摆放等），以及品牌 Logo 的露出；而软性植入是植入中的最高境界，分为"隐匿"和"跳脱"两种。前者指在节目中尽量淡化品牌存在，代之以功能性或理念性的状态自然发生于节目中；后者指从节目背景中跳出，以调侃性或话题性的状态成为节目某个时候的主角（方珺逸，2015）。好的软植入能让节目和产品真正实现珠联璧合、水乳交融，达到润物细无声的效果。

笔者在田野观察到，节目模式本土版中的广告植入均由中方导演组来完成，主要包括前期的沟通商讨和后期的执行保障两个阶段。前期主要是节目组导演、广告部业务经理、广告客户之间协商、博弈的过程。业务经理需要充分了解广告客户的信息和诉求，在策划前期与导演组进行反复沟通、头脑风暴，确定客户诉求的可行性，竭力寻找客户理念与节目内容设计的结合点。确定客户权益植入方案后，广告业务经理需要到节目制作一线，与制作方设立的专职商务导演进行对接，确保制作方严格遵守并且落实平台与广告客户所签订的与植入权益相关的条款。商务导演的主要工作就是负责与客户、广告部以及节目组就品牌植入事宜的对接和协调，专职保证合作运作中的沟通顺畅。

为了确保权益的执行，商务导演会整理出一份客户权益执行相关的工作清单，统摄前期沟通、现场执行、后期执行、节目播出以及项目总结等节目运作的全阶段。运作过程中，不同主体有不同诉求。节目导演以节目为主，广告部和客户以品牌为主，这种不一致使得广告商和节目组无形中形成了某种程度上的对立。前者想当然认为应当增加品牌信息以保证自身权益，后者则坚持认为过多的广告植入会降低节目品质，影响收视率。这种分歧决定了电视节目的双重标准：既要满足广大观众的需求，又要满足广告商的需求。当两者发生矛盾的时候，生产者往往会不可避免地陷入利益分配的困境中，而广告商和广告部门工作人员每天也会在这个问题上绞尽脑汁，与生产者斗智斗勇。

以《中国好声音》为例，广告植入主要涉及广告客户、浙江卫视广告部工作人员、灿星市场部商务导演、《中国好声音》导演组这四方主体。据浙江卫视广告部前业务经理李太乐介绍，灿星比较强势，很多社会化制作公司的市场部，都会帮助广告客户约导演组出来一起讨论内容的植入问题；但是灿星市场部考虑到一些不懂节目内容的广告客户和导演组常态化的沟通会影响节目质量，因此规定广告客户不能直接对接导演组。因此，常规操作流程是市场部的商务导演将节目脚本提供给广告部，由广告部考虑哪些地方可以做植入，并将植入建议和意见直接反馈给商务导演，由商务导演再和节目组进行沟通。与此同时，为避免广告客户有过多的植入想法，一旦执行不了会失信于客户，所以广告部一般也不会提前将节目脚本提供给客户看。

可见，这样的沟通机制增加和延长了传播链，远没有商务导演和广告部共同参与到节目策划中，围绕品牌和节目内容做深层次的植入来得直接和高效。一方面，相对于广告部，灿星市场部比较强势，不一定会百分百传达客户的植入想法和要求，传播效果发生一次折扣；另一方面，对于社会化制作公司，导演组在公司的地位是最高的，市场部在导演组面前是相对弱势的那一方，导演组可能会不接受或者忽略市场部所转达的客户权益植入方案，发生二次折扣。

虽然市场部也负有广告商权益的监管义务，但是植入合同条款的约定一般都比较笼统，更多的是关于品牌露出时长等硬性条款，对于画面质量、出现效果、拍摄角度等柔性条款，往往很少在合同中体现，更多的是实践中的自由把握。

立和传媒媒介执行人员 Liu×× 提到，品牌镜头画面简单地一扫而过，不算违反合同约定；但强调品牌的拍摄角度和拍摄效果，品牌摆放注意构图、视觉焦点和画面逻辑等细节，同样也没有超出合同约定。

> 广告部拉来的赞助，我们导演组是不参与分成的。我们的唯一考核指标就是收视率，植入过多肯定会影响节目整体收视。因此，这就涉及合同的遵守问题，怎么做尺度空间就非常大。
>
> ——浙江卫视制片人姚译添（访谈，2016.7.10）

> 广告是广告部去谈的，钱也是他们拿的，植入多少，植入好坏跟我们收入都没多大关系，植入太多会影响收视，那个才是跟我们收入挂钩的。因此有时候我们会想，凭什么啊？干吗要理他们？干活的不拿钱，拿钱的又不干活……
>
> ——灿星导演组工作人员 Xu××（访谈，2016.5.17）

可见，这是个巨大的弹性操作空间。为此，广告商或者广告部工作人员，往往会通过建立私交的方式（送礼物、请吃饭等）进行公关。比如和商务导演搞好关系，进而希望商务导演能和节目导演搞好关系；或者干脆跳过市场部，直接和节目导演建立良好关系，都是为了保证客户权益的实现。以加多宝为例，第一季《中国好声音》很少会拍到导师身旁的加多宝罐子，但第四季就能非常显眼地看到导师身旁的完整罐子。媒介执行人员 Liu×× 坦言这是多次公关的结果。

> 第四季的时候有个拍 VCR 的导演比较强势，非常难沟通。他拒绝任何形式的广告植入，认为这会破坏画面完整性和节目艺术效果。我们多次公关失败后，就让公司高层出面直接跟金总（总导演金磊）沟通，希望从上到下施加压力加以改善。
>
> ——立和传媒媒介执行人员 Liu××（访谈，2015.12.18）

可见，如果遇到比较难沟通的节目导演，往往会通过高层来施加压力。但是，如果和节目组导演私交不错，品牌镜头植入过多的话，市场部还是会要求删掉。由此可见，这种私交是建立在遵守合同条款的基础上的，保证品牌有更好的画面和出现效果，不能是完全超出条款之外的操作。

与此同时，灿星规定广告客户或者广告部人员不能进入节目的后期剪辑环节，一切由商务导演告知后期人员节目中有哪些品牌镜头，具体在哪个部分，大概什么时候出现等，方便剪辑到节目中。因此，为了确保前期拍摄的品牌镜头都能够较为完整地在节目中呈现，一些广告商或者其媒介执行人员在录制的同时会悄悄地快速记录所有出现品牌的镜头，然后在节目审片环节进行比对，向商务导演质询为何前期拍摄的诸多镜头后期都未被剪辑进去，这使得市场部和后期人员都相当被动。

因此，浙江卫视广告部前业务经理李太乐提到，市场部后来就规定广告商及其媒介执行人在节目录制现场一律不得进行场记，只能由市场部进行记录，并且将这份记录同时提供给广告商和后期人员。

广告商场记的缺位，使其无法掌握实际品牌的露出镜头，只能由市场部进行统计，市场部说了算。可见，在这次博弈中，灿星又一次占了上风。

综上，广告植入的最佳效果是广告呈现与节目内容之间实现最大限度的贴合。过量的品牌曝光对节目来说是种伤害，但节目制作人又不得不重视广告商的巨额资金支持及其所带来的广泛权益诉求。好在广告商和制作人都明白节目与品牌共存亡的道理，所以即便各方诉求再多，也都是在确保节目效果的前提下各有进退；在不损害节目品质的基础上尽量优化植入效果，扩大植入权益，实现多方共赢。

（三）赞助商利益的协调和保障

综艺节目在选择合作品牌时，一般都将品牌特性与节目风格以及内容匹配度作为首要标准，同时注意客户之间的排他性。虽然一档节目中整体广告商的数量没有上限，只要属性不同，权益能够平衡就行。但若干品牌在同一节目中出现，都想要更多的权益体现，发生冲突在所难免。因此，卫视广告部前业务经理李太乐坦言，一般不会合作太多品牌，因为权益的平衡实在是太难了。

一般而言，综艺节目的录制现场都会设置赞助商室，赞助商的工作人员或者其媒介执行人员通常会跟随整个节目的录制进度实行常驻，主要是监督自身品牌权益的体现情况，以及对比其他广告商品牌的权益体现情况。比如冠名商主要看特约赞助商的风头有没有超过自己；其他品牌商主要就是尽可能地增加品牌的曝光度。由于广告合同中关于权益的体现大多是比较硬性的条框规定，像具体的屏幕大小、拍摄的画面和角度等都没有相关的操作性约定，因此这块就比较有弹性操作空间，成为广大赞助商想竭力优化品牌露出的落脚点。所有这些修改或者优化方案赞助商代表都会随时摘记，并且努力寻找自身品牌可能植入的情节或者画面，待当天节目录制结束后将意见或者建议及时反馈给卫视广告部门，要求予以落实或者完善。

通常，每个品牌直接对接的都是卫视广告部，他们最头疼的莫过于客户之间的"争奇斗艳"。几乎所有客户都习惯于拿自己的权益体现和其他客户做比较，不管原本签订的合作协议中有无该项权益，只要其他客户有，他们就会执意要求享受同等待遇；而对于自身权益没实现的部分，其他客户也一定不能享有。因此平衡不同客户的诉求，是卫视广告部相当头疼且艰巨的任务。实践中，广告部和客户在签订权益合约时，都会事先采取比较保守的权益预估，先降低客户的期望值；然后在执行过程中尽可能地为客户争取权益，这样即便客户临时冒出的一些权益要求最终实现不了，鉴于整体权益已经大大超过了合同约定，客户也往往能释怀。另外，对于不同客户的植入级别要做到心中有数，不仅要考虑到高低级别客户的权益落差，还要兼顾同一级别客户的权益协调。

　　每个客户都希望在节目中增加权益，这就涉及互相间的博弈。对于广告部而言，不能超越底线，当然也不能百分百满足。一般会有一些操作技巧，比如有多个特约客户时，彼此间的口播先后顺序就得注意定期更换，出现频次和长度更是不能出一点偏差。客户之间若是涉及权益的赠送或者补偿的，那么给任何一方的同时得预先给权益对等的另一方留置好相应的权益空间，以防客户后续追究时已无资源可用。

　　　　　　　　　　——浙江卫视广告部前业务经理李太乐（访谈，2015.7.19）

　　可见，协调客户利益犹如一场战役，无论是宣传资源的利用，还是植入品牌的编排，每个环节都需要排兵布阵。而这种协调策略除了需要相关的专业技能要求外，更多依赖于人际关系的处理技巧，微妙不可言。

第六章　在地"推广"：
模式本土实现中的权力博弈

电视节目模式的在地"推广"包括节目本身的营销推广、赞助商的借势推广，以及内容呈现方面"真"与"秀"的策略推广，其间会涉及传统平台与视频网站、节目方与赞助商、模式方与制作方等权力主体间的竞争与协商关系。本章节主要以《中国好声音》和《了不起的挑战》为例展开分析，前者分析营销推广策略和"真"与"秀"的平衡策略，后者因笔者未参与节目录制过程，只分析营销推广策略。《我的小小电视》因未能成功引进，故未作分析。

本章内容旨在呈现推广阶段需要权衡的具体因素，以及彼此间的互动策略，以此说明模式的在地"推广"依旧是多元权力主体"杂合化"的运作逻辑，经济利益是他们互动博弈的首要考虑因素。通过资本介入，用文化和艺术外衣包裹资本，以及资本之间的良性互动等方式，实现经济利益的扩大化。

第一节　营销推广：捆绑资本的资本最大化策略

媒体竞争催生"产品"时代，电视节目已进入品牌竞争新阶段。雷蒙·威廉斯（Raymond Williams）认为，节目内容的选择、编排、推广和评估都具有"流程"设置的能力，可以在传播者和观众之间建立联系，达到吸引受众、宣传意识形态、获取商业利益的目的（张韵，吴畅畅，赵月枝，2015）。因此，要想在竞争激烈的电视节目市场中凸显自己，除了节目内容和形式上需要独辟蹊径之外，还高度依赖于有效的宣传推广策略。

宣传推广主要分两种：一种是更侧重于节目本身的，多渠道、多介质联动的整合式营销；另一种是更偏重于赞助商的，捆绑节目进行品牌联想和品牌联动的借势营销。无论是哪种推广方式，都是利用资本的介入和推动来进一步实现资本利益的扩大化。

一、电视节目的整合营销传播

整合营销作为一种品牌传播策略，是指通过整合和协调多种传播渠道和传播手段，形成整体性和动态性的营销模式，实现营销传播效果的最大化。浙江卫视广告部前业务经理李太乐提到，现在的商家都玩整合营销，围绕一个点做透，且每年不断更新营销策略。从最初的短信投票，到现在的微博话题排行、微博热度排行、微信公众号、微信摇一摇、一键关注，再到直播、VR等，原理一直没有变，都是在做大IP（知识产权）的整合营销。可见，电视节目的整合营销传播就是通过协调多种媒介和传播方式，形成营销传播的合力，达到立体式营销的效果。从具体运营渠道上看，主要包括播出平台的策略性编排和宣传，线下媒体和网络媒体资源间的资源共享和品牌联动，来满足多层次、多渠道、全方位的传播集群效果需要。

（一）播出平台

1. 编排策略

节目编排类似于卖场的商品陈列，编排部门将其摆上时段的"货架"，供观众挑选、观看，并随时根据观众口味进行"货品"陈列的变换，以满足观众需求的最大公约数（刘焰方，2016）。看似尊重观众的编排逻辑实则是商业利益在驱动。电视台利用节目编排扩展广告效果空间，达到影响收视率所反映的观众数量这一目的（张韵，吴畅畅，赵月枝，2015）。因此，节目编排是市场营销的强大助推力，节目能否"适销对路"，时段和时机的编排非常重要。实践中，电视台的编排部门会把节目播出置于政府、媒体、观众这个社会大环境中来全盘考虑，根据频道定位、目标观众以及收视市场等因素来选择最佳播出时机（谭天，2015）。

可见，成功的编排策略必定是建立在大量的市场调研基础之上的。

首先，节目组要综合考量节目的定档季度和具体播出时间。笔者在田野调研时了解到，第一季《中国好声音》在敲定节目播出时间之前，节目组就针对目标受众群体做了大量的收视习惯调研，最终确定了暑期档每周五9:15这一黄金收视时段播出。

> 我国的收视高峰一般出现在节假日，比如说春节、五一、十一、寒暑假等。《中国好声音》的目标受众大概集中在24~55岁这一年龄段，这一年龄段的收视黄金时间大概是每天晚上6点半到10点，周末这一时段收视更佳。因此，我们将首播定档在7月13日周五晚9点15分播出，一来利用暑期档，可以涵养大量的学生观众；二来这个时段也是浙江卫视晚间收视黄金高峰期，不仅有着较高的收视率和观众量的保证，还与兄弟台10点档的其他综艺节目形成了差异化优势，避免了硬碰硬的红海竞争。
>
> ——灿星研发部工作人员Cai××（访谈，2015.6.4）

其次，在时序安排方面，节目组也是做足了功课。时序安排作为一种传播策略，有吊床式、搭帐篷和无缝链接三种。吊床式是指通过将较弱的节目安排在两档较强的节目之间，从而拉抬中间这档较弱节目收视的做法；搭帐篷指用强档节目拉动其前后节目收视的做法；无缝链接是指在强档节目结束之后迅速播放另一节目，以便前面强档节目的观众能顺利流入下一个节目（谭天，2015）。《中国好声音》采用的是无缝链接的传播策略，通过强势宣传浙江卫视"中国蓝"剧场的电视连续剧，形成较高的受众导入流，再紧接着迅速接轨宣传铺天盖地的《中国好声音》，实现观众的顺流和入流，减少溢流。

最后，在内容呈现方面，涉及学员出场顺序、节目看点和悬念的设置，广告刀口的插入位置，以及抗衡竞争性栏目的举措等一系列编排策略。根据田野调查，一般而言大型季播真人秀的前三期非常重要，是节目基调和风格的养成阶段。因此，如果前三期节目收视不错，那么节目整体收视就会往上走；倘若前面几期没做好，那么即便后面几期策略有所调整，也很难让观众回头。

> 《中国好声音》非常注重前几期节目的编排，一般都是将比较优秀的学员放在前期推出，形成持续上升的观众流。并且，每一季首播学员都是导演组

认可的重点学员的大集锦，他们要么唱功特别好，要么形象养眼，要么自带较强话题性，共同撑起首播收视。

——《中国好声音》导演组工作人员 Xu××（访谈，2016.5.17）

《中国好声音》是混剪的，为了有比较好的首播效果，导演组在每一季第一期都会重点推一些高质量的，同时又有高话题度的学员。比如大家印象深的，第一季的张玮、徐海星、李代沫、张玉霞，第二季的姚贝娜、金润吉，第三季的陈永馨，第四季的陈梓童、贝贝、朗嘎拉姆，等等，都是在第一期节目播的，都是能吸引你并且打动你的。

——《中国好声音》浙江卫视广告部前业务经理李太乐（访谈，
2015.7.19）

这一季周董（周杰伦）的加盟，节目组是用尽了他的噱头和看点。第一期就把他盲选阶段所有出彩的台词和段子全部剪了进去，比如他提到的"庾澄庆100块都不给"，其实不是对学员李安说的，而是对另一个新疆学员说的。移花接木到这里主要是考虑到李安是首播的压轴学员，这样不仅能带动学员的热度和关注度，也能让首播有个漂亮的收尾。

——第四季《中国好声音》浙江卫视总统筹吴彤（访谈，2015.7.19）

事实证明这样的策略非常成功，第四季首播CSM50城市收视达5.31，创历史新高，大幅超越所有现象级节目首播收视；并且学员李安阶段的收视更是达到了6.343（CSM50城收视数据，2015.7.17）。

另外，每期节目学员的出场顺序也很有讲究。《中国好声音》浙江卫视总统筹吴彤谈到，一般来说，首发学员、中间十点档学员，以及压轴档学员都是最强的，且通常都是四转学员。这样的策略安排不仅能让节目持续吸引观众，减少观众流失；而且十点档学员的强势出击，还能够碾压同时段兄弟台的节目，减少受众的分流。因此，为了更加精准地掌握观众对学员类型和歌曲风格的喜好，灿星研发部会在每期节目播后的次周周一出具"节目收视分析报告"，剖析每个学员的收视数据、收视曲线的变化情况和原因，以及竞争性节目的收视情况，给节目组提供相应的策略性建议。

从第一期收视曲线（见图6.1）看，21:10—21:30第一阶段收视迅速拉升，从2.15拉升至4.89；21:30—22:20近一个小时的收视竞争中，基本压制了湖南台。22:00湖南台《爸爸去哪儿》开播，《中国好声音》收视仍呈缓慢爬升态势，没有明显的收视凹槽，22:20后持续走高。

——第四季第一期节目收视分析报告（2015）

第一位选手陈梓童带高了近一个点的收视率，从4.07到4.95，说明将外形佳的选手与气氛热的歌曲安排在开场对收视率有帮助；贝贝的演唱阶段收视有提升，但贝贝是开场以来第一位演唱之后访谈阶段收视率略有下降的选手，说明观众对情感表述的环节出现审美疲劳。总体来看，每位选手出场后收视都有稳步提升，说明编排顺序不错，节目吸引力很大。收视高点出在李安，完美压轴。

——第四季第一期节目收视分析报告（2015）

淘汰选手在晚十点档播出，抗压能力差，未能拉升收视，建议后面节目在编排上进行调整，淘汰选手出场顺序不宜安排在22点前后。晚十点档后学员基本收视呈现下跌趋势，仅在最后一名学员林燕的盲选阶段，有一定收视回升；与首播整体曲线不断上扬相比，本期学员的安排略显后劲不足（见图6.2）。

（摘自第四季第二期节目收视分析报告，2015.7.24）

第三期CSM50城市收视5.18，出现滑坡，主要是受到达率影响，观众几度分流。直接原因是20:50—21:10浙江卫视电视剧播完后，观众大量分流至安徽卫视、江苏卫视、江西卫视等青偶剧尚在播出的平台。建议该时段浙江卫视通过倒计时、《中国好声音》预告插播来引流观众（见图6.3）。

——第四季第三期节目收视分析报告（2015）

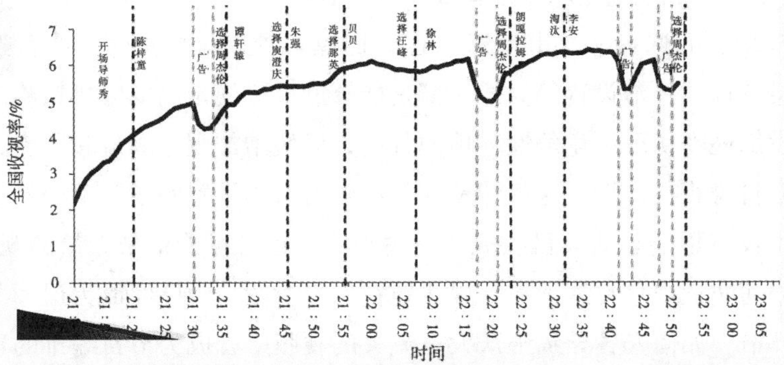

图 6.1 2015.7.17 主节目收视曲线（摘自第四季第一期《节目收视分析报告》）

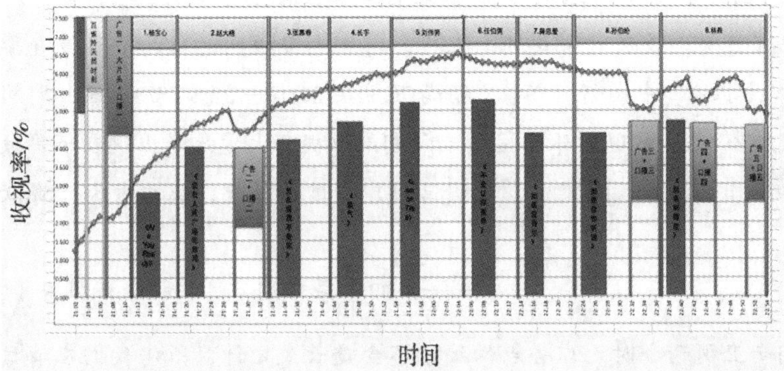

图 6.2 2015.7.24 主节目收视曲线（摘自第四季第二期《节目收视分析报告》）

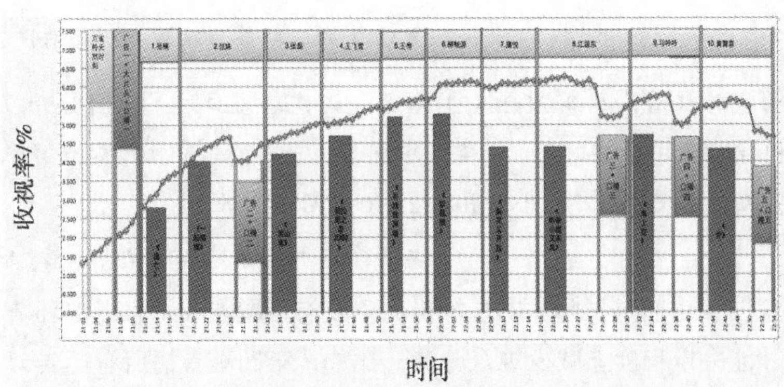

图 6.3 2015.7.31 主节目收视曲线(摘自第四季第三期《节目收视分析报告》)

综上，较高收视点的前置节目导流，有所设计的节目开场、始发、晚10点、压轴学员的选择、故事情感内容的把握、看点与噱头的氛围营造，以及反差和悬念性的环节设置等方式，都是能够助推收视走向的编排策略。与此同时，研发部还密切关注竞争性环境的分析，以便增加观众顺流和入流，防止溢流，巩固自身收视市场。这里涉及一个广告刀口的设置问题。不合时宜的广告插入，不仅有可能阻断节目收视的冲高势头，还有可能带来大量的观众分流。因此，如何防止观众有意识、有规律地在广告时段换台已经成为保障节目收视的关键环节，如何安置导致观众大量流失的硬版广告成为节目编排的重中之重（张韵，吴畅畅，赵月枝，2015）。

　　《中国好声音》的绝对性竞争来自湖南卫视，干扰性竞争来自江苏卫视、安徽卫视。最强对手是湖南卫视，与湖南卫视同时段的节目重叠率高达31.7%。为狙击《中国好声音》，湖南卫视在21:10—22:50节目播出期间拉掉了所有广告。22:00观众开始缓慢流向湖南卫视，大量流动出现在节目最后三刀连续广告处，且回流较少，说明三刀广告过于集中，压力太大，观众流出明显。

　　　　　　　　　　　　——第四季第二期节目收视分析报告（2015）

　　湖南卫视两小时无广告点的编排不会是长久之计，所以我们在节目刀口设置上，还是应该确保在21:50-22:10即《天天向上》与《爸爸去哪儿》换档期间不插广告。

　　　　　　　　　　　　——第四季第二期节目收视分析报告（2015）

　　从曲线特征看，本期21:26-21:30第一刀广告刀口过早，同时开刀点为其他卫视综艺集中开播时间，导致《中国好声音》第二阶收视起点降低，收视冲高受阻。建议第一刀广告设置在21:40前后5分钟。

　　　　　　　　　　　　——第四季第三期节目收视分析报告（2015）

　　事实证明，由明星导师、明星学员，以及有话题点和悬念点的环节来承担广告刀口，能一定程度上减少观众分流。比如，第四季首播所有广告刀口全部由周杰伦的学员承担，收视回流就比较好。与此同时，广告刀口不宜过早，不宜过于集中，这样会影响收视的冲高趋势。并且，为了打压竞争对手，在10

点档这一其他卫视台节目换档期，都不建议插播广告。

> 为了对打《中国好声音》，湖南卫视这种不插播广告的做法，对客户来说是不利的。而且广告刀口如果都集中在节目后半程插播，广告的宣传效果也是会打折扣的。
>
> ——浙江卫视广告部前业务经理李太乐（访谈，2016.6.7）

综上，节目编排环节明显体现了经济力量对电视生产的介越。市场化条件下，对于以收视率为衡量指标的卫视来说，打击竞争对手维护市场地位是首要目标，所以在节目内容编排以及广告刀口的设置上都会优先考虑节目整体的播出效应，有时就难免会损害广告商的即时利益。好在广告商明白自己和节目是共生共荣的利益捆绑体，愿意让渡部分权益来维系共同体利益的最大化，进而间接分享共同体利益给自己带来的利益附加值。这是在共赢基础上的一种平衡。

2. 宣传方式

以《中国好声音》为例，浙江卫视充分利用自身平台优势，整合平台资源，为节目宣传造势。播出前两个月，在集团覆盖的所有电视频道、移动电视、网络电视台、广播台，滚动播放节目宣传片、节目预告、花絮报道等内容，并通过设置节目专栏，配以新闻、访谈、直播互动等形式，反复宣传《中国好声音》，不断强化观众对节目的兴趣和记忆点。

> 浙江卫视重点推周五节目，一般通过定向的自有媒体，比如浙江卫视官网、官微、公众号、中国蓝 TV、有合作的纸媒，买断公交站牌、地铁广告牌等户外媒体进行推广。
>
> ——浙江卫视广告部前业务经理李太乐（访谈，2016.6.7）

> 第一季的时候，卫视可谓是举全平台之力托举《中国好声音》。5月就开始给节目预热，在集团下属的频道、电台滚动播出宣传片，并开设节目专栏，反复提醒首播时间，力荐节目。临近播出，更是加快了宣传节奏。播前三天在卫视和高收视地面频道进行"距《中国好声音》开播还有××天"的动态角标预告，在各广播台滚动播出音频版预告片，并在首播当天的其他节目中纷纷预告当晚精彩花絮。
>
> ——浙江卫视工作人员 Li××（访谈，2016.6.17）

主节目以外，我们还有导演组专门打造《中国好声音》的衍生节目，紧跟主节目播出。衍生节目是传统媒体和网络媒体联动的一次尝试，反响还不错。

——《中国好声音》导演组工作人员 Huang×× （访谈，2015.8.11）

可见，宣传片、预告片等常规宣传手段，《中国好声音》主体节目，外加衍生节目，形成了规模化的纵向节目链条。不仅拉长了频道晚间的黄金时段，还通过集群化的品牌建构，培养了观众的晚间收视惯性，一定程度上拓宽并稳定了受众流。

再看《了不起的挑战》，除了央视一套播放节目看点、节目花絮、节目宣传片等方式宣传推荐外，央视还依托其强大的平台资源，灵活利用自家节目进行多方位造势。2015 年 11 月 12 日，央视新闻频道（CCTV13）《朝闻天下》播出了 1 分 28 秒的首播预告，宣传了节目的具体播出时间、播出平台、节目定位和特色介绍；2016 年 1 月 10 日，《朝闻天下》又播放了第四期节目"消防特辑" 1 分 23 秒的精彩花絮，被网友戏称为中国综艺史上最高级别的综艺节目宣传方式。

此外，央视还在《今日说法》、热播电视剧等黄金节目资源中嵌入《了不起的挑战》的节目宣传，可谓是借央视强大的平台影响力共同托举新节目。

（二）线下媒体和活动推广

浙江卫视制片人姚译添认为，做节目的宣传推广，令观众产生强烈的直观感受是最基本的条件之一。因此，为了营造线上线下齐联动的宣传效果，一般都会在节目播出前期和播出档口，将节目宣传广告在户外大屏、灯箱、路牌、地铁、移动电视端等众多户外媒体渠道进行全方位立体式投放，以达到铺天盖地的宣传效果。有数据表明，第三季《中国好声音》播出前两周、节目中期两周以及盛典前两周，全国有 166 块户外大屏，全天滚动播放 30 秒节目宣传片。播出当天，全国主要城市还同步直播主节目，制造传播噱头，最大限度地传播节目，扩大影响力（尹竹君，2015）。

除了户外媒体宣传造势之外，节目组还时常依托平面媒体来深化传播内容，拓展传播空间。一般来说，平台方和制作单位都有相对固定的日常维护媒体，待节目需要营销推广时就会借助深度软文或者知名人士背书等方式来深耕节目，帮助提炼节目特色和内涵。就《中国好声音》而言，大型音乐励志类评论节目的宣传定位、明星导师、正版授权、国内一线制作团队灿星、多年养成的音乐类一线平台浙江卫视等都是媒体可以炒作渲染的切入点。与相对碎片化的网络信息相比，平面媒体能够充分满足受众对于节目内容深化的需求，提供更多更高质量的节目内容解读，在深度和广度上强化节目的整体传播效应。

据灿星宣传组工作人员 Gao×× 介绍，《中国好声音》与全国 14 座重点城市的核心平面媒体建立了长期合作关系。这些媒体单位受邀参加节目的新闻发布会、导师发布会、首播看片会、首映会等活动，并时不时进入节目录制现场探班，多维度提供节目的实时追踪报道，为观众第一时间呈现节目进展和背后趣闻。

与此同时，《中国好声音》还通过大量的线下推广活动，让节目近距离走进目标受众，强化观众的品牌记忆。节目开始前，就在全国 15 个重点城市举行了选手推介会，为节目进行预热造势；播出期间，开展了一系列诸如"好声音，学子情"的公益性活动，扩大节目的宣传力度和品牌影响力；本季结束后，又举办了全国巡演，开设演唱会，举办音乐节、校园行，投拍电影和连续剧等季后活动，不仅延续了节目的影响力，继续占领市场优势，同时还能形成规模经济，提升受众的品牌忠实度。

在一系列线下活动中，作为冠名商的加多宝功不可没。它不再是单纯投钱的赞助商，而是充分利用自身资源和渠道为节目做地推活动，实现台上与台下、节目到现实、内容和营销的双向联动，为《中国好声音》的成功奠定了坚实的基础。

> 加多宝不仅仅是个赞助商这么简单，它已经成了节目的深度合作伙伴，替《中国好声音》做了许多线下和地面的推广。它利用自身资源，将节目宣传海报贴到终端销售渠道，让节目影响力触及平台原本可能无法覆盖到的三四线城市；与此同时，还配合节目进度，做了一系列海选、推介会等活动，通过与受众的互动营销，在宣传自有品牌的同时扩大了节目的宣传力度。
>
> 立和（中国）传播机构加多宝媒介执行专员 Liu××（访谈，2015.12.18）

（三）网络媒体

近年来，"限娱令""限广令"的政策性调控，使得传统电视平台娱乐节目的生存空间不断被挤压。越来越多的娱乐内容开始转向网络媒体，依靠网络媒体的二次传播效应，延展节目覆盖面和影响力。

《中国好声音》充分借助各大门户网站和视频网站来为节目造势；在腾讯视频、搜狐娱乐、新浪娱乐、凤凰娱乐、网易娱乐、百度等门户网站上设置节目专题，通过节目内容置换网络最优推广位的方式，达到更加集中有序的传播效应。节目宣传方根据网络传播的特点，进行相关话题的策划和节目专题的建设工作，借助视频、图片、特写、消息、评论等多样化的报道方式，发酵优质内容和热点话题，形成几何式的传播效应。

腾讯视频作为第三季和第四季《中国好声音》的视频独播门户网站，不仅给观众带来了高品质的网络视听盛宴，两季累积播放量达90亿次（摘自灿星公司资料：《中国好声音》独占信息网络传播权授权书）；还依靠自身超级平台的联合运营优势和营销推动策略，让《中国好声音》坐拥极其强劲的互动能力。

> 腾讯是我们的战略合作伙伴，通过它的自有渠道，腾讯视频、腾讯娱乐、微视视频、专题页面等，帮助我们推广节目的宣传片、片花、花絮、海报，以及一系列线上线下的活动。
>
> ——灿星工作人员 Sun×× （访谈，2015.7.22）

> 一些关于节目、导师、学员的话题或者重磅新闻，我们都会第一时间告诉腾讯，它会利用全平台的资源优势发布一些驻组笔记、专访消息、行业发声、乐评意见等内容，进行宣传配合。我们也会及时提供一些当期的高清图片、重点学员名单、学员的演唱视频等素材，便于实现两个平台间的资源互动。
>
> ——灿星宣传组工作人员 Gao×× （访谈，2016.8.13）

与此同时，腾讯还积极打造《中国好声音》的衍生节目，衍生出《重返好声音》《有料好声音》《剧透好声音》《好声音正传》《微视好声音》《寻找好声音》《下一站好声音》等8档节目，不仅实现了主体节目与衍生节目的深度互动，还通过网络平台的"好声音节目集群"，延伸了节目的平台空间，完成了从传统电视媒体到网络媒体，再回到传统电视媒体的多层级循环传播，更大限度地实现了节目短期内迅速发酵的预置传播效果。另外，腾讯视频作为社交平台的强大基因，为节目注入了大量活力。"摇一摇反向选择梦想导师""摇一摇给未转身学员进行转身评定"等新式玩法，促使网台之间的跨媒体互动不断升级，给用户带来了极致的创造性体验。

同样，《了不起的挑战》在视频网站上的表现也相当强劲，甚至远超央视播放平台的收视热度，实现了"老一辈看央一，年轻一代看 A 站、B 站"的全民综艺目标。据统计，该节目 CSM35 城市组平均收视为 0.659（摘自灿星公司资料：《了不起的挑战》收视分析报告），远远低于节目组收视预期，且不敌央视其他综艺节目。但是，节目在 A 站（AcFun 弹幕视频网）和 B 站（Bilibili 弹幕视频站）上却疯狂圈粉。尤其是 B 站，节目中大量使用的二次元背景音乐，鬼畜风格的节目画面和片段，以及颇具话题性和爆点的节目内容，高度契合了 15~22 岁为主的 B 站用户群的集体吐槽需求。数据显示，每期节目视频网站平均播放量为 3068 万，B 站平均弹幕为 8.8 万（吴立湘，2015）；节目牢牢占据 B 站搜索量第一的位置，"在 B 站刷弹幕看央视"成为一种新兴的收视时尚。

调研时了解到，鉴于节目在 B 站上的口碑持续发酵，节目组趁势在后续的节目内容中添加了许多 B 站元素，并将很多传统平台不适宜播放的，尺度较大的节目花絮、节目片段等内容移送至 B 站播出。这种随时把握收视风向的营销推广模式，共同助推《了不起的挑战》成为街头巷尾纷纷安利的热料。

除此之外，越来越多的综艺节目利用社交媒体进行节目的日常宣传，通过话题营造、事件营销等方式，全媒体、多屏化地拓展节目的受众群，引发节目的裂变式反应。

以《中国好声音》为例，灿星宣传总监陆伟坦言，微博营销是节目各类推广渠道中收效最明显的手段（张捷，2014）。

> 在微博的运营模式上，我们有借鉴美国版的一些做法。实时更新官微，发布一些节目预告、幕后花絮、学员故事，抛出一些观众感兴趣的话题等等，在全方位立体化宣传推广节目的同时，与观众建立更深层次的线下情感交流。
>
> ——灿星宣传组工作人员 Gao×× （访谈，2016.8.13）

> 官微的更新时间和发布内容是有一些规律的。节目开播前我们主要在 10:00—12:00、14:00—17:00、21:00—22:00 这三个时间段来发布信息，相对

来说用户互动比较多。发布内容主要是预告节目首播时间、节目看点和精彩花絮等，为节目造势。节目播出期间，我们把晚间发布时间提前到 20:00—22:00，并趁着节目热度增加发布量，提高发布频率，公告更多的节目直播实况、学员演唱视频、导师妙语集锦，或者抛出一些悬念，制造一些话题等，与观众进行讨论互动。本季节目结束后，官微的主要作用就是延续节目热度，所以会回顾本季的精彩看点，公告与节目相关的线下活动，下一季启动的相关信息，以及学员的后续动态等。

——灿星宣传组工作人员 Gao×× （访谈，2016.8.13）

微博营销最大的特点在于形成裂变式的传播网。因此，在做好常规宣传之外，《中国好声音》还会走上行路线，依托微博大 V、明星导师等意见领袖，为节目定基调，实现口碑式营销的宣传效果。

我们非常重视意见领袖的作用，通过他们来拉动潜在观众，并且向大家传达节目理念：这是一档注重音乐品质的节目。

——灿星宣传组工作人员 Gao×× （访谈，2016.8.13）

你看《中国好声音》首播当晚，姚晨、冯小刚、张靓颖等一批大 V 在微博上不加掩饰地表达对节目的赞赏，这就好比引爆的导火索，带来了节目第一波的网络热捧。节目借大 V 的粉丝量来积聚自身的粉丝量，实现了二级乃至多级传播，达到了裂变式的传播效果。

——SAE 高级客户主任俞舒雅（访谈，2016.5.27）

《中国好声音》用大 V 做有偿推广，是比较成功的，卫视领导经常表扬说灿星这块营销做得好。

——浙江卫视广告部前业务经理李太乐（访谈，2016.6.7）

除了大 V 之外，节目组还充分利用明星导师、媒体人自身的社交圈子来进行节目圈粉。四位导师在个人微博上卖力吆喝，通过公布节目最新动态、视频预告，配发节目录制现场图片，汇报个人最新感受，导师间相互评论互动以及导师和学员互动等形式，充分发挥明星效应，为节目做推广。同时节目组还大力邀请记者、娱乐明星好友参加现场节目录制，看片会等活动，依托他们在微博发布感受和评论的方式，进行舆论风向的引导。这些举措，使得节目在实现圈内传播的同时，又保持着较高的粉丝互动量，形成了积聚的传播效果。

与此同时，节目组还非常善于制造轰动性话题，利用微博、微信、论坛等媒体力量以及观众口碑，发布与节目相关的热点信息，让大家在搜索节目信息和观看节目的过程中形成热烈的互动讨论，从而达到营销推广的目的。

> 周五播出的节目，除了前期的预热之外，周六周日需要对上期节目进行提升，制造一些热门话题，以便能够在百度指数、微博话题指数、综艺指数、网络点击量等方面都有比较好的表现。
>
> ——浙江卫视制片人姚译添（访谈，2016.7.10）

新浪微博"微话题"下面的"综艺话题榜"就是对时下最热话题的排名，排名越靠前，说明节目在微博上的关注度就越高。《中国好声音》播出期间，经常能问鼎话题榜榜首，除了节目本身的热度和对话题的成功运作之外，也折射着和新浪深层次的战略合作关系。

> 新浪会跟一些好的节目进行资源置换，比如每期节目出现几次新浪微博的压屏条，让你关注节目话题，这样的资源交换就能保证每周五晚上相应时间段节目的节目话题一直位于榜首位置。《中国好声音》是买断了的，开播前一天微博上铺天盖地都是节目信息，前期造势效果非常好。
>
> ——浙江卫视广告部前业务经理李太乐（访谈，2016.6.7）

> 新浪话题排行榜占据榜首位置的，一般都是有深度战略合作关系的。推广部手上有资源和渠道，会定期维护，一到关键时刻或者需要用的时候，就会全面散开发布。但是刷榜价格非常高，所以不一定每期节目都刷榜，这涉及一个成本权衡问题。
>
> ——浙江卫视制片人姚译添（访谈，2016.7.10）

相较于《中国好声音》前期策略性的微博运营模式，《了不起的挑战》这档完全靠"自来水"（不请自来的"水军"）撑起话题的节目，在引爆 B 站以后，节目组开始慢慢重视其在社交媒体上的运营，并逐渐采用多种方式为节目升温。最终节目官微吸粉 20 万，算上节目嘉宾，总吸粉量为 516 万（摘自灿星公司资料：《了不起的挑战》项目总结报告）。

微博运营方面，节目官方微博作为官方信息的统一出口，会定期发布节目预告、精彩花絮、节目直播、视频集锦、粉丝做的表情包和弹幕、创意海报等内容，为节目宣传造势，以增加受众与节目的黏度。

　　我们在 B 站没有安排"水军"，都是"自来水"把节目送上了热搜。并且，随着节目在 B 站的不断爆红，B 站领导也开始重视这个节目；还有一大波大 V 也自发地帮助节目进行宣传。

　　　　　　　　——灿星宣传组工作人员 Gao××（访谈，2016.8.13）

　　我们会在官微上推一些节目海报。除了符合央视调性的正能量宣传之外，还发布了一些关于节目爆点、看点以及创意类海报。比如，第二期节目就用了国民 CP（Character Pairing，基于文学作品或电视节目中相关人物的配对）阮经天和华少嘴对嘴喂包子的画面做宣传；再比如，结合热播电视剧《太阳的后裔》、第 88 届奥斯卡颁奖礼做事件营销，依托事件的热度反哺节目。

　　　　　——《了不起的挑战》导演组工作人员 Chen××（访谈，2016.8.13）

　　此外，《了不起的挑战》官方微博还与央视一套、央视新闻、爱奇艺综艺、新浪娱乐等官微频繁互动。2016 年 1 月 3 日，央视新闻官微给第三期节目"聚商之路"做的宣传，就达到了 180 万的阅读量，可谓实现了较好的传播效应。与此同时，除了前期大 V 们自发地对节目推波助澜外，节目组也开始有意识地加强和大 V 们的互动。节目官微通过将原创性的内容扩散到微博大 V，借助他们庞大的粉丝基数来实现信息的二次传播，无形中扩大了节目的辐射力和影响力。

　　另外，新浪微访谈、节目专属贴吧、豆瓣、知乎等多媒体平台的成功运作，共同造就了节目的话题热度居高不下。数据显示，第一季节目主话题 # 了不起的挑战 # 总阅读量 14 亿，讨论量 95.9 万，提及次数 93 万次；12 期台网子话题总阅读量破 1.6 亿，总讨论量 6.4 万；节目播出全程 3 次电视指数榜第一，8 次电视指数榜前三，12 期节目均排电视指数榜前五（摘自灿星公司资料：《了不起的挑战》项目总结报告）。

　　综上，我们可以适当总结出当今综艺节目宣传的运作逻辑。首先，通过播出平台和线下媒体对活动的宣传，形成关于节目的初步印象；然后，依托门户网站、社交媒体等新媒体方式，构建线上的节目互动讨论社区，让节目内容和热点不断发酵和扩散，形成新的注意力聚集和影响力发散效应。这种线上线下叠加的宣传模式，充分实现了目标观众的全媒体覆盖，达到了彼此助推、相互累进的传播效果。

二、赞助商的借势营销

借势营销（event marketing）是指以经济效益或者社会效益为目的，在营销活动中借助人物或者事件的影响效应，达到宣传、销售以及提升产品形象的传播目的（张玉蓉，2014）。如今，广告市场的集约化趋势越发明显，越来越多的广告商向优质平台的优质资源靠拢；他们一方面纷纷砸下重金为节目保驾护航；另一方面更希望依托节目资源和传播力来提升品牌影响力和品牌价值，实现品牌和节目的共振共赢。

（一）深度捆绑节目的营销推广

高收视、高到达率和覆盖率，高影响力和渗透度，是优质节目资源的标配。

实践中，广告商通过捆绑节目理念、节目内容，节目形象等深层植入策略，进行自身品牌的借势营销，起到事半功倍的效果。

加多宝与《中国好声音》的"联姻"就是一例成功的典范，连续四季节目的合作使得"正宗好凉茶，正宗好声音"的理念深入人心，品牌与节目产生了天然联想。《中国好声音》秉承的"正版节目"属性为加多宝的"正宗凉茶"诉求提供了背书，高度契合的理念激荡出 1+1 ＞ 2 的化学反应，在中国凉茶市场中确立了清晰的品牌形象。

> 加多宝和《中国好声音》合作的时机比较好。2012 年，加多宝刚刚痛失"王老吉"凉茶商标使用权，必须进行换标；而广药收回商标权后又重推"王老吉"红罐凉茶，抢占原本属于加多宝的市场。那会儿的加多宝就一直在寻找机会，希望能抢回市场，重塑品牌形象。《中国好声音》正宗、正版、正统的节目定位和加多宝主张自己才是正宗凉茶的品牌诉求高度一致，"正宗"引发了两者在品牌定位上的共鸣，于是加多宝在对外推广时，一直以"正宗"为品牌核心，高度捆绑节目理念，让自己是正宗凉茶的效应不断发散，建立起消费者的认同感。
>
> ——浙江卫视广告部前业务经理李太乐（访谈，2015.6.7）

前几季加多宝都主打"正宗"口号，还推出过"向正宗致敬"的系列创意海报，既向"正宗好声音"致敬，又向"正宗好凉茶"致敬，一语双关，推出后反响热烈，顺利完成了品牌过渡。

——杭州立和广告传媒有限公司加多宝媒介执行专员 Liu××

（访谈，2015.12.18）

2014 年，加多宝"红罐之争"一审败诉后，推出了换装版"金罐"凉茶。为了迅速扩大市场知晓度，加多宝再次依托第四季《中国好声音》进行产品升级换代的宣传。加多宝提炼了"移动互联网＋加多宝中国好声音金彩季"的品牌理念，寓意新一季《中国好声音》不仅会在导师、学员、赛制等内容方面升级，而且还会因"互联网＋"概念的引入带来线上线下营销推广模式的升级（摘自灿星公司资料：第四季《中国好声音》加多宝宣传方案）。这样一来，品牌升级诉求便与节目模式升级实现了高度融合，观众对新一季节目的期待会自然关联到对加多宝新品的期待，从而完成自身品牌的营销。

现在冠名费都是亿万起价的，所以品牌商一旦赞助，就想最大化地利用好这个 IP，实现价值效果的最大化。他们会考虑把节目理念内化到企业文化中去，实现二次传播和营销。比如途牛就是"中国好声音，中国好途牛"。

——浙江卫视广告部前业务经理李太乐（访谈，2016.6.7）

除了深度捆绑节目理念的借势宣传外，广告商也积极谋求节目形象和品牌形象间的勾连，以便将受众对节目的关注度、满意度和忠诚度关联到品牌上，强化品牌联想度。加多宝在第三季《中国好声音》启动的同时推出了好声音促销装 V 罐凉茶，将节目标志性的"V"形 Logo 嫁接到了红罐包装上；并依托线下强大的渠道支持，将 V 罐凉茶和十万份《中国好声音》收看指南送至观众手中。这种利用品牌和节目共生关系的品牌传播活动，深化了受众心中品牌联合的记忆，也更好地凝练了品牌形象。

与此同时，广告商也会在节目内容上设计一些巧妙的植入，或者研究节目内置的一些爆点，借节目影响力实现品牌推广。第四季《中国好声音》为了主推"金罐"概念，在角标位置和导师转椅处都放置了具有"金"字内涵的金罐，并通过导师着装植入、语言植入、现场道具植入等方式，全方位凸显金色元素。（摘自灿星公司资料：第四季《中国好声音》加多宝宣传方案）

我们一般会研究节目里面的一些爆点，看有没有可能在后期宣传上做些品牌结合。例如，第四季人气学员陈梓童走中国风，唱周杰伦的《双节棍》令观众印象深刻，我们在做 KV 的时候就把两根棍子改成了百雀羚的瓶子，实现了品牌植入。又如，那英在小二班对战时唱了《默》，她坐在石头上唱歌成为一个经典造型，百雀羚就把石头换成了百雀羚的罐子进行品牌宣传，反响还不错。

——百雀羚微博微信推广专员吴金玲（访谈，2016.6.11）

再看《了不起的挑战》这个节目，由于播出平台是央视，节目中合作的商家并不多；冠名商上汽荣威 360 除了硬广资源外，软性植入很少。因此品牌商更多借助节目看点和品牌特性进行宣传营销。例如，第五期运动特辑中，曾是奥运游泳储备选手的阮经天自爆当年 1500 米最好成绩是 17′30″，得到了奥运冠军孙扬的肯定。荣威 360 借此打出了"数据是证明实力的最好说服力"的宣传海报，嫁接该车油耗低值得信赖的品牌优点。又如，第六期"人机大战"中，人力洗车与机器洗车进行比拼，品牌商又借此打出了"一路泥泞无所谓，燃烧动力向前追"的宣传口号，意指荣威 360 马力强劲、动力十足的产品性能。

由此可见，品牌通过节目的联合营销，由借势变成了造势，实现了自身品牌的盛宴，品牌知名度和品牌价值均有了较大程度的提高。

（二）结合社会热点事件的话题营销

引爆话题，增加传播的谈资，成为广告商借势营销的又一重要举措。通过寻找具有新闻价值和社会影响的事件，深挖事件与产品的结合点，以达到吸引消费者、扩大品牌知名度和美誉度的目的。第四季《中国好声音》把金罐内涵和当时的热点话题进行结合，还依托一系列的节庆热点、民生热点、文娱热点、局势热点等社会热门话题，催生各行各业的"好声音"。不仅深度诠释了品牌内涵，拓展了品牌外延，还实现了品牌价值的多次传播。

建立受众的品牌认同话题一般要有节点性的东西，如最近很热的事件、热点话题、时下的网络热点、节庆等，一定是能跟大众有共鸣的东西。

——365 安全食材品牌策略专员吴慧芬（访谈，2016.6.11）

当然，为了达到营销效果，话题还得利用好微博、微信、论坛等多渠道进行推送，借助社交媒体之力达到持续被关注的效果。

相较于微信，微博只有 140 个字，体验少，表达方式也受限，所以现在品牌商更多借助微信公众号，或者跟一些大 V 合作，以推送软文的方式来达到品牌宣传潜移默化的效果。

　　现在客户都希望把微博力量转移到微信公众号，公众号有特定的区域人群，投放更加精准，表达也更加多元化。现在微信常用的是 H5 的广告投放。

　　　　　　　　　　　　——365 安全食材品牌策略专员吴慧芬（访谈，2016.6.11）

　　百雀羚就侧重于公众号推广，写一些软文，尽量淡化推广的感觉。比如，今年主推红配绿，我们在写策划的时候会先写今年大牌的服装设计都是撞色搭配，然后再提问今年最流行的撞色是什么，是《中国好声音》的红绿配，这样就自然把品牌特色引出来了。

　　　　　　　　　　　　——百雀羚微博微信推广专员吴金玲（访谈，2016.6.11）

与此同时，品牌商还会选择一些跟品牌调性相符的大 V，以公关软文的方式，借助他们的影响力进行口碑传播。

由此可见，选择易渗透、宜传播、有情感共鸣的话题，借助社交媒体的有效运营，达到凝练品牌特色、扩大品牌传播力、粘连目标受众的情感传播力的目的，最终实现品牌的增值和收益。

（三）针对受众的互动式营销体验

受众是品牌运营的终端消费者。注重用户体验，刺激产品消费是品牌商的最终目的。互动式营销具有实时、互动的特性，通过互动激发受众分享和体验，实现品牌知名度和用户黏性的双向提高，越来越受到品牌运营商的偏受。

　　现在都讲资源整合或者跨界整合、异业联盟，就是把看似毫不相关的品牌、机构、渠道、人以及活动整合到一起。我们事先会权衡合作双方是否能够融合，也就是说彼此的目标客户、核心群体之间能否达到一致；再看对方能给我们提供什么渠道和资源。一般来说，异业联盟多半是在原有的推广基础上增加消费者的附加值体验，让他们成为有生活体验和参与感的消费者。因此，只要能够达到双方的利益点，都会合作。

　　　　　　　　　　　　——365 安全食材品牌策略专员吴慧芬（访谈，2016.6.11）

加多宝通过多渠道的互动式营销，将消费者变成了真正的参与者，在体验和分享中优化营销效果，建立起消费者和品牌的关联。利用微信平台的互动性，观众不仅可以通过"摇一摇"的方式，在加多宝官方微信中给喜欢的学员投票加油；还可以微信上传自己的歌声，收获导师的点评。这样的互动性体验与节目高度吻合，等于在社交媒体上开辟了《中国好声音》的第二战场，在受众参与中深化品牌认知，强化品牌记忆和忠诚度。与此同时，首播当日，受众在微博客户端发布带有"好声音"的微博，就会跳出带有加多宝品牌的背景；如果在网页端搜索关键字"升职""加薪""结婚"等内容，页面还会立刻跳出"金罐加多宝好声音"的彩蛋。这样的互动创意无疑拉近了受众和品牌间的关系，让每个人都成为品牌传播链条中的一份子。

> 我们也会贴合节目做一些互动式体验，扩大品牌形象和曝光度。比如我们会找一些这季比较火爆、传唱度高的歌，让大家在 H5 里面唱，唱完把自己录的歌发送给后台，并转发到朋友圈，开启投票功能，票数最多的就能赢得 iPhone 手机。由于节目本身是唱歌类节目，爱看《中国好声音》的观众本身也是爱唱歌的，所以这样的互动体验，就比较鲜活，参与感强。
>
> ——百雀羚微博微信推广专员吴金玲（访谈，2016.6.11）

可见，依托社会化媒体让受众真正参与到品牌的传播过程中，通过营造良好的用户体验和个人感受，让消费者成为品牌营销的直接参与者和推动者，不仅有利于完善品牌的营销内容，而且也让品牌价值和品牌诉求释放得更加彻底。

第二节　"真"与"秀"：
包裹着文化和艺术外衣的资本策略

真人秀节目如何成功把握"真"与"秀"的平衡，成为每个电视节目制作人必须面对的重大议题。一方面，"真"是"秀"的前提和基础，限定了"秀"的内容、方式和范围；另一方面，"秀"又是"真"的表现形式和重要手段，通过选择、加工、拼接、转换节目素材，提升节目的艺术价值和观赏性，让受众更好地理解节目所想传达的"真"。

以《中国好声音》为例，经过几次现场录制的田野调研，笔者发现节目组通过生产阶段一系列策略性的安排，为后期剪辑提供了丰富的素材，以便更好地呈现节目产出时的看点和悬念，实现商业利益和节目理念的共赢。

《中国好声音》被戏称为"好故事"，专门设置"故事导演"去提炼每个"声音"背后生命个体的情感和情怀，在确保不编造、不篡改事实的前提下，将个人最闪光的部分无限放大。故事导演会不断地、长时间地与学员交流，了解其职业、情感、家庭等方方面面的情况，挖掘每个细节，梳理学员的人生故事。故事导演有时还会帮助学员确定歌单，结合他们的人生经历，选择那些能打动他们自己，同时也能感染别人的歌曲。调研了解到，平安的《我爱你中国》就是导演组考虑到其是知青子女给选的歌，成功地帮助平安塑造了形象和个体辨识度。所有这些事无巨细的学员故事梳理，为的就是台上短短几分钟的呈现。

> 《中国好声音》不是编故事，而是强调故事线，串联成故事线。不要以为真人秀都是在编故事，其实不是的。
>
> ——《中国好声音》导演组工作人员 Xu×× （访谈，2016.5.17）

> 现在真人秀节目都会要求选手在表演才艺的同时有真人秀的部分。所以，选手是不能没有故事的，而且每个选手的故事一定要十分精彩。
>
> ——东方卫视导演组工作人员马睿（访谈，2016.5.16）

调研了解到，导演组会给每位学员评分，满分 5 分，其中声音占 3 分，故事占 2 分。声音好且有故事性的，导演组会事先和导师进行沟通，让导师通过场上聊天的方式把学员故事带出来。为此，每位学员上场前，导演组都会给导师准备纸条，内容是导演组希望导师提问的问题，如"你叫什么名字？来自哪里？家人来了吗？"等，或者是对学员相关背景、歌曲背景等的提示。

综上，在消费主义意识形态盛行的社会体系里，"真人秀"从来都不是实在意义上的"真"，更多的是一种"真实娱乐"。基于经济利益和消费主义的考虑，生产者策略性地处理"真"与"秀"的平衡，放大、解构节目的某些内容或者环节，来满足受众的各种视觉和娱乐需求。这种裹挟文化和艺术形式来追求资本增值的表现手法，不可避免地会产生一些损害公共利益和公共价值的后果，要引起警惕。

第三节　模式在地"推广"中的权力互动

节目模式宣传推广阶段，涉及传统平台与视频网站的互动方式，赞助商借助节目营销宣传的尺度和利益平衡，以及模式方与制作方围绕版权和模式衍生权益分配问题所可能引发的利益纠纷。总体来看，各方主体采取价值趋利的竞争策略参与博弈，以期在不破坏利益共同体的前提下谋求资本利益的最大化。

一、传统平台与视频网站的互动模式

台网联动是当今电视媒体与新媒体融合的主要趋势。有数据显示，相较于开机率逐渐走低的电视平台，视频网站的人均日收视时长达到了 1.8 小时，超过了电视平台的人均日收视时长 1.68 小时（张巧，2014）；并且，传统电视平台由于"限娱令""限广令"的政策性调控，生存空间不断被挤压，迫切需要依靠网络媒体来延展节目覆盖面和影响力。因此，视频网站逐渐成为电视媒体发展和延伸其内容产业链，实现资源优势互补的重要合作伙伴。视频网站可供随时点播的存储方式改变了先前只能通过"重播"来延长节目播放时间的缺陷，有效地捕捉了流失的受众群，提高了节目的有效传播率和资源利用率；与此同时，网络节目相对宽松的政策空间，成为越来越多综艺节目借势孵化的重要平台。受制于电视平台时段和时长的约束，一些节目中被迫删减的素材，以及因为政策调控而无法播出的情节、片段，都可以在网络平台上得到发酵，在节约成本的同时进一步扩大了节目的影响力。《了不起的挑战》就是一例，央视平台的特性使得娱乐性质过强的内容都无法在电视台播出，遗憾之余，节目组将内容制作成花絮，移师网络平台，没想到一举引爆了 B 站，成功助推了节目影响力和知名度的二次发酵。

早期的台网互动形式比较简单，流于浅层，即电视台在播放节目的同时，将节目同步挂到网站上供受众点播。这是一种较为松散、短期的合作关系。随着电视市场竞争的不断加剧，以及商业性视频网站的迅速崛起，这种初级阶段的台网互动形式越来越无法满足双方的需要，"以优质的版权视频资源为核心，整合联动电视频道和视频网站两个播出平台，实现对目标受众的无缝隙覆盖，建立赞助商品牌与优质节目品牌的关联，从而大力提升广告投放效果"（牛超杰，2014）的深度合作形式日益受到双方青睐。视频网站以贴片广告、插入广告、网站首页宣传等方式为节目做推广的同时，也迫切希望这种"内容＋平台"的跨媒体合作形式能带来平台收视率和网站点击率的互惠转化，以便借节目的传播力和影响力来提升平台形象。因此，现象级综艺节目是视频网站获得稳定点击率的重要支柱，优质节目资源成为各大网站争夺的焦点。根据美兰德"电视节目网络传播指数"监测数据，2015 年度一线卫视季播真人秀成为网媒关注的绝对焦点（北京美兰德媒体传播策略咨询有限公司，2015）。网媒关注度排行榜前 20 中，季播节目占了 14 个，其中来自湖南卫视、浙江卫视、东方卫视、江苏卫视等一线卫视平台旗下的综艺节目占了七成份额。

与此同时，优质视频网站同样成为综艺节目抢占的焦点。据统计，2015 年上星综艺节目视频点击量前三大来源分别是腾讯视频、爱奇艺、芒果 TV，分别占据 37.7%、21.2% 和 12.3% 的市场份额（北京美兰德媒体传播策略咨询有限公司，2015）。

合作形式上，综艺节目的台网互动类型由多屏分发向独播时代迈进。以《中国好声音》为例，2012 年第一季节目选择了联播形式，在优酷、爱奇艺等11 家视频网站同步播出；此后，《中国好声音》不再采取版权分销模式。2013年，搜狐视频以 1 亿元价格拿下了第二季节目的网络视频独播权；2014 年，腾讯视频以 2.5 亿元价格获得了第三季节目的全网独播权，并创造了 42 亿的播放量。2015 年，腾讯视频继续独播第四季《中国好声音》。与联播相比，采取独播形式，视频网站需要支付高额的版权费用；并且在版权日益受到重视的今天，内容采购已经成为视频网站成本支出中增长最快的部分，成为影响其发展的重大压力来源。有数据表明，2007 年至 2009 年，采购成本在视频网站总成本中的占比一直不到 10%，但 2010 年前三季度这一比例已经上升到了 22.71%（陈彬彬，2013）。此外，采取独播形式意味着在无法分担成本的同时，也无法分摊风险。对此，独播视频网站在利用自身资源为节目宣传造势的同时，也会坚决捍卫自身独占信息网络的传播权益。

据浙江卫视广告部前业务经理李太乐介绍，为了保证第四季《中国好声音》平台内容的播出，浙江卫视规定腾讯视频当晚的视频直播必须在卫视首播 30 分钟后才可以上线。腾讯在遵守这一约定的同时，巧妙地通过投放大量节目预告片、宣传片、节目集锦等方式，来吸引网络平台用户。并且，腾讯还充分利用自己第一社交平台的影响力，进行节目播出预告。首播当晚 20:30 前后，腾讯就开始向微信朋友圈陆续投放播出广告，大概到 21:30 才结束。这个广告里面是只有腾讯视频的播出时间，没有浙江卫视的播出时间，为的就是尽量把潜在受众往自己的平台引流。

另外，对于一些未被授予播出权的门户网站，也时刻通过策略性的安排，来拓展自身的权益空间。"中国蓝 TV"负责人刘栋提到，《中国好声音》采用独播形式，使得作为浙江卫视官方网络平台的"中国蓝 TV"无法像其他卫视自制节目那样，一搜索节目视频就跳出"中国蓝 TV"的主页进行同步网络直播节目，但他们通过 360 影视、分版页等方式来间接做些引导，把观众带向自身平台。

与此同时，独播视频网站还主动出击，充分利用节目资源深耕细作，在版权使用、节目资源研发、节目内容营销拓展等方面出谋划策。第二季搜狐独播，自制了《冲刺好声音》《K 歌之王》《好声音英雄谱》等衍生节目；第三季腾讯视频整合微博、微信等全媒体资源，开发了《寻找好声音》《微视好声音》《重返好声音》《有料好声音》《剧透好声音》《重返巅峰》等 6 档衍生节目，创造了 9.6 亿的播放量（广告导报，2014）；第四季《中国好声音》，腾讯一连打造了《重返好声音》《有料好声音》《剧透好声音》《好声音正传》《微视好声音》《寻找好声音》《下一站好声音》等 8 档衍生节目，形成了网络平台的"好声音节目集群"。这种深层次的"联动"方式，不仅充分拓展了节目平台空间，而且也是借势节目强大的传播力反哺平台建设的共赢举措。

综上，传统平台与视频网站的竞争，实质是技术层面的博弈，旨在依托技术所提供的渠道和平台，来实现经济利益的扩增。目前来看，彼此间还是共赢式地合作为主。一方面，视频网站为电视媒体扩展收视群体，提升节目影响力和品牌知名度；另一方面，收视联盟的达成也有利于视频网站弥补内容短板，强化平台竞争力。不过，随着视频网站不断加大对自制综艺节目的研发与投入，网络平台的内容优势会逐渐凸显，"平台＋内容＋终端＋应用"的视频生态系统会和传统媒体一起角逐受众的客厅，届时双方的竞争性博弈可能会多于合作。

二、赞助商借势营销的尺度和利益平衡

一般而言，节目需要依靠赞助商强大的资金支持、强劲的线下执行能力和渠道组织能力，来宣传和推广节目；赞助商同样也需要依托节目强势的影响力、传播力和广泛的受众群来扩大品牌知名度，提升品牌价值。这是经济利益层面的博弈。由于赞助商借势营销的落脚点在于实现自身利益，其间可能会和制作方、平台方以及其他赞助商的利益发生冲突，这就涉及借势营销策略中尺度的把握以及相关利益的平衡问题。

以《中国好声音》为例，笔者在田野观察到，节目的录制外场有个大大的开间，里面都是各个赞助商的工作人员。他们会跟随整个节目的录制进度进行常驻，边看节目边做摘记，有时还会拍摄一些小视频。这一方面是为了记录自身品牌权益的体现情况，以及对比其他广告商品牌的权益体现情况；另一方面也是希望通过积极寻找节目爆点和话题，第一时间配合节目做好品牌推广方案。

> 《中国好声音》都是提前录的，前期唱得好的学员肯定是有爆点的。所以我们驻场的目的就是去记录一些唱得好的学员（四转的，或者导师们争抢的学员），记录一些爆点，拍摄一些学员视频等。我们后期要做 KV（平面设计），你前期素材越充分，那么做出来的东西就越形象、越贴切。我们也会用录音笔记录一些学员和导师的对话，这样就可以放在 KV 上作为一个营销宣传点。
>
> ——百雀羚微博微信推广专员吴金玲（访谈，2016.6.11）

广告商都会在《中国好声音》录制现场速记，挖掘亮点。前期速记内容越丰富，市场部后面进行策划的素材就越多。例如，哪些学员晋级、晋级顺

序、谁转身了、转身顺序等，这样就能在微博发起竞猜话题，答对就能赢得赞助商的礼品，这样节目就和品牌实现了联动。

——浙江卫视广告部前业务经理李太乐（访谈，2016.6.7）

驻场的目的就是把需要的素材拿回来，整理好，发给同事，看看对话、唱的歌、故事中有哪些爆点。一般来说，现场四转的，有故事爆点的都是要重点摘记的，然后后期研究推文怎么写。一般这个时候会召集全公司进行头脑风暴，找爆点，写方案。

——百雀羚微博微信推广专员吴金玲（访谈，2016.6.11）

对于赞助商而言，撰写推广方案，谋求自身经济利益最大化是第一位的。正如百雀羚微博微信推广专员吴金玲所言："我们是借助节目进行宣传，最终落脚点必定是我们自己的产品，所以不能只宣传节目。无论是 KV、海报还是推文，都一定要想方设法带入自己的产品，不然就等于浪费广告费给他人做宣传，作嫁衣。"

但是，赞助商在借势宣传的同时也要注意推广的尺度和边界，不能伤及平台和节目利益，不能侵犯肖像权、著作权等版权利益，不能有打压竞争对手等违背商业伦理的行为；同时还要有政治自觉和文化自觉意识，在约定的权利范围内实现自身利益的最大化。

诚然，不同主体有不同的立场和利益诉求，这很正常。对于电视台和制作方而言，宣传节目、维护节目利益是首要的。节目在实现自身推广的同时，自然而然地带上了赞助商的品牌露出；但除此之外，节目方是不会替赞助商做额外宣传的。并且，节目方还会给赞助商划定一个权利边界，涵盖素材等宣传资料的使用方式、使用期限、节目内容的保密约定等内容，赞助商则需要在严格遵守这些约定的基础上，做些创意结合，实现自身品牌效益的最大化。

品牌借节目做推广，各个宣传渠道能利用节目到什么程度，一开始就会谈好一个界限。在这个规定界限和范围内，品牌会有较大自由权。

——SAE 高级客户主任俞舒雅（访谈，2016.5.27）

赞助商会依靠电视台实现资源扩大化，但是不能违背电视台原则。比如海报不能改，艺人的单个肖像权不能抠出来，节目的 Logo 不能遮挡或替换，有特定的使用期限（一般为 3 个月）等等；这些事先都有约定。

————浙江卫视广告部前业务经理李太乐（访谈，2016.6.7）

广告客户自己营销，电视台只负责营销节目本身。海报的话只能用官方发布的海报，赞助商可以捆绑节目组同意的节目资源，但不能捆绑单独艺人，不能截图以后加自己的 Logo。

——浙江卫视制片人姚译添（访谈，2016.7.10）

与此同时，由于赞助商深度介入节目生产，知悉节目走向和发展进程，因此节目方一般都会与赞助商签订保密协议，加大赞助商提前泄露节目内容的违约成本。在《中国好声音》录制外场，笔者观察到赞助商房间的门上贴着一张告示，规定本房间仅限赞助商工作人员使用，并且要求赞助商代表将手机等通信设备上交给市场部统一保管。这是技术层面对节目内容的保障，以及对赞助商的制约。但是在实际操作中，该条规定并未真正发挥作用。大多数工作人员非但没有上交手机，还时不时地录制一些学员唱歌的视频，发送给公司。市场部的人时常进进出出，对这种明目张胆无视规定的做法比较宽容，未见明显干涉。笔者非常好奇，私下问了一位赞助商代表。人家调侃道："他们贴是他们的事情，我们干吗非得遵守呢？而且他们也就是贴了张纸，又没有采取什么硬性措施。这个规定只是希望我们不要提前泄露节目内容，这个我们都懂的，事先都有签协议，心里有数，不会违约的。我们拍视频也是给公司内部看看今年的学员质量，找点宣传爆点，都是些小范围的传播。"

《中国好声音》是混剪，学员顺序都是乱的，你不知道哪些学员今晚会播，所以前期相关的宣传方案都要准备好。一般来说，节目组周四会告诉你今晚播出哪些学员，你可以按照播出顺序，将之前准备好的内容进行宣传预热。比如周杰伦和那英现场联盟组成姐妹团那期，我们就在推文上预告现场姐妹联盟，关系进化到哪种程度，后期关系如何发展，有哪些看点，等等。但是这样的预热还是有限制的，我们签了协议，不能超越协议外的内容进行剧透。这其实也是出于共赢的考虑。

——百雀羚微博微信推广专员吴金玲（访谈，2016.6.11）

可见，赞助商基于自身利益需要，会在遵守约定底线的基础上做些弹性突破，而节目方也会在不突破底线的范围内，给赞助商一定的自由度，双方暧昧而隐性地互动着。

另外，经济利益方面还需要考虑版权等法律问题，这也是赞助商衡量营销成本的要素之一。尤其像《中国好声音》这样的歌唱类真人秀节目，导师、人气学员、热门歌曲势必会成为赞助商结合品牌宣传的爆点，但同时也面临着肖像权和歌曲版权的问题。基于成本考量，赞助商在宣传推广时会做些变通，做到既能嫁接节目热点，又无须支付高额版权费用或者承担侵权成本，以实现经济效益和社会影响的最大化。

> 《中国好声音》都是提前录的，所以需要驻场去抓热点，方便我们后期将任务做成漫画形式。用漫画一方面是考虑到百雀羚的品牌形象代言人就是一卡通软妹子小百，另一方面是用真人的话会涉及肖像权，成本比较高。现在这样既能和品牌结合，又可以避免版权问题。
>
> ——百雀羚微博微信推广专员吴金玲（访谈，2016.6.11）

> 现在H5很火，我们本来也想在百雀羚官方微信上玩唱歌类的游戏互动，扩大品牌影响。周杰伦的歌本来是最好的选择，但问了下版权费，要十几万到二十几万，特别高。因此，我们就在公司设了个录音间，把背景音乐找来，找公司同事唱，效果还不错。
>
> ——百雀羚微博微信推广专员吴金玲（访谈，2016.6.11）

文化因素方面，主要是配合节目内置的文化元素，做些跟品牌调性相符的线下活动；同时在宣传手段和内容上要避免低俗化，拒绝审丑，杜绝一切以负面性内容博眼球的推广方法。

> 虽然做宣传推广是为了吸引眼球，扩大受众面，但是如果宣传尺度太大，总局也会管。早些年很多电视台会用明星毒舌进行炒作来营造看点和话题，但现在综艺节目的品牌意识越来越强，一般都会杜绝任何通过负面内容来博收视的做法。
>
> ——浙江卫视制片人姚译添（访谈，2015.12.16）

现在推广都提倡和节目深度结合，引申出一些文化体验，进行捆绑营销。一般节目前期在立论和定基调的时候都会考虑文化元素，宣传的时候只要提炼下，再配合做些线下的文化活动，效果就比较好。

——浙江卫视制片人姚译添（访谈，2016.7.10）

在与其他品牌商的关系处理上，一般都有些默认的行业约定，如不能打压竞争对手；不得在广告中出现别的品牌，尤其是竞品；用明星的时候尽量用自己家的品牌代言人；等等。不过，由于综艺节目的赞助本身就排斥竞品，而且营销的时候各家也都是关注自己的产品，结合节目做推广，所以实际的利益冲突并不是很多。分歧可能会出现在对于节目组给出资源的利用上，一般可利用的资源范围会根据赞助额的大小有优先权的差别。

竞品一般不允许出现在同一档节目中，所以品牌本身就存在显著差异性。再加上各家推广都是希望借节目热度来深挖自己的产品，所以关注点有所不同，冲突也不多。

——百雀羚微博微信推广专员吴金玲（访谈，2016.6.11）

节目组放出来的资源，比如花絮、艺人的照片等（要事先确定艺人宣传是否同意），所有广告商都是可以用的；但是一些主要艺人可能只给大赞助商做代言。而且对于权益的使用，一般都会有规定，首冠客户优先购买，且有优先选择点位权。如果首冠客户放弃购买的，那么该资源就可以释放给其他客户使用，这个时候首冠客户就不能干涉其他客户的购买资格。

——SAE 高级客户主任俞舒雅（访谈，2016.5.27）

当然，虽然同档节目中不存在品牌之间非此即彼的直接竞争关系，但是消费者的注意力资源毕竟是有限的。因此，赞助商在宣传推广自身品牌时，也会选择放大与其他品牌的差异性，并且随时根据其他品牌的宣传策略，顺势调整自己的策略。

我们会考虑放大品牌间的差异性。比如百雀羚主推"红配绿"，就是利用百雀羚自身品牌的绿色调，其他品牌很难重合，像加多宝红罐就可能做"红红联手"之类的，这样势必在视觉感官上有非常大的不同。

——百雀羚微博微信推广专员吴金玲（访谈，2016.6.11）

对于竞争对手，一般先搜集品牌信息，了解它推的点是什么，我们该如何打它的点。一般营销策划阶段就会提前考虑。炒作话题的时候，会先看下对方这个时间段有无动作；如果有动作，会考虑针对它这个点做策划；如果没有动作，就按照自己原来的点做。

　　　　　　　　——365安全食材品牌策略专员吴慧芬（访谈，2016.6.11）

　　有时，品牌之间会相互合作，互相借势。虽然彼此是依托关系，希望达到共赢的效果。但是在话语权的分配上，依旧存在一个强弱对比，这取决于品牌背后的实力，谁更强势谁就往往占据主导位置。

　　　　　　　　——浙江卫视制片人姚译添（访谈，2016.7.10）

三、模式方与制作方赤裸的资本角逐

　　如果说营销是依托资本的介入来实现资本利益的扩大化，"真"与"秀"是通过包裹文化和艺术的外衣来实现资本增值的潜在目的，那么模式方和制作方之间围绕版权所展开的利益纠纷，则是最直接、最赤裸的资本角逐。

　　节目模式产出并不是产业链的终端，对于制作方而言，模式生产过程中扩充宝典内容所带来的版权利益、版权的续约问题，以及模式衍生利益的分配问题，都可能成为和模式方发生利益纠纷的焦点。

　　首先，模式不是僵化的铁板一块，本身就具有延展性。每季节目结束后模式都会被讨论、修订和优化，充分吸纳各国版本的有效操作和有趣经验，充实到下一季的节目宝典中。实践操作中，模式宝典内容不断扩充所带来的权益部分只归原版方所有，这很容易成为本土制作方和版权方的一个矛盾触发点。

　　明明是自己原创的点子，却最终被归到原版方的模式系统中，成为新模式的一部分再对外进行售卖；而整个过程中各国版本的制作人都是不参与分成的，这是原版方比较霸权的表现。

　　　　　　　　——电视节目制作人王刚（访谈，2015.5.23）

　　其次，随着模式市场交易日趋规模化，以及模式引进热度的不断上涨，高额的版权续约费用又成为困扰国内电视人的棘手问题。好的节目模式不仅会遭遇多方哄抢，而且越是有影响力、高价值的模式，模式方"坐地起价"的现象就越普遍。不少节目成功本土化后，模式方还会挑动国内其他电视台或者制作公司进行模式哄抢，借机大幅上调模式费用，给续约造成压力。

以《中国好声音》为例，2012年灿星以200多万元的价格从荷兰Talpa公司引进，此后4年间，版权费用疯涨，2016年Talpa公司直接易主，将接下去的4年版权以6000万美元的价格售予唐德影视，约合1亿元每年，成为引发灿星和Talpa公司纠纷的直接导火索。

节目火了以后，Talpa意识到如果《中国好声音》这个模式和灿星捆绑太紧密的话，会影响他的盈利空间。于是，Talpa就一直尝试向其他制作主体兜售节目版权，希望通过易主来实现利润的大幅增长。

——灿星前节目研发总监徐帆（访谈，2015.4.22）

这个市场总有人愿意出高价，破坏市场规则。因此，灿星和模式方之间的纷争，不是因为法律，不是因为政策，只是因为经济利益。灿星想理性递增，模式方想广泛递增，在这里每个人都是逐利的。电视人需要智慧些，不要自己哄抬物价；无论哪个国家的版权，都应该有个合理的价格。

——灿星前节目研发总监徐帆（访谈，2015.5.27）

应该说，这场闹剧源于国内模式市场秩序不够规范、有序，而趋利的本性也会让类似的闹剧持续出现。长此以往势必会造成国内电视市场的混乱不堪，同时也会对整个文化投资市场的稳定带来极大的负面影响和不安定因素。

最后，模式衍生权益的分配问题也日益成为双方新一轮的矛盾爆发点。近年来，韩国模式风靡中国，开创了联合制作并参与模式衍生收益分成的新分配模式，这让一直以来都局限于收取版权费用的欧美模式商眼红不已。灿星和Talpa公司这场关于"天价版权费"的纠纷，实质还是节目衍生开发利益的分配不均问题。四季《中国好声音》的运作，形成了最具潜力的品牌价值、相当可观的广告收入，以及衍生开发的巨大商机，成为 The Voice 模式全球做得最好的版本之一。灿星导演组工作人员 Xu×× 谈道："《中国好声音》在中国所创造的巨大市场价值极大地刺激了 Talpa 公司的野心。荷兰人本身就非常会做生意，看到项目在中国赚了这么多钱，自然不甘心只收那么一点版权费，转而想多分一杯羹。"但由于 Talpa 公司已经将模式相关的附属权利、新媒体开发的权利、音乐以及艺人开发的权利全都授权给了灿星的关联公司梦想强音，并且该授权持续至2018年12月31日。因此，第五季《中国好声音》的版权衍生权益只归灿星独享，情急之下 Talpa 公司只能选择通过调高授权费的方式来扩增收益。这一切在灿星看来，有点空手套白狼的味道。

中国、英国、美国的"好声音"是 *The Voice* 在全球最有代表性的三个版本。中国这个模式是灿星做起来的，换家公司就未必能做得这么好。第一季之后，Talpa 公司就没有再过问节目制作，我们完全有理由、有底气去拒绝 Talpa 公司这种肆意提高版权费的无理要求。

——灿星前节目研发部总监徐帆（访谈，2015.8）

随着中国成为全球电视和模式交易发展最快的国家之一，国外模式公司越来越不满足于只拿模式版权费，更加关注模式后续 IP 的开发价值，类似的纠纷会越来越多。按照国际惯例，授权方和被授权方对这部分利益可以共有，对半分成，也可以由被授权方一次性将权益买断。具体如何执行，要看双方如何谈判（"综艺＋"微信公众号，2016）。

应该说，灿星和 Talpa 这场因版权利益引发的纠纷没有赢家。对灿星而言，丢失了版权，被逼得只能替换模式点做原创节目，还面临着唐德影视一轮又一轮的侵权诉讼以及可能要承担的 5.1 亿元巨额赔款。对 Talpa 而言，模式易主也并非好结局。虽然短时间内获取了较高版权费用，但换团队做模式会面临专业水准、受众认同，以及选秀牌照获取等多种因素制约，能否延续前几季的辉煌依旧是个未知数，而这势必将直接影响到模式本土版生命力这一长远利益问题。对唐德影视而言，光有版权没有实操经验，灿星这个强大的竞争对手还在做着换汤不换药的原创。再加上四季《中国好声音》做下来，学员问题成为制约节目的最大瓶颈。无论是灿星还是唐德，终究得受制于市场的制约，节目前景不容乐观。

综上，无论是传统平台与视频网站之间，还是赞助商和节目方之间，抑或是模式方与制作方之间，经济利益是他们展开角逐博弈的首要因素。而经济利益的实现又依赖于技术层面的渠道支持、文化层面的元素置入和策略选择，以及政策层面的安全考量。并且，这种建立在纯经济利益基础上的共同体是比较脆弱的，它的维系需要各参与方都有个度。有进有退的博弈才能保持动态的平衡，否则一旦各方都想多占，利益共同体瓦解，只会带来"双输"的结果。

第七章 政策、资本、文化、技术
——节目模式本土生产空间的权力博弈

> 观念、理论可以在不同的人、情境、时空之间旅行。第一，得有一个起点，或类似起点的一个发轫环境，使观念得以发生或进入话语。第二，得有一段得以穿行的距离，一个穿越各种文本压力的通道，使观念从前面的时空点移向后面的时空点，重新凸显出来。第三，得有一些接纳条件或抵制条件，使被移植的理论或者观念无论显得多么异样，也能得到引进或宽忍。第四，完全（或部分）地被容纳（或吸收）的观念因其在新时空中的新位置和新用法而受到一定程度的改造。
>
> ——赛义德（1999）

赛义德（1999）认为，当一种理论旅行到另一时间、空间时，该理论会失去一些它原有的力量和反叛性，并且经历它在原来发生地所不同的表现和机构化过程；这是一个既无起点、也无终点的不断发展的过程。赛义德对"理论旅行"的阐述让笔者联想到了全球化时代的文化旅行，而模式的全球流动实质就是文化旅行的一个表征。

那么，参照"理论旅行"，模式全球旅行的发生条件是什么？经历了怎样的过程？模式穿越不同时空时哪些元素保留了？哪些元素丢失了？哪些元素增加了？是什么左右了这种接纳与抵制？最终结果又是什么？本研究试图回答以上问题。

第一节　研究背景和研究方法回顾

20 世纪 90 年代末期全球电视节目模式产业的生成（Chalaby，2011），引发了西方学界对模式交易这一新型全球文化流动现象的关注。之后，模式便如幽灵般地在全世界游荡；它那可供遵循、再复制的运作程序和组织框架，满足了世界范围内电视产业的利益和需要，由此带来了地域流动、文化流变，以及观念和思潮的流行，跨文化传播成为可能。

与西方相比，中国模式产业起步比较晚。"四级办台"运作模式的长期存在，导致国内电视节目都是自产自销，电视台缺乏足够的压力和动力去开拓新的节目形态和内容。这种自给自足的节目生产体系，直接后果就是电视台大多缺乏竞争力，节目质量堪忧。随着计划经济向市场经济转型，中国电视业也开始了事业化向产业化的转向，催生了以需求为导向的媒介环境。为了填补空白的节目单，同时也为了抢占市场份额，国内电视台纷纷转向抄袭、模仿、借鉴国外节目制作本土版，节目模式进入中国有了新契机。

纵观模式产业在中国的发展轨迹，发现直到 2006 年"模式"概念才逐渐被国内电视人所了解。2010 年的《中国达人秀》成为国内引入模式版权的启蒙之作，2012 年《中国好声音》的出现，在中国电视业刮起了模式旋风，引发了节目模式贸易在中国的井喷之势。节目模式成本低、效率高、安全性高的特点，让一直以来原创性不足，并且也缺乏创意产业保护机制的国内电视行业，在厮杀激烈的电视生态环境中成功找到出路。一时间，抢购海外优秀节目模式，尤其是真人秀模式，成为广大卫视争夺市场份额的首选。中国电视产业也从当初纯粹的盲目模仿，开始转向购买模式版权，学习模式成熟的制作流程和管理经验，进行中国式的改造和重构；模式引进的来源地也从先前清一色的欧美国家转向具有文化接近性优势的东亚国家。

国内电视人对节目模式的趋之若鹜，以及中国电视市场的巨大潜力让国际模式公司看到了巨大商机，不断刺激着他们蚕食中国市场的野心和决心。2016年，连续成功制作四季《中国好声音》的灿星公司版权续约失败，*The Voice* 模式版权易主，在模式界引发了轩然大波。这一事件提供了一个契机和窗口，让我们得以将目光聚焦于模式所引发的利益纷争，并由此扩展去探究节目模式本土化过程中多方权力主体间的互动博弈关系，有研究热度和时效性。

以"权力"为切入视角来研究节目模式全球与地方的动态相遇，有别于之前的理论范式，有一定的研究价值和研究创新。模式作为媒介全球化的产物，总是处于电视生产空间这一政治经济权力结构之中。之前的理论流派，无论是文化／媒介帝国主义，还是受众研究（文化多元主义），抑或是全球本土化，都只优先考虑了媒介全球化的结果，而对产生结果的动力机制鲜有涉及。鉴于此，本书以节目模式这一全球文化与地方文化的"勾连"为研究对象，用"文化杂合化"来形容政治、经济、文化、技术等因素在地方、国家、区域和全球层面的相遇，分析节目模式本土生产空间的开拓以及"文化杂合化"在生产中的实现过程，将原本被遮蔽的"权力"要素置于前台，不仅关注媒介文本，更关注形塑媒介文本的框架性因素、结构性力量，以及它们的互动、博弈路径、结果与最后节目形态呈现之间的关系，映射出全球化场景下文化对话空间内的意义建构过程。

为了更加动态、直观地呈现文化表象背后的动力机制，有效把握模式进入中国后文化样貌的变迁路径，拟采用质性研究方法，以参与式观察为主，深度访谈为辅，兼顾文本分析，为研究提供足够的情境、事件和意义，深描本土生产空间内部多种权力冲突、共谋的情境，以及彼此间的倚赖、构成关系。个案方面选取了灿星所涉猎的《中国好声音》《了不起的挑战》《我的小小电视》这三档节目模式进行研究。虽然这三个案例并不能完全反映整个中国节目模式市场，但是它们却代表着同一制作公司和不同来源地、不同节目形态、不同性质的播出平台进行合作的经历和体验。这样的对比分析能够更加清晰直观地呈现出模式方、国家权力部门、平台方、受众，以及广告商等权力主体，对模式本土化过程中的限制性影响，以及本土制作者拓展自身能动空间的博弈策略。

在研究内容和研究框架安排上，共分为六大部分，先阐述研究问题、研究背景、研究方法、模式产业的中国式发展道路，然后按照节目模式本土化的操作路径来搭建，重点分析模式引入、生产以及营销推广中的权力博弈，既具有时间上的延展性，也遵从了动因—过程—影响的分析链。

第二节　研究发现回顾

节目模式本土化路径分为引进、生产和推广三个主要阶段，政治因素是模式引进时最重要的衡量因素；经济因素是模式生产和推广阶段的最大诉求。无论是引进、生产，还是宣传、推广，政治、经济、文化、技术等动力机制渗透交错，模式方、制作方、国家主管部门、播出平台、广告商等权力主体竞争互动，共同造就了"杂合化"权力运作逻辑。

一、节目模式的本土化路径

（一）模式引进阶段

引进阶段，国内制作公司研发部承载着节目监测、追踪以及购买谈判等工作。模式本身的吸引力、国内市场综合环境，以及运营团队的承载力，是研判模式引进时所重点权衡的三大因素。这是一个顺位递进、层层把关的过程。

模式自身特性关联着市场前景和发展潜力，成为吸引制作方注意力的第一步。其中，模式内核和来源地关乎引进的可能性。《中国好声音》的"转椅"、《我的小小电视》的"台网互动"是吸引灿星引进该模式的创意点。《中国好声音》属于欧美模式，有较强的"模式感"；而《我的小小电视》属于韩国模式，又有着文化接近性和联合生产的优势，这些都让本土版制作成为可能。与此同时，模式的位阶性、收视业绩以及差异化定位，则关乎引进的必要性。《中国好声音》是歌唱类节目的高位阶版本，与其他同质类节目有着较大的差异化优势，一经推出便在原版国以及美国等多地取得巨大成功，这无疑坚定了灿星购买该模式的决心。同理，户外真人秀节目《无限挑战》是韩国综艺界的常青树，有利于靠棚内音乐节目起家的灿星丰富自己的产品链，学习、积累和不同类型、不同模式方合作的经验；并且灿星认为当前许多户外真人秀都是纯游戏综艺，"有意思无意义"。倘若在原版基础上强调节目的教育意义和价值观引领，可以形成和其他同类节目的竞争性优势。这就解释了为何在该模式山寨版横行且收视成绩不错的情况下，灿星还是坚持引进的原因。

国内市场环境分析中，政策是最刚性的东西，也是业内电视人最不愿触碰的红线。灿星当初只引进成年版 *The Voice*，放弃全球成年版和少年版捆绑引进的做法，就是基于对禁止"少儿选秀"政策的考虑。可见，越是和政策导向接近的节目，本土化的成功率也就越高。文化层面包括文化观念、受众文化消费水平以及生活方式，文化接近性是重要的考虑因素。*The Voice* 虽属欧美模式，但唱歌类节目无涉价值观，所以文化折扣就比较小；而《无限挑战》来自文化同源的韩国，天生带有文化亲近性，自然很贴合中国受众的收看习惯和情感需要。此外，还包括对引入成本、商家投资赞助等情况的权衡。近年来，水涨船高的版权费用成为制约节目引进的一大因素。《我的小小电视》就是因为韩方要求的版权费用过高，最终让包括灿星在内的国内电视人都望而却步。同样，2015 年灿星续约 *The Voice* 失败，模式版权易主，也是因为版权费用问题引发的纠纷。不过，面对高额的版权费用，如果有广告商的大力支持，则可能成为模式购买的有力助力。

如果模式不错，政治、经济、文化方面也合适，那么下一步就是技术层面的考量，看本土制作能力与模式要求的匹配度情况。《无限挑战》这个模式国内电视人迟迟不引进的最主要原因，就是因为这个模式对创意的要求比较高，操作起来有难度。并且，不同来源地和类型的模式，对制作团队有着不同程度的能力要求。考虑到目前国内电视生产总体水平比较低，引进具有文化接近性优势的媒介产品，"去地方化"和"再地方化"的难度就比较小，这也是近几年国内电视人在模式引进方面由欧美模式转向日韩模式的原因所在。

引进阶段的最后，是推动节目立项的谈判和协商。对内谈判中，社会化制作公司内部的层级关系高度制约着模式引进的决定权，*The Voice* 模式就是灿星CEO 田明力排众议坚持引进的。对外谈判需要和模式方、播出平台、广告商等利益主体进行斡旋。这是一个多元竞合的权力场，各权力主体基于自身利益最大化加入，在权衡和挑选其他合作方的同时，自身又成为其他主体进行模式决策的参照点。可见，模式引入不再是模式方一意孤行的霸权式行为，彼此间都有主动沟通的意愿和利益共享点，在地力量的能动性不可小觑。

（二）模式生产阶段

文化产品的跨国输出是"全球"与"地方"合作式的意义建构过程，"去地方化"和"再地方化"是实现两者联结的必经之路。前者包括"形式去地方化"和"内容去地方化"两种，语言是"形式去地方化"的第一步。实践中，大规模翻译人员的配备是模式生产阶段不可或缺的。翻译质量的好坏不仅影响着对模式的理解和掌握程度，也制约着双方合作的进度和深度。《了不起的挑战》就是通过一比一地配备工作人员和翻译人员，严格约束翻译工作，并且在导演团队组建方面侧重会韩语以及对韩综感兴趣的人员，都是基于文化接近性方面的考虑。与此同时，为了将模式执行到位，还需要对本土生产机制进行"去地方化"处理，加强与国外模式方的衔接和磨合。以 *The Voice* 为代表的欧美模式，本土制作人主要通过研读模式宝典，学习国外先进的操作流程和制作手法，由模式方"飞行制片人"提供咨询服务等方式来协调、对接合作机制；而作为韩国模式的《了不起的挑战》，则主要通过中韩联合生产的方式来减少"模式感较弱"所带来的不确定性。

"内容去地方化"是指弱化节目中可能引起文化折扣的外来文化印记，缩小模式机体所携带的文化差异，减少文化折扣。作为舶来品，节目模式有其根植的社会文化土壤，其与中国的政策、文化、市场环境差异越大，则"内容去地方化"的难度就越大。文化接近性依旧是"内容去地方化"的重要指标。《中国好声音》将欧美版本中宣扬个人主义价值观的部分进行了"去地方化"；《了不起的挑战》也将原版中大量根植于韩国社会和民生的环节做了舍弃或者调整，为的就是尽可能地减少文化折扣。

"再地方化"是本土版的创造过程，也是模式实现利润的差异化改编过程。通过借用西方技术和理念，表达中国文化和情感；在满足受众文化需求的同时，将文化转变为收视点或者卖点，实现文化和商业利益的共赢。而这一切有赖于良性的生产竞争机制、精耕细作的专业主义理念、体察国计民生的敏锐度和观察力，以及洞悉市场风向的错位竞争策略的共同保障。《中国好声音》就是"再地方化"的成功典范。"制播分离""收视对赌"的运作模式，催生了灿星导演组内部"赶比超"的竞争机制；再加上节目的高成本投入、灿星人"精益求精"的工作态度，为模式的"再地方化"改造提供了技术层面的支持和保障。内容层面，通过分析节目收视情况和竞争性环境调整编排策略，凭借新闻敏感性将"地方性知识（local knowledge）"（Geertz, 1983）置入全球文化框架，在充分满足受众收视需求的同时，巧妙地达成了用国际一流手段传播主流意识形态、构建国家想象和中国"本土现代性"的目的。这种制造共识、建构认同的生产策略背后，掩盖着资本增值的商业逻辑。

（三）模式推广阶段

节目模式推广阶段，电视人纷纷采取价值趋利的竞争策略，来谋求资本利益的最大化。为了促进节目的营销推广，赞助商和节目方通力合作；节目方借助赞助商的资金和渠道支持来做宣传，赞助商同样也借势节目本身的热度和话题性进行品牌推广和价值提升。从话语权角度来看，赞助商稍显弱势，需要遵守节目方划定的权利边界，在不影响共同体利益的情况下实现自身利益的最大化。

《中国好声音》是国内娱乐节目整合营销的成功案例。通过策略性地整合播出平台、线下媒体和网络媒体资源，实现多平台间的资源共享和品牌联动，达到多层次、多渠道、全方位的传播集群效果。同样，《了不起的挑战》在宣传推广时，一方面依托央视强大的平台资源进行多方位造势，另一方面充分利用A站、B站等视频网站，以及新浪官方微博、新浪微访谈、节目专属贴吧、豆瓣、知乎等多媒体平台的成功运作，形成线上线下叠加的宣传模式，达到了彼此助推、相互累进的传播效果。

在节目"真"与"秀"的把握上，电视人会在基本尊重节目规则和理念的前提下，策略性地通过现场设计、后期剪辑、编排、加工等方式，来提升节目的艺术价值和观赏性。《中国好声音》就成功地实现了"真"与"秀"的平衡。在不影响节目公平公正的前提下，节目组通过积极挖掘成员背后真实的故事，来丰富节目的看点，方便后续的宣传推广。不明真相的受众，意外地和制作方结成了同盟，在这以艺术和文化为表象的仪式化狂欢中，共同推动着资本力量的集聚。

二、节目模式本土化中的权力博弈

（一）模式引进阶段

引进前，国内电视人依托媒介技术便利，通过追踪国际电视节目市场动态和走势，梳理当前国内文化资本市场概况和发展趋势，认真研读和把握总局政策精神等方式，从政治、经济、文化等方面做好模式引入前的准备工作。以灿星为例，实时监测和追踪国际、国内模式市场动态是研发部的常规工作。他们每周会出具四大类相关的数据分析报告，并且及时跟进和学习总局官网的政策文件，为模式引进提供市场前景和商业回报方面的预判。

模式研判时，一是主动避开政策雷区，二是尽可能地考虑文化接近性因素，技术方面是本土生产能力与模式要求匹配度的评判，而商业方面则是引入成本和产出的性价比分析。其中，政治因素权重最高，是国内电视人进行模式研判时最重要的权衡因素。与此同时，政治、经济、文化、技术权力之间会形成同盟。引进政策上违规的模式，总局不认可，受众不认同，广告商和制作方只会蒙受巨大经济损失。于是，政策上的把控诉求同时也成为国内受众的文化诉求、广告商的利益诉求，以及国内电视人的自觉要求。灿星研发部在进行模式监测时，就表现出强烈的自我规避意识，不愿意冒险引进欧美大热的以"人性"为主要卖点的实验类真人秀，主动屏蔽、淘汰与我国意识形态相左的节目模式。

引进谈判时，主要分为推动项目进入谈判流程的内部谈判，以及斡旋于多方权力主体间的外部谈判。前者高度依赖公司高层的决定权，后者则包括与生产方、模式方、播出平台、广告商等主体的互动与斡旋；经济利益是影响他们采取不同博弈策略的最主要原因。和模式方谈判时，模式方会优先考虑合作方愿意接受的版权价格，同时兼顾合作方的资质及生产水平。前者是最直观的经济利益体现，后者则关系经济利益实现的可能性。相较于生产方，模式方因享有版权而占据主导地位。《我的小小电视》引进失败，就是因为韩方未能就高额版权费用做出让步，灿星不得不放弃引进。

和平台合作时，生产方都倾向于和一线卫视平台合作，同时兼顾政策因素、模式方意见，平台属性及其能提供的资源；而平台方也会从模式本身、团队制作能力、平台受益情况等方面进行综合权衡。一般来说，在制播分离时代，社会化制作公司因缺乏平台，在谈判时会相对处于弱势地位；而且合作的平台越强势，生产方的话语权就越小，有时不得不让渡部分权利来达成合作。灿星当时为了《中国好声音》能落户浙江卫视，同意前期制作费全部由灿星承担，并且根据收视率情况和卫视进行对赌分成，以减轻卫视的风险和顾虑。

和广告商合作，生产方和平台方会将广告商的投资额度作为开展合作时最主要的考虑因素，这是最直观的经济权益回报的体现；而广告商则会优先考虑一线卫视、优质项目和制作团队。这是彼此借力的过程。

综上，引进阶段体现了全球与地方的张力关系。一方面，地方参与全球化的热情在升温；通过监测全球模式动态、主动参加国际性电视节、与国外模式方建立联络机制、聘请模式顾问提供中介服务等方式，不仅加强了地方与全球的联系，还充分利用全球化浪潮造福于地方。另一方面，虽然模式方因享有版权，会在模式谈判以及挑选合作伙伴方面占据一定的话语权，但他们不再强制输出文化产品，转而通过在地方开设分公司、与地方电视人合作等"全球在地化"策略，来实现全球市场的扩张。可见，以模式方为代表的全球力量不再是文化帝国主义流派所说的一意孤行的文化霸权行为，而地方也不再完全处于臣服状态，还可能衍生自主意识。与此同时，地方也不是单一和同质化的。生产方、平台方、国家权力部门、广告商等地方力量间的互动博弈，说明了地方内部也存在对立与冲突。这些都是对文化帝国主义理论的有力批判和反思。

（二）模式生产阶段

模式生产阶段涉及生产者与模式方、国家权力部门、播出平台、广告商之间的力量对抗。每对关系中又同时渗透着对政策、经济、文化利益的多重考量。经济利益是各方主体采取不同策略的首要诉求。

生产者和模式方之间主要涉及模式改编的尺度和空间大小问题。无论是欧美模式还是韩国模式，模式方对于本土化过程中技术层面的把关都比较强势；但是在具体表现方式上，不同来源地的模式略有差异。欧美节目"模式感"比较强，通过输出详尽的制作宝典、派遣飞行制片人进行现场咨询和指导，或者对本土制作者的生产能力进行综合考察和评判等方式，对节目生产进行监控，保障着本土制作能力最大限度地接近原版要求。《中国好声音》版权在输出时就附带了200多页的"宝典"，涵盖了节目制作的方方面面。这在为生产提供技术层面保障的同时，也一定程度上限制和约束了本土制作者的能动空间。不过，灿星对这种高度程式化的操作模式乐享其成，将其视为提升本土制作能力、服务于"再地方化"创造的共赢举措。这也印证了屠苏（Thussu）的观点，媒介全球化让欠发达国家的当地媒体，巧妙利用自身在西方媒介跨国公司本地化过程中的特殊身份，充分利用外部技术和专业人力资源以促进自身发展（Thussu，2007。转引自王肯，2012）。

相较于欧美模式，韩国综艺节目的"弱模式性"，韩方自身专业主义的优越感，以及中方对自身制作能力的焦虑与怀疑，共同造就了韩方的霸权式地位。《了不起的挑战》生产过程中，韩国模式方高度操控着本土版的整个制作流程和进度，中方则主动退回服从、配合等边缘地带，能动空间极度收缩。

内容方面，考虑到中国市场的特殊性和对文化接近性的要求，只要模式基本架构不变，模式方一般都会相对放权，允许本土制作者进行再地方化改造。《中国好声音》尝试了很多本土化改造，实现了国际模式的"中国式"表达，模式方对内容层面的干预并不多。而在《了不起的挑战》中，对于可能引发文化折扣的前期策划和后期花字、特效阶段，韩方都愿意根据中国国情做出调整和让步，甚至直接交由中方全权负责。不过，无论是模式方对于技术和专业层面的严格控制，还是本土制作方抱着学习的态度主动退让，抑或是承认文化差异性的改造，实质都是资本利益在驱动，是技术、文化与经济的共谋。

制作方与国家权力部门之间涉及对政策因素的把握和互动策略。全球化时代，政府依旧在传媒政策的制定，媒介资源的分配，电视市场的准入和秩序管理，以及节目内容的审查方面牢牢掌握着主导权。因此，国内电视人对于政策红线等规范性规定，表现出强烈的自我审查和规避意识。在《了不起的挑战》消防特辑中，央视和节目组对涉嫌辱华的嘉宾王喜进行了马赛克处理。与此同时，对于政策中的解释性规则，国内电视人倾向于通过解读和试探，选择替代性方案，或者依靠已有经验进行灵活机动应对，为自己争取有利竞争局面。《中国好声音》中对导师周杰伦"中文歌最屌"的后期处理，《了不起的挑战》中用公益基金来代替人民币实物，都是和解释性政策规则的博弈策略。另外，国家权力部门考虑到自身政策需要媒体人的执行和配合，也愿意在强调原则的同时给予他们一定限度的自主权和自由。有前瞻性的媒体人还时常通过和总局的沟通、合作，或者采用"正能量＋娱乐性"的"并置"策略，谋求节目商业利益和政策宣传需要的共赢。

　　制作方和播出平台之间主要涉及合作中的话语权分配问题。研究发现，平台的不同属性会直接影响制作方能动性的大小。《中国好声音》中，浙江卫视主要是提供技术层面的支持和节目导向上的把关；在内容生产这块，灿星是高度自主的。卫视也曾几度尝试介入内容制作，都宣告失败。可见，与市场化程度较高的平台合作，制作方的能动性比较大。并且，双方基于利益最大化这一目标，愿意灵活把握政策，对政策做些试探性突破或者变通。但在与国家级平台合作时，制作方在享受平台提供的资源和便利的同时，话语权遭遇极度挤压。《了不起的挑战》中，央视就高度掌控着节目的整体运作，在节目内容、节目主题策划、节目形式等方面干预非常多，并时刻将社会责任置于节目的商业利益之上。

　　制作方和广告商之间主要涉及节目中广告植入空间和节目艺术性的平衡问题。广告商基于自身利益需要，会和制作方展开一系列的博弈和公关。以《中国好声音》为例，加多宝作为节目冠名商，有极为强势的品牌诉求。根据灿星的操作模式，卫视广告部负责将商家的权益要求反映给商务导演，再由商务导演反映给导演组。这样的沟通方式延长了传播链，严重影响传播效果，进而危及品牌权益的落实。考虑到广告合同中柔性条款较多，弹性空间巨大，因此实践操作中广告商或者广告部工作人员会通过和商务导演搞好关系，或者直接和节目导演建立私交等方式，来争取客户权益。第四季《中国好声音》导师身旁的加多宝罐子清晰可见，就是多方公关的结果。灿星考虑到加多宝的巨大资本支持，也愿意在不损害节目品质的基础上尽量优化植入效果，扩大客户广告权益，实现节目和品牌的共赢。事实证明，加多宝成为《中国好声音》的大赢家之一，实现了和节目的共同成长。

　　由此可见，无论何种模式，本土版的出炉都是一种暂时性的最大动态妥协的体现，经济利益是模式生产过程中各方主体的共同诉求。对于模式方而言，文化同化并不是他们的目的。他们对本土制作技术和专业水准的严格控制，以及对内容层面的相对放权，都是他们实现经济利益、扩充资本的手段和伎俩。对于国家权力部门而言，允许国外节目模式进军中国市场，目的之一在于扶持并推动国内电视产业发展，实现有别于西方的本土现代性。对于国内电视人而言，学习西方先进的生产技术和操作理念有利于提升本土电视制作水平，服务于原创节目的生产，为节目模式的逆向输出做准备。对于播出平台和广告商而言，则是资本逻辑在驱动。播出平台需要借助好的节目模式来扩大市场份额，提升平台影响力，广告商则希望借助节目来实现品牌权益的最大化。

（三）模式推广阶段

模式推广阶段主要涉及传统平台与视频网站、节目制作方与赞助商、节目制作方与模式方这三组力量的角力。经济利益依旧是这一阶段最重要的权衡因素，并影响到不同主体的策略选择。

传统平台与视频网站之间主要是技术层面的博弈。电视媒体依靠网络媒体的二次传播来扩大节目覆盖面，延展节目平台空间。第三、第四季《中国好声音》借由网络独播平台腾讯视频丰富的自有渠道和资源、强大的社交平台基因，达到了非常好的传播效果，两季累积播放量达 90 亿次（摘自灿星公司资料《〈中国好声音〉独占信息网络传播权授权书》）。《了不起的挑战》节目组将娱乐性较大的内容制成花絮，移师 B 站播出，也成功地助推了节目的影响力和知名度。与此同时，视频网站通过"台网联播"的跨媒体联动，实现平台收视率和网站点击率的互惠转化，借节目传播力和影响力来提升平台竞争力。2014 年，腾讯视频以 2.5 亿元购得第三季《中国好声音》的全网独播权，最终创造了 42 亿次的播放量；《了不起的挑战》刷爆 B 站，节目平均播放量达 3068 万次，均集弹幕为 8.8 万条（吴立湘，2015），这些都是传统平台反哺视频网站的体现。

当前，由于综艺节目独播成本过高，风险较大，实践中独播视频网站会通过策略性的安排来捍卫自身的独播权益。腾讯视频就依赖自己第一社交平台的影响力，大量投放《中国好声音》的播出预告，并且特意略去了浙江卫视的播出时间，为的就是尽可能地与传统平台争夺受众。与此同时，视频网站还会对节目资源进行深度开发和二次利用，以提高网络平台的影响力和竞争力。腾讯视频就开发了一系列《中国好声音》的衍生节目，形成了网络平台节目集群的传播效应。不过，总体来看，当前传统平台与视频网站之间以共赢式合作为主；随着视频网站节目自制能力的提高，内容短板将逐渐得到弥补。届时双方共同瓜分受众市场，竞争性博弈应该会多于共赢式合作。

节目制作方与赞助商之间主要涉及赞助商借势营销的尺度和利益平衡问

题。双方开展合作的前提是相互借力，共生共谋。一方面，节目依靠赞助商强大的资金支持，强劲的线下执行能力和渠道组织能力，来宣传和推广节目；另一方面，赞助商依托节目强势的影响力、传播力，通过事件营销以及受众的互动式营销等方式扩大品牌知名度，提升品牌价值。加多宝作为《中国好声音》的冠名商，充分利用自身资源和渠道为节目做地推，让节目影响力触及原本可能无法覆盖的三、四线城市。与此同时，加多宝也捆绑节目理念打出"正宗"口号，并借助社交媒体开展病毒式营销，深化品牌与节目的天然联想，成为跨界"联姻"的成功代表。

不过，由于各方利益的落脚点都在自身，相互借力的过程容易引发纠纷，也反衬出话语权的强弱对比。总体而言，相较于节目方，赞助商稍显弱势，借势宣传时需要遵守节目方划定的有关节目利益、版权利益、商业伦理、政策规定和文化传统等方面的规定。《中国好声音》录制时，节目方就对赞助商的保密义务和违约责任做了事先约定，并且要求赞助商代表现场上交手机等通信设备，避免节目内容提前曝光。对于节目方的这些限制和约束，赞助商会在不影响共同体利益的情况下做些弹性突破；而节目方也会在不突破底线的范围内，给赞助商一定的自由度。例如，关于要求上交手机的规定，赞助商无一人执行，节目组也没有强制执行；但赞助商录制节目视频片段不是为了提前透露节目内容和学员信息，而是希望事先掌握节目爆点，为后续节目播出时的同步宣传做准备。可见，双方暧昧而隐性地互动着。

制作方和模式方之间的问题主要涉及版权续约，以及模式衍生权益分配等问题引发的利益纠纷。一方面，本土版依赖于制作方的生产，本土化越是成功的模式，制作方会在权益分割上有更多的主张和诉求；另一方面，模式方对于本土化较成功的模式，也希望通过上调版权费、参与衍生权益分配等方式来扩增收益。《中国好声音》2016 年版权易主，就是因为模式公司大幅上涨了授权费用，而灿星认为模式成功主要源于自己，拒绝接受涨价。当彼此对利益的主张超越对方所能承受的界限时，利益共同体就瓦解了。灿星被迫转向原创节目，购买版权的唐德影视则面临着专业水准、受众认同，以及选秀牌照获取等多方面制约，新的 *The Voice*（中国版）落地成谜，这势必会影响模式方的利益。

由此可见，模式推广阶段不同主体互动博弈的根本原因依旧是资本，但资本的运作方式存在微小差异。"台网联动"阶段通过资本互动来增加各自平台的收益，营销阶段依托资本介入来实现资本利益的扩大，而模式方和制作方之间围绕版权所展开的利益纠纷，则是最直接、最赤裸的资本利益角逐。不管哪种情形，为求自身利益最大化，各方主体时而冲突，时而共谋，呈现出动态微妙的互动关系。

第三节 "杂合化"的权力运作逻辑

赵月枝（2007）认为，全球化语境中对中国传播与权力关系的研究，应当将国家与市场、国家与各种社会力量、市场与不同社会阶层之间在传播领域的复杂构建和动态链接关系作为分析重点，分析国家、资本的不同赋权形式，以及它们作为权力的不同矢量在具体历史和社会背景下与不同社会力量的文化传播需求进行的具体链接。媒介体制改革促使中国电视产业由原先的政府"一元"布局转变为政府、电视媒体、受众、国际资本、本土商业利益、文化资源等多元竞合的"权力场"。多种力量在此交汇、角力，构成了各种因素与体制机制之间的力量关系空间。要想取得最终的平衡，各种力量势必要经过一个艰难的冲突和协调过程。

节目模式作为全球电视空间的产物，呈现了全球与地方的"勾连"。"勾连"不仅揭示了全球与地方的相遇，还暗含着对权力机制的关注（Hall，1985）。研究结果表明，首先，模式的本土化过程呈现出"杂合化"的运作逻辑，不仅文本形态层面是"杂合化"的，而且动力机制层面也是"杂合化"的。前者否定了文化帝国主义流派关于同质性文化的言说，后者则在揭示全球与地方互动建构以及地方内部张力的同时，又批判了文化帝国主义流派"主导—服从"的二元对立模式，以及文化多元主义流派漠视权力架构的理论缺陷。最后，拟通过图表的方式，呈现出节目模式本土化的具体操作路径，各阶段所涉及的主要权力要素、权重关系，以及权力主体间的主要依存关系。

一、"杂合化"的文本形态

霍尔（Hall，1991）指出："理解当下的经济和文化权力必须面对一个明显的矛盾：我们生活在一个多民族国家去中心化的世界中，虽然全球文化看起来好像集中在西方，但这种扩张实际上包含了大量的同质化吸收地方特殊性的过程，最终影响着西方文化在第三世界的落地。因此，文化传播并没有生成出一个个'小英国'或'小美国'，美国的霸权并不是完全可以理解为对差异的消除，相反第三世界文化有着很多的方式来对其进行渗透、吸收、重塑以及协商，它们的特殊性并没有被消除。"卡斯特（Castell，2000）同样认为："全球媒介的图景已经呈现出不同声音，不同媒介资源向多种方向流动的复杂情势。"可见，"杂合化"已然成为全球文化的运作逻辑。

节目模式作为全球文化流动的表征，在与地方的碰撞和融合中，也衍生出了"杂合化"的地方版本。从形式层面看，模式通过提供一套可供遵循和再复制的运作程序和组织框架，让节目的跨边界流动成为可能。这种对形式与内容元素的标准化提炼，确立了节目的整体基调和风格，也是全球模式诸多地方版本能保持形式一致性的原因所在。调研发现，模式方非常重视节目体例和框架的稳定性，并且会采取措施来确保地方版本在基本架构上的内在一致性。具体而言，欧美模式的形式感比较强，模式方通过输出事无巨细的节目宝典，以及提供飞行制片人的现场咨询服务等，从技术层面来监控本土版的生产。生产水平总体不高的本土制作人，也十分乐意学习并效仿西方先进的生产流程和管理经验，以便让地方版本在外观上更加接近"原版"。《中国好声音》就做到了技术方面的绝对移植。灿星对模式宝典的认真钻研和参照执行，让节目得以延续原版的高品质呈现。相较于欧美模式，韩国模式的形式感比较弱，实践中模式方会通过高度操控生产流程的方式，来对地方版本进行把关。《了不起的挑战》中，韩方对生产全过程进行主导，而作为合作方的本土制作人，一来没有模式宝典可以参照执行，二来也对自身制作能力不自信，愿意服从模式方的安排，主动退到协助、配合的边缘地带。

从内容层面看，模式作为一种电视生产的全球商业模式，服务于地方内容的生产（Moran，1998）。因此，很少再有模式采用封闭式改编策略，吸收地方文化特殊性的开放式改编成为模式方全球市场扩张的重要战略取向。他们开始改变自身出口产品的内容与形式，以适应其他地区的文化需求（Kraidy，2005）。"去地方化"和"再地方化"成为全球模式"在地化"的两个重要阶段，前者指文化与空间"天然性"关系的消失，后者指新旧符号在部分疆域中被重新地方化（Candini，1997。转引自贺程，2013）。调研发现，本土制作人通过去除明显带有模式方文化印记的元素，来帮助全球文化跨越文化藩篱；与此同时，又充分发挥自身的主观能动性，运用"地方性知识"（Geertz，1983）对全球文化框架进行重构，以满足本土政府、播出平台、广告商以及国内受众的现实需要。以《中国好声音》为例，在形式高度贴合原版的同时，本土制作人根据实际需要构建本土现代性和国家想象，根据国内受众需要放慢剪辑节奏，调整赛制安排以及运用"故事化"策略，根据浙江卫视"第一梦想频道"的定位放大节目的梦想元素，根据广告商诉求实现节目与品牌的共赢，呈现了国际版本的中国式表达。同样，《了不起的挑战》也去除了大量根植于国情、民生的韩国元素，并根据政策要求突出了节目的教育意义和社会价值，根据受众需要充分考虑了文化接近性，根据央视平台属性，在弱化节目的娱乐性的同时，又凸显了社会责任感，同时也改变了原版中无商业广告的行业惯例，通过硬植入的方式来满足广告商的权益需要。

可见，这种对于模式形式（生产机制与技术支持）与内容（意识形态、文化内涵、商业利益）完全不同的操作逻辑，造就了高度"杂合化"的媒介文本。这是文化互动过程中传统与现代、全球与地方碰撞而衍生的副产品（Straubhaar，2008；Tomlinson，2007），是一种文化再结合的新形式（转引自贺程，2013）。它既不同于对原版的同质化模仿，也不同于本土完全创造性的发明，而是一种"杂合"了原版架构和本土文化特性，"地方中有全球性"，"全球中又有地方性"的杂糅与拼凑状态（转引自章宏，2014）。这说明了全球模式贸易并不是一个单一且线性的运作过程，非但不会带来产品的标准化，还通过复苏地方性文化提供了多元化叙述的可能，是主张文化同质化的文化帝国主义流派所无法解释的。

二、"杂合化"的动力机制

如前所述，"全球化与本地化的相互作用导致了杂合文化的产生"（Straubhaar，2008），但杂合不仅体现在文本形态上，同时也体现在了动力机制上。坎克里尼（Canclini，1997）在论述"杂合"理论时，就反对单纯地将其视为一种静态的社会状况来理解（转引自贺程，2013）。Kraidy（2005）也提出应当批判性地理解"杂合"理论，并重视文化表象背后的权力运作机制。可见，全球化已然成为勾连政治、经济、文化、社会等各个面向的最根本的母题（萧宏祺，2009），我们应重点观照"全球在地化"过程中的力量游戏。

从象征全球化力量的模式方角度看，为了实现节目的跨境流转，他们纷纷采取"全球在地化"策略来扩张世界版图。调研发现，近年来受到中国电视市场巨大潜力的诱惑，模式方选择在当地开设分公司、给国内电视人邮寄最新模式宣传册、不定期地约谈本土制作人等方式，来加深与本土电视人的合作。与此同时，为了迅速在中国市场站稳脚跟，他们会尊重本土制作者对模式内容的差异化改编，愿意牺牲自身的文化诉求来换取经济利益的回报（徐明华，2014）。这说明，在全球媒介产品的流动过程中，模式方并不像文化帝国主义流派所说的强行推行文化霸权；全球压力与需求促使他们不断寻求与地方的合作，逐步嵌入和适应本土条件与需要（郑中玉，2008）。可见，全球文化同化并不是他们的目的，基于对生存和利润的考虑，他们不再坚持自己在政治和文化方面的诉求，给予引进方尽可能多的自主权。

但是，模式的流转也并非像文化多元主义流派所说的是完全平等的。调研发现，模式方依旧在模式引进阶段的版权价格谈判，节目生产阶段的技术和生产机制把控，以及模式推广阶段版权后续权益的分割等方面，牢牢占据着主导权。《我的小小电视》模式的引进失败，2016年 *The Voice* 中文版的版权变动，以及《中国好声音》和《了不起的挑战》在生产机制上的严格把控，都是模式方主导性和话语权的体现。这种对模式形式层面的约束和控制，以及对内容层面的相对放权，都是模式方实现经济利益、扩充资本的手段和伎俩。

从地方力量看，地方也不只是消极地对待全球化。面对全球化的压力，地方可能衍生出极大的主观能动性和自觉意识。研究证明，地方积极地参与着全球化进程，并且充分利用全球化为自身谋取利益。第三世界不一定就是文化强权的受害者，互惠性地相互借用发生在文化的差异和不平等之间（转引自贺程，2013）。无论是灿星在模式引进前做的全球电视节目市场动态监测，还是积极参加国际性电视节，抑或是和国外模式公司建立联络机制，聘请模式顾问，都是地方主动加强与全球化联系的表现。与此同时，在模式引进后的生产阶段，模式方基于对中国市场的不了解以及文化折扣的存在，愿意在内容层面相对放权，这使得灿星在内容层面的能动空间非常大。通过"去地方化"和"再地方化"的处理，彰显了本土电视人的文化自觉意识。此外，本土制作人还借着模式引进的契机，学习西方先进的电视生产经验。灿星就曾坦言，操作欧美模式习得的经验对他们自主研发节目有非常大的裨益。事实上，灿星后续的原创节目《中国好歌曲》，以及 The Voice 中文版版权购买失败后独立操刀的《中国新歌声》，均取得了不错的市场反响，这是受益于西方模式专业主义理念的最佳体现。

再者，从地方内部结构看，地方也不是单一的结构化存在，内部同样会发生对立与冲突。除了本土制作人以外，模式"在地化"过程还涉及国家权力部门、播出平台、广告商等多元主体，他们有着各自的利益诉求。国家权力部门的主要目的是维护意识形态的同时推动国内电视产业的发展；而本土制作人、播出平台和广告商的最大诉求是经济利益的最大化。调研中，他们对于好的模式、好的平台、好的制作团队的极力争取，就是内部张力的体现。

综上，节目模式的本土化过程体现了全球与地方以及地方内部力量间的拉扯；充分说明了全球与地方，以及地方内部互相构建、相生而存的道理。在媒介所搭建的这场全球化战役中，不同权力主体同台竞技，展开了各个层次的策略博弈，反映了高度一体化的全球资本流动内部的分裂、不稳定的发展（闵冬潮，2009）。这一方面驳斥了文化帝国主义流派所说的"主导—服从"的单一运作逻辑，另一方面也批判了文化多元主义理论对真实权力框架和动力机制的缺乏关注。与此同时，对地方内部力量关系的分析和把握，也是充分践行格尔茨（Geertz，1983）所说的重视地方意义的研究价值，将其作为一个充满经验、斗争意义的动态点展开研究的必要性所在。

第四节　模式本土化的博弈路径和权力地图

Krady（2005）指出，对于全球"文化杂合"现象的理解，应当将其置于具体的历史情境中，在具体的案例研究中进行"操作"；并且重视国家、地方政治、经济权力等结构性要素的影响。因此，本部分通过图绘模式本土化的操作路径和权力地图，以期呈现模式全球流动各个阶段所涉及的权力的动态特征、具体运作过程以及彼此间的依存关系。

节目模式本土化经历了模式引入、模式生产、模式推广三个阶段，每个阶段都涵盖了政治、经济、文化、技术四种权力。但是，不同阶段各权力的权重和互动方式均有差异。由于本土化过程是权力高度"杂合化"的过程，不同权力主体间都存在着千丝万缕的联系。为了方便论述，本部分内容旨在于呈现每个阶段所涉及的最主要权力主体间的运作方式和博弈关系。

一、模式引进阶段

如图 7.1 所示，政治权力是模式引进阶段最重要的权衡因素。为了避免模式引进后的政策触礁和水土不服，国内电视人表现出强烈的政治自觉意识，时刻将总局文件和指导精神作为模式研判时的首要参考标准。这一阶段，政治权力和经济权力，政治权力和文化权力，政治权力和技术权力之间，呈现出单方面的依存关系。前者对后者利益的实现有巨大的制约力，而后者对前者则几乎没有反向作用力。

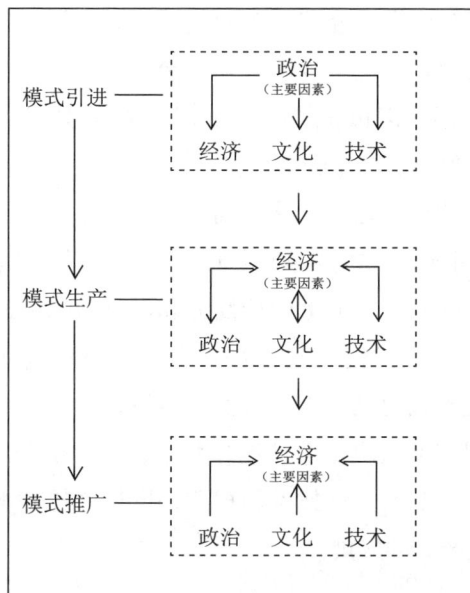

图 7.1　模式本土化路径的权力地图

　　政策是红线，引进政策上违规的模式，会有禁播的风险，进而危及制作方、播出平台以及广告商的利益，并且，很难引发受众的文化认同和共鸣。就国内目前的电视产业制作水平而言，这样的改造过程有较大风险和难度，同时也面临着政治利益、经济利益和文化利益的不确定性。因此，政策上的把控诉求同时成为国内受众的文化诉求、广告商的利益诉求，以及国内电视人的自觉要求。本土制作人通过详细分析待引进模式在国内政策层面的生存空间和操作难度，为引进后可能获得的经济、文化、政治、技术层面的利益提供预判。

二、模式生产阶段

　　如图 7.1 所示，经济权力是模式生产阶段最重要的权衡因素；并且经济权力和政治权力，经济权力和文化权力，经济权力和技术权力之间，呈现双向互动的依存关系。前者利益的实现高度依赖于后者，同时前者对后者也有反向作用力。

　　经济权力和政治权力之间，一方面，经济利益的实现依赖于政治权力所提供的资源和保障。要想取得好的节目收视回报，必须遵守政策性的限制和约定，避免因为政策触礁带来经济利益的直接损失。另一方面，经济权力同样可以反作用于政治权力。不仅可以通过和政治权力的良性互动来为节目拓展有利空间和局面，而且还可以依托"并置策略"，在确保节目品质的同时传递正能量，实现经济利益和政治利益的共赢。

经济权力和文化权力之间，一方面，经济利益需要借助文化接近性来营造受众认同感，在满足受众文化需求的同时，将文化转变为收视点或者卖点；另一方面，文化也需要借助节目强大的传播力和影响力来传递主流价值观，提升受众的精神文化水平，实现国家权力部门提出的"有意思且有意义"的文化诉求。

经济权力和技术权力之间，一方面，经济权力依赖于技术条件的支持，节目收视效果很大程度上取决于总体制作水平；另一方面，本土制作者也通过和模式方的合作，学习西方先进技术和理念，反过来提升本土电视节目的生产能力，促进国内电视产业的发展。

三、模式推广阶段

如图 7.1 所示，模式推广阶段，经济权力依旧是最重要的权衡因素。与此同时，经济权力和政治权力，经济权力和文化权力，经济权力和技术权力之间，呈现出单方面的依存关系。前者利益的实现高度依赖于后者，但前者对后者却几乎没有反向作用力。

经济利益最大化是营销推广阶段各方主体的最大诉求；利益的实现离不开政治、文化、技术层面的支持和保障。调研发现，在宣传策略的安排上，依赖营销平台、营销渠道提供技术层面的保证，设计宣传文案时考虑置入和提炼文化元素来获取受众认同，同时又注意结合政策规避风险，所有这些都是为了确保宣传效果和宣传目的的达成。这是经济权力单方面依附政治、文化和技术权力的运作逻辑。

综上，经济权力和政治权力之间的关系逻辑，贯穿于模式本土化路径的全过程，但互动方式有差异。为了实现经济利益最大化，在引进阶段和推广阶段都是单方面地规避政策风险，但在生产阶段除了规避之外，还多了一些主动配合，为的是不断扩大自己的政治赢面和生存空间。

经济权力和文化权力的关系逻辑，主要存在于模式生产和推广阶段，但互动方式有差异。为了实现经济利益最大化，在推广阶段是单方面依托文化接近性，方便将文化转化为收视卖点；但在生产阶段则是互促共谋，双向互动的。一方面，节目依托文化建构认同，换取高收视；另一方面，文化也借助节目的传播效应，完成价值观的传递；这同时也契合了政治层面对节目制作的文化导向要求。

经济权力和技术权力的关系逻辑，主要存在于模式生产和推广阶段，但互动方式有差异。为了实现经济利益最大化，在推广阶段是单方面依赖营销资源和渠道的保证；但在生产阶段，则是共谋的。一方面，节目模式的经济利益实现依赖于生产机制和制作能力的保障；另一方面，本土制作团队借助和模式方的合作，来提升自身生产水平，服务于国内电视产业发展。

政治权力和文化权力，政治权力和技术权力的关系逻辑，主要存在于模式引进阶段，且均为政治因素单方面制约文化和技术因素。政策是模式引进时最重要的研判因素，同时制约着本土受众的文化认同、地方的文化建设，以及生产制作水平的匹配度。

虽然不同阶段不同权力的权重存在差异，互动方式也有区别，但是政治、经济、文化、技术权力之间又形成了同盟，表现出共生共荣的协作关系。通过建构技术层面的专业主义，和政策进行良性互动与共谋，依赖、推崇文化差异，制造受众文化认同迷思等方式，共同构建了同一框架下全球文化的不同体验，巧妙地掩盖了电视产业跨国合作的商业诉求这一真实运作逻辑。

第五节　研究展望

节目模式本土化是文化全球化的一个缩影。Kraidy（1999）指出，唯有采用民族志这种方法，才能够充分理解全球话语与本土实践的"勾连"。因此，本研究主要依托田野调研，同时兼顾深度访谈和文本分析的方法，旨在勾勒出全球与地方相遇过程中不同权力主体间的相互渗透和竞争性互动关系。调研所在的灿星研发部提供了比较好的视窗，让笔者得以顺利地进入模式引进、生产、宣传推广等一系列活动中去。

电视行业的调研不同于其他行业，有个专业性和准入门槛的问题。因此，进入电视行业，尤其是灿星这样的自负盈亏的市场化制作公司调研，确实倍感压力。灿星人的"忙""防""慌"让我印象深刻，也让调研过程阻力重重，存在一定缺憾。例如，深度访谈的对象整体资历偏浅，很多话题无法深入，尤其对于决策层面需要考虑的问题无法涉猎，一定程度上影响了访谈资料的全面性。不过，总体而言，这次调研还是比较成功的。前期积累和获取的大量经验性材料，为最终研究结论的出炉奠定了扎实的基础。

从调研结果看，经济利益依旧是模式全球化流动非常重要的权衡因素。但是，有利益必有纷争。目前是国内电视人引进模式拜师学艺的阶段，与模式方合作时自然愿意基于共同利益的最大化，做出一定程度的让步和妥协。但是，随着模式方蚕食中国电视市场的野心不断膨胀，以及本土制作人自主创新能力的极大提升，彼此对利益的诉求都会越来越多，势必会严重挤压对方的盈利空间，2016 年灿星 *The Voice* 中文版版权的续约失败就是利益谈判破裂的生动写照。于是，灿星开始转向原创。仔细一想，这种不再让跨国模式公司分一杯羹，坚持自主研发的做法，高度契合了政府部门鼓励自主创新的政策要求，应该会成为未来中国电视产业的主要发展方向。

事实上，近年来国内已有多档综艺节目输出海外，文化产品从边缘向中心"逆向"流动的趋势日益凸显。那么，中国模式的"逆向"输出，会采用什么样的"在地化"策略？不同地方的合作模式是否存在差异，话语权是如何分配的？文化逆流过程中涉及的动力机制又有哪些，彼此间是如何互动的？

这些思考或许会成为笔者下一个研究的起点。

参考文献

【英文部分】

[1] Blumler J G, Katz E, 1974. The uses of mass communications: current perspectives on gratifications research[M]. Beverly Hills & London: Sage Publications.

[2] Boyd B O, 1977. Media imperialism: towards an international framework for the analysis of media systems[A]// Curran J,Gurevitch M，Woollacott J. Mass communication and society.London: Arnold.

[3] Castells M, 2000. The rise of the network society[M]. Malden and Oxford: Blackwell Publishing.

[4] Chalaby J K，2005. Transnational television worldwide: towards a new media order[M].London:I.B.Tauris.

[5] Chalaby J K，2011. The making of an entertainment revolution: how the TV format trade became a global industry[J].European Journal of Communication (4): 292-309.

[6] Chalaby J K，2012. At the origin of a global industry: the TV format trade as an Anglo-American invention[J]. Media, Culture & Society (1): 36-52.

[7] Chow R，1993. Writing diaspora: tactics of intervention in contemporary cultural studies[M]. Indianapolis: Indiana University Press.

[8] Chris B，2000. Culture studies[M]. London: Sage.

[9] Claudia C D L,2006.Introduction to debates about translation lost(and found?)in translation: feminisms in hemispheric dialogue[J].Latino Studies (1-2):62-78.

[10] Curran J,2002.Media and power[M].London and New York:Routledge.

[11] Dana H,2012.Calling out around the world:the global appeal of reality dance formats[A]//Shahaf O T.Global television formats : understanding television across borders[C].New York:Routledge.

[12] Erica J,Bochanty A,2012.We are the world : american idols global self-posturingOren[A]//Shahaf T S.Global television formats:understanding television across borders[C].New York: Routledge.

[13] Fiske J,1987.Understanding global media[M].New York:Palgrave Macmillan.

[14] Fung A,Zhang X, 2011.The Chinese ugly betty:TV cloning and local modernity[J].International Journal of Cultural Studies (3) : 265-276.

[15] Geertz C， 1983. The interpretation of cultures, selected essays[M]. New York: Basic Books.

[16] Giddens A,1990.The consequences of modernity[M].Stanford: Stanford University Press.

[17] Hall S E,1980.Decoding[A]// Hobson H D,Lowe A,Willis P. Culture,media, language:working papers in cultural studies,1972—79[C].London: Hutchinson,128-138.

[18] Hall S,1985.Signification, representation,ideology:Althusser and the post-cturalist debates[J].Critical Studies in Mass Communication (2):91-114.

[19] Hall S,1991.The local and the global:globalization and new ethnicities[A]// Anthony D K.Culture,globalization and the world system[C].Binghamton: University of New York,28-29.

[20] Harvey D,1989.The condition of postmodernity: an enquiry into the origins of cultural change[J].Journal of Architectural Education(4):915-916.

[21] Hoskins C,Mirus R,1988.Reasons for the US dominance of the international trade in television programmes[J].Media, Cultural and Society（10）: 499-515.

[22] Ishak S Z A,2011.Cultural hybridity:adapting and filtering popular culture in Malaysia television programmes[J].Malaysian Journal of Media studies（1）:1-15.

[23] Jameson F,1998.Notes on globalization as a philosophical issue[A]// Fredric J,Masao M.The cultures of globalization[C].Durham and London:Duke University Press,54-77.

[24] Jensen P M J,2010.How national media systems shape the localization of formats: a transnational case study of the block and Nerds FC in Australia and Denmark[A]// Moran A.TV formats worldwide localizing global programs[C]. Chicago:Intellect.

[25] Kean M,2004.A revolution in televison and a great leap forward for innovation？ China in the global television format business[A]// Moran A,Kean M.Television across Asia，television industries，programme，formats and globalization[M].London: Routledge Curzon.

[26] Kraidy M M,1999.The global，the local，and the hybrid：a native ethnography of glocalization[J].Critical Studies in Mass Communication(16):456-476.

[27] Kraidy M M,2002.Hybridity in cultural globalization[J].Communication Theory (3):316–339.

[28] Kraidy M M,2005.Hybridity or the cultural logic of globalization[M]. Philadelphia:Temple.

[29] Massey D,1994.Space,place and gender[M].Cambridge:Polity Press.

[30] Moran A,1998.Copycat television:globalisation，program formats and cultural identity[M].Luton：University of Luton Press.

[31] Moran A,2004.Television formats in the world/the world of television formats[A]//Moran A,Kean M.Television across Asia,televisiion industrie,programm,formats and globalization[M]. London:Routledge Curzon.

[32] Moran A，2008.Makeover on the move:global television and programme formats[J].Journal of Media & Cultural Studies (4):459-469.

[33] Moran A,2009.Global franchising,local customizing:the cultural economy of TV program formats[J].Journal of Media & Cultural Studies (2):115-125.

[34] Moran A，2009.New flows in global TV[M].Chicago:Intellect Ltd.

[35] Moran A,Keane M,2004.Television across Asia:television industries，programme formats and globalization[M].London:Routledge Curzon.

[36] Moran A，Keane M，2006.Cultural power in international tv format markets[J]. Journal of Media & Cultural Studies (1)：71-86.

[37] Moran A，Malbon J，2006.Understanding the global TV format[M].Bristol: Intellect Books.

[38] Oren T，Shahaf S，2012.Global television formats:understanding television across borders[M].New York:Routledge.

[39] Robertson R，1992.Globalization[M].London and New York:Sage.

[40] Robertson R，1995.Globalization:time-space and homogeneity-heterogeneity[A]// Featherstone M,Lash S,Robertson.Global modernities[C].London:Sage.

[41] Schmitt D, Bisson G，Fey C，2004.The global trade in television formats[M].London:Screen Digest.

[42] Sparks C,2012.Media and cultural imperialism reconsidered[J].Chinese Journal of Communication (3):281-299.

[43] Straubhaar J D，1991.Beyond media imperialism:asymmetrical interdependence and cultural proximity[J].Critical Studies in Media Communication (1):39-59.

[44] Straubhaar J D，2007.World television :from global to local[M].Los Angeles: Sage.

[45] Straubhaar J D，2008.Global，hybrid or multiple？ cultural studies in the age of satellite TV and the internet[J].Nordicom Review (2):11-29.

[46] Stross B，1992.The hybrid metaphor:from biology to culture[J].Journal of American Folklore (2):254-267.

[47] Thompson J B，2000.The media and modernity，a social theory of the media[M]. Cambridge:Polity Press.

[48] Tomlinson J,1999.Globalization and culture[M].Chicago:University of Chicago Press.

[49] Waisboard S，2004.MCTV:understanding the global popularity of television formats[J].Television and New Media（4）:359-383.

[50] Waisboard S，2012.Global franchising，gender and genre，the case of domestic reality TV[A]//Oren T，Shahaf.Global television formats：understanding television across borders[C].New York:Routledge.

[51] Waisbord S，Jalfin S，2009.Imagining the national：television gatekeepers and the adaptation of global franchise in argentina[A]// Moran A.TV formats worldwide localizing global programs[C].Chicago:Intellect.

[52] Zhang H，2011.The globalization of Chinese television[J].International Communication Gazette (7):573-594.

【译著】

[1] [加] 文森特·莫斯可，2013. 传播政治经济学 [M]. 胡春阳 , 等译 . 上海：上海译文出版社，2013.

[2] [加] 罗伯特·哈克特，赵月枝，2005. 维系民主？西方政治与新闻客观性 [M]. 沈荟，周雨，译 . 北京：清华大学出版社 .

[3] [美] 艾尔·巴比，2005. 社会研究方法 [M].邱泽奇，译 . 北京：华夏出版社 .

[4] [美] 爱德华·W. 赛义德，1999. 赛义德自选集 [M]. 谢少波，韩刚，等译 . 北京：中国社会科学出版社 .

[5] [美] 道格拉斯·凯尔纳，2003. 媒体奇观：当代美国社会文化透视 [M]. 史安斌 , 译 . 北京：清华大学出版社 .

[6] [美] 罗伯特·K. 殷，2014. 案例研究：设计与方法 [M]. 周海涛，等译 . 重庆：重庆大学出版社 .

[7] [美] 萨缪尔·亨廷顿，2002. 文明的冲突与世界秩序的重建 [M]. 王圆，译 . 北京：新华出版社 .

[8]   [日]岩渕功一，2000.日本文化在亚洲：全球本土化与现代性的芳香 [A]// 重绘媒介地平线 [C].台北：亚太图书出版社.

[9]   [英] Tomlinson J，2007.文化与全球化的反思 [M].郑启元，陈慧慈，译. 台北：韦伯文化国际出版有限公司.

[10] [英]戴维·巴特勒，1989.媒介社会学 [M].赵伯英，孟春，译.北京：社 会科学文献出版社.

[11] [英]戴维·莫利，凯文·罗宾斯,2001.认同的空间：全球媒介、电子世界 景观与文化边界 [M].司艳，译.南京：南京大学出版社.

[12] [英]科林·斯巴克斯，2009.全球化、社会发展与大众媒体 [M].刘舸， 常怡如，译.北京：社会科学文献出版社.

[13] [英]特希·兰塔能，2013.媒介与全球化 [M].章宏，译.北京：中国传媒 大学出版社.

[14] [英]约翰·汤姆林森,2002.全球化与文化 [M].郭英剑，译.南京：南京 大学出版社.

[15] [英]詹姆斯·卡伦，2006.媒体与权力 [M].史安斌，董关鹏，译.北京：清 华大学出版社.

【中文部分】

[1]   白璐,2014.电视节目模式理论及本土化改编策略研究 [D].重庆：重庆大学.

[2]   包亚明，2003.现代性与空间的生产 [M].上海：上海教育出版社.

[3]   北京美兰德媒体传播策略咨询有限公司，2016.2015 年国内综艺节目年度 盘点"台网商"互动开启综艺大片时代 [J].声屏世界·广告人杂志（2）：169- 171.

[4]   卜玉梅，2012.虚拟民族志：田野、方法与伦理 [J].社会学研究（6）：217- 236.

[5]   蔡骐，2007.权力的视域：传播政治经济学与媒介研究 [J].湖南城市学院学 报（1）：25-29.

[6]   陈彬彬，2013.中国视频网站与电视业的竞合态势和发展研究 [D].重庆： 西南政法大学.

[7]   陈龙，2002.媒介文化全球化与当巧意识形态的涵化 [J].国际新闻（5）:48-
      53.

[8]   陈璐，段京肃，2013.电子殖民：全球化文化帝国的媒介殖民之道 [J].甘肃
      社会科学（3）:99-104.

[9]   陈韬文，2001.文化转移：中国花木兰传说的美国化和全球化 [J].新闻学研
      究（1）:1-27.

[10] 陈向明，1996.社会科学中的定性研究方法 [J].中国社会科学（6）:93-102.

[11] 陈阳，2009.文化混杂、本土化与电视节目模式的跨国流动 [J].国际新闻
      界（10）:61-65.

[12] 陈一，2011.中国电视纪录片的生产与再现：在政治、经济与美学的视野
      中 [M].北京：中国书籍出版社.

[13] 傅筍骏.全球运动，在地抉择，台湾棒球迷背负的权力分析研究 [D].新
      竹：台湾交通大学传播研究所，2012.

[14] 高啟翔,2003.全球与本土的连结：以文化融合理论检视台湾"偶像剧" [D].
      新竹：台湾交通大学.

[15] 高鑫，贾秀清，2003.经济全球化、文化本土化与发展中国家的媒介意识
      [J].现代传播（1）:4-6.

[16] 邰书锴,2011.权力学说：空间策略与媒介进化 [J].浙江传媒学院学报（4）:
      1-6.

[17] 宫承波，张君昌，王甫，2015.真人秀在中国 [M].北京：中国广播电视出
      版社.

[18] 管中祥，陈伊祯，2003.一个地方频道的兴衰：全球资本与地方文化的消
      长 [J].传播与管理研究（2）:105-133.

[19] 郭建斌，2003.电视下乡：社会转型期大众传媒与少数民族社区：独龙江个
      案的民族志阐释 [D].上海：复旦大学.

[20] 贺程,2013.全球化传播语境下的文化混杂性问题研究 [D].武汉：武汉大学.

[21] 洪俊浩，2001.传媒全球化的一些理论与议题 [J].太平洋学报（4）:84-94.

[22] 胡骋，2011.电视节目模板产业的法律保护 [J].中国广播电视学刊，
      （5）:19-20.

[23] 胡聘，2011.电视节目模板侵权之认定：对国外判例研究与借鉴 [J]. 中国律师（4）：45-48.

[24] 胡智锋，周建新，2008.从"宣传品"、"作品"到"产品"：中国电视 50 年节目创新的三个发展阶段 [J]. 现代传播：中国传媒大学学报（4）：1-6.

[25] 黄筱钧，2011.台湾偶像剧之去地化、再地化策略研究 [D]. 台北：台湾师范大学.

[26] 阚乃庆，谢来，2008.最新欧美电视节目模式 [M]. 北京：中国广播电视出版社.

[27] 李彬，关琼严，2012.空间媒介化与媒介空间化：论媒介进化及其研究的空间转向 [J]. 国际新闻界（5）：38-42.

[28] 李黎丹，2012.发展中国家电视媒体全球化路径研究 [M]. 北京：中国传媒大学出版社，2012.

[29] 李政忠，2003.以"连结"观点思考媒体业者在全球化趋势中的经营策略 [J]. 新闻学研究，75：1-36.

[30] 廖媌婧，2015."场域"理论视角下的东方卫视节目生产研究 [D]. 上海：上海大学.

[31] 刘昶，2012.欧洲优秀电视节目模式解析 [M]. 北京：中国广播电视出版社.

[32] 刘华芹，2005.天涯虚拟社区：互联网上基于文本的社会互动研究 [M]. 北京：民族出版社.

[33] 刘俊裕，2007.文化全球化：一种在地化的整合式思维与实践 [J]. 国际文化研究：真理大学通识教育学报（6）：1-30.

[34] 刘晓红，2005. 制造世界范围的消费者 [J]. 社会科学家（1）：218-220.

[35] 刘焰方，2016.从编排到营销：互联网冲击下电视节目编排的职能转型 [J]. 南方电视学刊，（2）:105-107.

[36] 马若晨，2014."走出去"与"请进来"：中国内地电视节目模式引进现象研究 [D]. 重庆：西南大学.

[37] 苗棣，毕啸南，2015.解密真人秀：规则、模式与创作技巧 [M]. 北京：中国广播影视出版社.

[38] 闵冬潮, 2009. 全球化与理论旅行: 跨国女性主义的知识生产 [M]. 天津: 天津人民出版社.

[39] 牛超杰, 2014. 台网联动下电视节目的跨平台传播 [J]. 今传媒（1）: 49-55.

[40] 欧阳宏生, 梁英, 2005. 混合与重构: 媒介文化的"球土化" [J]. 现代传播（2）: 6-9.

[41] 邱源子, 2012. 从电视模式输出看中国娱乐节目的发展 [J]. 鞍山师范学院学报（1）: 104-106.

[42] 冉儒学, 2001. 严肃的游戏: 从"决赛"看《幸存者》的叙事策略 [J]. 电视研究（3）:73-75.

[43] 单波, 姜可雨, 2013. "全球本土化"的跨文化悖论及其解决路径 [J]. 新疆师范大学学报（哲学社会科学版）（1）: 41-48.

[44] 佘文斌, 2015. 控制差异: 电视节目模式的市场逻辑 [J]. 国际新闻界（2）: 18-28.

[45] 石义彬, 周娟, 2008. 全球化背景下媒介文化产品的混杂化: 以影视节目为例 [J]. 新闻与传播评论（1）: 137-142.

[46] 史安斌, 2014. 探析全球传播变局与我国外宣思路 [J]. 中国国情国力（11）: 33-35.

[47] 宋晓阳,2009. 日本经典电视节目模式 [M]. 北京: 中国广播电视出版社.

[48] 孙春英, 2005. 大众文化: 全球传播的范式 [M]. 北京: 中国传媒大学出版社.

[49] 孙旭培, 腾鹏, 2005. 论西方娱乐节目理念在我国的"中介性扩散" [J]. 现代传播（4）: 63-66.

[50] 谭天, 2015. 电视节目策划实务 [M]. 广州: 暨南大学出版社.

[51] 唐苗, 2015. 英国真人秀节目模式在中国的衰落: 基于跨文化传播视野的三个案例分析 [J]. 国际新闻界（10）: 150-170.

[52] 汪琪, 2011. 全球化下的在地电视观众 [J]. 传播与社会学刊, 18：17-44.

[53] 汪琪, 2014. 本土传播研究的下一步 [J]. 传播与社会学刊, 29:1-15.

[54] 汪琪, 叶月瑜, 2007. 文化产品的混杂（hybridization）与全球化: 以迪斯奈版《木兰》与《卧虎藏龙》为例 [J]. 传播与社会学刊（3）: 175-192.

[55] 汪涛，陈静，胡代玉，等，2006.运用主题框架法进行定性资料分析 [J].中国卫生资源（3）：86-88.

[56] 王肯，2012.西方主导媒介与"逆流"媒介在当代媒介文化中的对立及相互作用 [J].太平洋学报（8）：59-65.

[57] 王勇 ,2014.论全球视角下的中国电视节目模式创制路径 [D].上海：复旦大学.

[58] 吴琼，2016.从模式引进实践看我国综艺节目内容生产者的能动策略 [D].北京：中国人民大学.

[59] 吴毅，2007.何以个案、为何叙述：对经典农村研究方法质疑的反思 [J].探索与争鸣（4）：22-25.

[60] 萧宏祺,2009."混杂"：反思全球化脉络下的文化逻辑 [J].新闻学研究（7）：307-314.

[61] 谢耕耘，陈虹，2007.真人秀节目：理论、形态和创新 [M].上海：复旦大学出版社.

[62] 徐帆，2012.《中国达人秀》生产启示录 [J].视听纵横（1）：50-52.

[63] 徐帆，2013.锵锵和鸣：凤凰卫视的角色制造与节目生产 [M].北京：北京大学出版社.

[64] 徐明华，2014.全球化与中国电视文化安全 [M].武汉：华中科技大学出版社.

[65] 徐万达，2012.从本地化到再地化：以怒江州福贡县鹿马登乡赤恒底村基督教为例 [D].昆明：云南大学.

[66] 殷乐，2005.电视模式的全球流通：麦当劳化的商业逻辑与文化策略 [J].现代传播（5）：84-87.

[67] 殷乐，2014.电视模式产业发展的全球态势及中国对策 [J].现代传播（7）：106-111.

[68] 尹鸿，冉儒学，陆虹，2006.娱乐旋风：认识电视真人秀 [M].北京：中国广播电视出版社.

[69] 尹竹君,2015.《中国好声音》跨媒体传播与推广研究［D］.合肥：安徽大学.

[70] 袁靖华，2010.电视节目模式创意 [M].北京：中国广播电视出版社.

[71] 曾一果，李莉，2011.平民乌托邦神话：对电视选秀节目《中国达人秀》的批判性解读 [J]. 现代传播（12）：31-34.

[72] 战迪，2016.中国高概念电视节目的产业创新与文化博弈 [J]. 深圳大学学报（人文社会科学版）（3）：42-46.

[73] 张建珍，彭侃，2013.电视节目模式国际贸易发展简史 [J]. 新闻春秋（2）：65-71.

[74] 张捷，2014.电视综艺节目的宣传推广策略及舆情监控机制：以《中国好声音》为例 [J]. 视听纵横（5）:32-34.

[75] 张巧，2014.大数据时代视频网站的内容营销之路：以爱奇艺综艺版面为例 [J]. 金田（11）：338-339.

[76] 张潇潇，2015.基于意识形态理论看境外电视模式在中国的产业运作 [J]. 现代传播（3）：119-122.

[77] 张玉蓉，2014.电视整合营销的媒介策略：以爸爸去哪儿为例 [J]. 东南传播（12）:64-65.

[78] 张韵，吴畅畅，赵月枝，2015.人民的选择？收视率背后的阶级与代表性政治 [J]. 开放时代（3）：158-173.

[79] 章宏，2010.超越媒介帝国主义与修正主义：中国电视全球化分析框架探究 [J]. 中国传媒报告（8）：28-43.

[80] 章宏，2014.全球化语境下的电视研究变迁 [J]. 南京社会科学（6）：120-126.

[81] 章辉，2010.抵抗的文化政治：霍米·巴巴的后殖民理论 [J]. 吉首大学学报（社会科学版）（1）：62-69.

[82] 赵月枝，2011.中国电视：历史、政治经济与话语 [A]// 传播与社会：政治经济与文化分析 [C]. 北京：中国传媒大学出版社.

[83] 赵月枝，吴畅畅，2014.大众娱乐中的国家、市场与阶级：中国电视剧的政治经济分析 [J]. 清华大学学报（哲学社会科学版）（1）：26-41.

[84] 赵月枝，邢国欣，2007.国家、市场与社会，从全球视野和批判角度审视中国传播与权力的关系 [J]. 传播与社会学刊（2）：23-50.

[85] 郑淑文，2006. 纪实娱乐频道节目全球在地化历程探析：以 Discovery 在台湾的发展为例 [D]. 台北：台湾政治大学.

[86] 郑中玉，2008. 沟通媒介与社会发展：时空分离的双向纬度：以互联网的再地方化效应为例 [J]. 黑龙江社会科学（1）：136-139.

[87] 周凯，杨会飞，殷亮，2012. 策划电视：风行世界的英国电视节目模式解析 [M]. 北京：中国影视出版社.

[88] 周亭，2014. 中国电视娱乐产业研究：一种生产者的视角［M]. 北京：中国广播电视出版社.

[89] 周欣欣，2012. 本土化与时代性：模式类节目的发展趋势 [J]. 视听界（2）：23-28.

[90] 朱庆礼，任少博，2014. 电视真人秀模式由欧美向韩国的转变探析 [J]. 中国广播电视学刊（5）：36-39.

[91] 朱耀伟，2002. 本土神话：全球化年代的论述生产 [M]. 台湾：台湾学生书局.

[92] 祝洁，2013.《中国好声音》带给电视市场的若干启示 [J]. 新闻世界（4）：70-71.

【网络资源部分】

[1] Bodycombe D，2005.So you want to create a game show: a guide for the budding quiz devisor［EB/OL］.（2005-03-20）［2021-03-05].http://www.tvformats.com/formatsexl2lained.htm.

[2] Bodycombe D，2005.What is a Format?［EB/OL］.（2005-04-26）［2021-03-05]..http://www.tvformats.com/formatsexplained.htm.

[3] Content China，2014. 独家专稿：如何撰写成功的节目展示宝典［EB/OL］.（2014-09-05）［2021-03-05].http://www.contentchina.net/html/mg/201409/2971.html.

[4] Content China，2015.MIP Formats 买家需求早知道［EB/OL］.（2015-04-07）［2021-03-05].http://www.wtoutiao.com/a/2285666.html.

[5] Content China，2015. 模式输出靠创新也要靠发行［EB/OL］.（2015-06-25）
     ［2021-03-05］.http://www.contentchina.net/html/qt/201506/5274.html.

[6] Content China，2015. 中国公司占 3%，关于 2015 MIPCOM 你不得不知
     的数据［EB/OL］.（2015-10-09）［2021-03-05］.http://www.wtoutiao.com/p/
     N89fYV.html.

[7] "银江传媒"微信公众号，2016. 解读 2015 卫视综艺，繁荣还是乱象？［EB/
     OL］.（2016-01-02).[2021-03-05].http://www.wtoutiao.com/p/1b4gpps.html.

[8] "综艺＋"微信公众号，2016. 浙江卫视首度发声：牌照在我和灿星手上
     [EB ／ OL]（2016-01-29)[2021-03-05].http://www.guanmedia.com/news/
     detail_906.html.

[9] "传媒家"微信公众号，2015. 抄袭？借鉴？模式版权的边界在哪里？欧
     洲公司是这么做的［EB/OL］.（2015-03-21)[2021-03-05].http://mp.weixin.
     qq.com/s?__biz=MjM5NTAwNzc2Nw==&mid=209257514&idx=1&sn=74121
     d6d21f3ec056305e081dc765839&3rd=MzA3MDU4NTYzMw==&scene=6.

[10] "传媒家"微信公众号，2015. 有远见的电视决策者、一线创意人，都在这
     里［EB/OL］.（2015-06-05)[2021-03-05].http://www.media-plus.cn/p/vedu/se
     c/8a2c5c5251623b79015185b70135275f.

[11] "传媒圈"微信公众号，2014. 荷兰电视业的创意秘密：电视节目实验室
     ［EB/OL］.（2014-09-25)[2021-03-05].http://www.aiweibang.com/yuedu/
     news/1867072.html.

[12] 东亚经贸新闻，2014. 解密：为啥国内好看的综艺节目都来自韩国？
     ［EB/OL］.（2014-03-12)[2021-03-05].http://quan.sohu.com/pinglun/
     cyqemw6s1/396454895.

[13] 方珺逸，2015. 隐匿与跳脱：植入式广告的两个最佳形态［EB/OL］.（2015-
     07-23)[2021-03-05].http://www.aiweibang.com/yuedu/39701200.html.

[14] "广电独家"微信公众号，2015. 中国人做节目该向老外学什么？［EB/
     OL］.（2015-03-18)[2021-03-05].http://www.tvoao.com/a/174536.aspx.

[15] 广告导报，2014. 解密腾讯视频 2015：最好资源都在我们这儿［EB/OL］.
     （2014-11-26)[2021-03-05].http://www.aiweibang.com/yuedu/3580748.html.

[16] 黄晓雅，2015.《花儿与少年》：抄得成功还算不算抄？［EB/OL］.（2015-05-07)[2021-03-05].http://ent.qq.com/a/20150507/014391.htm.

[17] 梁君艳，2015. 好声音教父：只有娱乐的真人秀注定昙花一现 |CEO 说［EB/OL］.（2015-09-18).[2021-03-05].http://bktx.baijia.baidu.com/article/171015.

[18] 林沛，2016.“十问”浙江卫视总监王俊，关于机制建设、对外合作、广告与产业链［EB/OL］.（2016-01-05)[2021-03-05].http://mp.weixin.qq.com/s?__biz=MjM5NTQ3MDIwNw==&mid=407703617&idx=2&sn=bccac47265eee26695e1776838d4da9b&3rd=MzA3MDU4NTYzMw==&scene=6.

[19] 刘平安，2015. 中国好声音 4 开播了，华少怎么看待自己这档节目［EB/OL］.（2015-07-18)[2021-03-05].http://www.vccoo.com/v/247c67?source=rss.

[20] 刘秋娜，2015.《真心英雄》：明星类真人秀如何烘托平民中国梦？［EB/OL］.（2015-07-23)[2021-03-05].http://www.aiweibang.com/yuedu/39705319.html.

[21] 刘彦昆，2012.《中国好声音》如何“装纯”［EB/OL］.（2012-07-31)[2021-03-05].http://www.dooland.com/magazine/article_225266.html.

[22] 罗姣姣，2015. 华录百纳复牌，曝金荣希率队加盟［EB/OL］.（2015-07-13)[2021-03-05].http://www.jzwcom.com/jzw/77/10572.html.

[23] 南方都市报.《花儿与少年》：抄得成功还算不算抄？［EB/OL］.（2015-05-07)[2021-03-05].http://ent.qq.com/a/20150507/014391.htm.

[24]

[25] 马李灵珊，2015. 中国好声音的产品内幕：人性搬运工［EB/OL］.（2015-07-29)[2021-03-05].http://www.vccoo.com/v/78256e.

[26] 彭侃，2016. 全球最热电视节目分类解析，再看看国内综艺有啥新趋势？［EB/OL］.（2016-04-17)[2021-03-05].http://mt.sohu.com/20160417/n444517912.shtml.

[27] 施依秀，2015. 英国电视强大的秘密，没那么简单［EB/OL］.（2015-06-16)[2021-03-05].http://www.mediacircle.cn/?p=24290.

[28] 世熙传媒, 2015. "中国模式日": 引进模式是制度的学习［EB/OL］. (2015-06-09)[2021-03-05].http://www.chinamedia360.com/newspage/102311/ CEB155E7D1BCCFC6.html.

[29] 世熙传媒, 2015. "中国模式日" 讲述成功模式的三大要素［EB/OL］. (2015-06-15).[2021-03-05].http://www.chinaformats.com/cn/p/article/sec/8a2b 6c694cfefc17014df5c37e32008d.

[30] 数字电视中文网, 2015. 解密为何中国电视人热衷于引进海外模式［EB/ OL］. (2015-05-29)[2021-03-05].http://www.aiweibang.com/yuedu/28454003. html.

[31] 孙佳音, 2014. 揭秘明星出场费疯涨背后: 任性烧钱留下满目疮痍［EB/ OL］. (2014-12-29)[2021-03-05].http://www.chinanews.com/yl/2014/12- 29/6921045.shtml.

[32] 天津日报. 给原创节目更多试错空间［EB/OL］. (2015-08-13)[2021-03-05]. http://mt.sohu.com/20150813/n418777811.shtml.

[33] 唐姗姗, 2013. 中国好声音炒热 "节目模式" 版权话题［EB/OL］. (2013-11- 29)[2021-03-05].http://newspaper.jcrb.com/html/2013-11-29/content_146884. htm.

[34] 腾讯娱乐,2013. 引进版权节目背后: 抢节目如抢名包 90% 成炮灰［EB/ OL］. (2013-04-16）［2021-03-05].http://ent.qq.com/a/20130416/000489.htm.

[35] 腾讯娱乐, 2015. 中国人买光韩国真人秀模式 思密达真是救命稻 草？［EB/OL］. (2015-09-01）［2021-03-05].http://blog.sina.com.cn/s/ blog_611091ac0102vuc0.html.

[36] 投黑马, 2015. 电视节目国际模式公司卷土重来［EB/OL］. (2015-09-29). [2021-03-05].http://mt.sohu.com/20150929/n422380986.shtml.

[37] 王寅, 2012. 声音是第一生产力: 以《中国好声音》为例［EB/OL］. (2012- 08-02)[2021-03-05].http://www.infzm.com/content/79205.

[38] 维 基 百 科, 2016.Idols（TV series）［EB/OL］. [2021-03-05].https:// en.wikipedia.org/wiki/Idols_(TV_series).

[39] 吴立湘，2015.为什么《了不起的挑战》口碑很好，却收视平平？［EB/OL］.（2015-12-17)[2021-03-05].http://help.3g.163.com/15/1217/12/BB1P27HD00964K9D.html.

[40] 小方芳，2013.引进版权节目背后：抢节目如抢名包90%成炮灰［EB/OL］.（2013-04-16)[2021-03-05].http://ent.qq.com/a/20130416/000489.htm.

[41] 新京报，2012.卫视频繁引进国外版权，业内人士解读本土化尴尬［EB/OL］.（2012-10-19)[2021-03-05].http://ent.qq.com/a/20121019/000109_1.htm.

[42] 娱乐资本论，2015.2016年推6大综艺节目，4档最新原创，远景影视总经理王培杰为何"豪赌"原创？［EB/OL］.（2015-10-30)[2021-03-05].http://j.news.163.com/docs/2/2015103009/B75Q7VVT051284V8.html.

[43] 娱乐资本论,2015.外国版权都被买光了，未来中国综艺模式怎么走？［EB/OL］.（2015-06-10)[2021-03-05].http://www.tmtpost.com/1022360.html.

[44] 张帆,2015.给原创节目更多试错空间［EB/OL］.（2015-08-13)[2021-03-05].http://mt.sohu.com/20150813/n418777811.shtml.

[45] 章戈浩，2004.传播政治经济学的核心理论与学术地形图 [EB／OL].（2004-07-24)[2021-03-05].http://n.bokee.com/38182.html.

[46] 张焕，2015.深度分析：中国电视软实力输出的跑男样本 [EB／OL].（2015-06-23)[2021-03-05]. http://yuqing.people.com.cn/n/2015/0623/c210107-27195670.html.

【会议、论坛资料部分】

[1] 徐帆.广电机制的创新：以灿星为例，浙江传媒学院，2013-11-22.

[2] 王刚.从零开始，怎么做一档成功的电视节目，浙江传媒学院，2015-05-23.

[3] 徐帆.中国好节目的创意与运营，浙江传媒学院，2015-07-08.

[4] 媒介融合变革时代的电视发展论坛.西溪圆正宾馆，2015-11-28.

[5] 姚译添，金炷亨.跑男团队幕后揭秘，浙江传媒学院，2015-12-16.